李卫朝 著

守望中国农民的
精神田园

新时期中国农民启蒙研究

THE ENLIGHTENMENT OF PEASANTS

IN THE NEW PERIOD OF CHINA

社会科学文献出版社

SOCIAL SCIENCES ACADEMIC PRESS (CHINA)

序

陈卫平

这本著作是李卫朝副教授的国家社科基金青年项目的最终成果。他研究生毕业于华东师范大学哲学系中国哲学专业，在学期间我是他的导师。毕业后，我们还一直保持着联系。在这本著作即将出版之际，我应他之邀写个序。

写序的时候，我首先想到的是一个带点普遍性的问题：大批原先不是马克思主义理论专业的研究生，来到一般高校后的学术研究道路应该怎么走？李卫朝从华东师范大学毕业后，回到了家乡山西，在山西农业大学担任思政课教师。他在较长一段时间一直有个苦恼，觉得原来学的专业和现在从事的工作很难联系起来。在现实的发表论文、申请课题的压力下，如何进行学术研究呢？他对此徘徊迷茫了很久：继续做中国哲学史的研究，很难走得通，由于大部分精力要用在思政课教学上，对于这个领域学术动态的了解和学术成果的吸取显得力不从心，因而发表这方面的论文、申请这方面的课题，常常碰壁；如果放弃了原来所学的专业，似乎又不知道可以做点什么样的研究。经过一段时间的摸索，他觉得自己学术研究的路径应当是：立足于本职工作，从自己所在学校实际出发，把马克思主义中国化和传统文化的关系作为研究主题。这部著作就是循此途径的成果。我认为这对于其他有相似情况的年轻老师可能会有所启发。

回到本书的研究主题，即新时期农民的精神家园问题。这是当代马克思主义中国化的重要问题。1945 年毛泽东在党的七大政治报告中指出："我们马克思主义的书读得很多，但是要注意，不要把'农民'两个字忘记了；这两个字忘记了，就是读了一百万册马克思主义的书也是没有用处的。"那时的新民主主义革命，是在一场新式农民战争中进行的，马克思主义中国化正在这一过程中展开的，漠视农民问题显然就毫无马克思主义中国化可言了；今天的中国特色社会主义建设伟大事业，是在农民占人口绝大多数的国度里起步的，没有对于农民问题的高度关注，同样也就谈不上当代的马克思主义中国化。应当说，新时期以来的农民问题研究有很多成果，不过大部分是经济学、政治学、社会学、教育学的，而对于农民精神思想方面的研究则很是缺乏的。因此，李卫朝这部著作的选题是很有现实意义和理论意义的。我看了书稿，认为他在以下三方面提出了一些较好的见解。

第一，将历史与现实相结合，阐发了农民启蒙的思想内涵。启蒙是中国近代尤其是"五四"以来思想史上的重要内容，其中也涉及农民。最为著名的，是鲁迅对于国民性的批判，可以说是以千百年积淀下来的农民思想传统及其在半殖民地半封建的近代中国的变形为主要对象的。新时期以来，又有"新启蒙"以及后来对启蒙的各种反思。李卫朝将历史与现实相结合，梳理了启蒙思想的各种表现和内涵，由此提出农民启蒙不是"启蒙农民"，而是指在新时期农民怎样摆脱千百年来小农经济和人民公社时期形成的价值观念、思想方法，建立起与现代社会相适应的精神家园。

第二，将普遍与个别相结合，揭示了农民启蒙的四个方面。由上述可见，农民启蒙是个很宏大的问题，泛泛而论，容易流于空洞；排列例子，又有琐碎之弊。李卫朝以普遍性的人的存在的基本理论，作为论述农民启蒙问题的立论依据，同时又举出比较典型的个别案例，揭示了农民启蒙最主要的四个方面，即理性启蒙、政治启蒙、道德启蒙和审美启蒙，同时分析了这四个方面的内在关联。其中有些观点在我看来是有新意的，如认为农民理性的生长在新时期以来主要集中于经济生产领域，其内涵随着农村经济生产诸多因素的变动而变动，但又有所不同；再如政治启蒙方面表现为旧行政权威的倒塌和追求自身政治权利的交叉，等等。

第三，将问题与建议相结合，提出了农民启蒙的一些路径。诚如李卫朝在本书中所说的，农民启蒙还有很多问题需要解决。李卫朝不仅指出了这些问题，分析了造成这些问题的原因，同时还对这些问题的解决提出了一定的建议。这其中也不乏好的见解，比如他认为农民政治启蒙的路径，是从成为土地的主人走向成为国家的主人；再比如他指出在落实一系列惠农政策时，往往存在着不尊重农民自主选择的问题，认为应当通过大众媒体把相关政策的推进和落实与农民启蒙结合起来。

上述这些见解，都说明这本著作是作者用了心、用了功的。不过，作为年轻的研究者，某些缺点也是存在的。比如，对于农民启蒙的研究主题而言，比较充分的实证调查和通俗易懂的语言无疑是必要的，但本书的第一手调查材料比较缺乏，一些用语也比较生涩，过于学术化。

我希望李卫朝今后能够继续进行这方面的研究，因为随着实现"两个一百年"和中国梦的伟大征程的推进，构建农民精神家园的问题还有很多新情况需要研究。比如，现在不少地方在提倡"儒学下乡"或其他的"国学"走入农村，试图以此提高农民的道德水准，提升他们的精神境界。对此，在我看来，至少需要研究下面一些问题。第一，20世纪30年代梁漱溟、晏阳初等人进行的乡村建设运动到底有哪些经验教训？因为今天的儒学下乡必须以史为鉴。第二，随着农村城市化进程的展开，越来越多的农民进了城，原先带有宗族血缘性的伦理关系日趋淡化，在这样的情况下，本来建立在宗族血缘基础上的儒家伦理何以可能依然有效地规范人们的行为？第三，今天生活在农村的，基本上都是老人和孩子，作为农村家庭生存顶梁柱的青壮年都到城里去了。儒学即使下了乡，这些顶梁柱们的精神世界和下了乡的儒学能够协调吗？或者说，如何才能协调？因为如果不能协调，那么下了乡的儒学也只能是苍白无力的。当然，需要研究的新问题远不止这些。举出这些问题，意在呼应李卫朝在本书最后强调的：农民启蒙任重而道远。

2016 年 8 月 1 日

目　录

导　论

时序已经推进到 21 世纪的第二个十年，距离毛泽东同志提出"中国的革命实质上是农民革命""新三民主义，真三民主义，实质上就是农民革命主义。大众文化，实质上就是提高农民文化"的著名论断近八十年之后，距离农村实行家庭联产承包责任制近四十年之后，距离"三农"问题的提出近二十年之后，距离中央提出建设"生产发展、生活宽裕、乡风文明、村容整洁、管理民主"的"社会主义新农村"十多年之后，我们欣喜地看到，中国农民的生产生活已经发生了翻天覆地的变化。当前，在以习近平同志为核心的党中央的坚强领导下，全面建成小康社会的伟大目标在广大农村正逐步实现。在全面建成小康社会的征程上，中国农民如何能够有效地规避现代化的陷阱，更好地沐浴现代化的文明，已经成为一项时代课题。我们的研究正是围绕这一课题所做的一种努力。

一　问题的提出

为了能够更好地研究这一时代课题，我们需要首先对当前中国农民的生产生活以及思想观念状况进行分析，从而澄清当前农民所面临的主要困难和遭遇的主要问题，以为深入研究提供现实依据。

1. 当前农村社会现状分析

改革开放以来，经过近四十年的持续发展，尤其是 21 世纪以来的迅猛发展，中国农村社会发生了翻天覆地的变化，市场经济的逐步建立、村民自治的稳步推进、公共文化生活的日渐丰富，都鲜明地标志着社会转型在中国广袤的农村大地上全面铺开。在这一场将农村卷入现代化的浪潮中，中国农民也开始共沐现代化的阳光，共享现代化的成果。但在这一过程中，由于思想观念的转变远赶不上物质富裕的速度，当前大多数农民仍然依据传统的观念组织生活，茫然于逐步改变的生产生活方式与缺位的主体意识、社会意识、公民意识、规则意识、权责意识、价值观念、精神生活等现代化的思维方式之间的巨大紧张，无力消解横亘在自己面前的巨大困惑。由此，引发了农村社会的危机和问题。

其一，当前农民市场主体意识未能完全确立，导致在市场经济的浪潮中无法正当维护自己的经济利益，无奈地成为土地寻租、拖欠工资等现象中的弱势群体。市场经济在农村迅猛发展的浪潮中，相当数量的农民，尤其是地处偏僻、环境闭塞、经济落后地区的农民，在破除先前计划经济体制束缚之后，面对市场经济席卷广大农村的汹涌澎湃之势，往往显得不知所措，困惑迷茫于"险恶"的市场浪潮中。这其中除了外部环境不理想的诸多因素之外，更为深层的原因还在于农民自身的市场主体意识的确立，未能及时赶上市场经济在农村漫卷的速度。深陷市场经济浪潮中的农民还沉浸在旧有的思想观念中，对市场经济中基本的自由、自主、公平、等价等经济原则茫然无知，对自己在经济领域中应当享有的合法权益也缺乏必要的认识，不能对来自不良商家、不法团体等方方面面侵害自己经济利益的行为进行合理抵制，当然更谈不上运用法律手段保护自己。其结果便是农民经济权益遭受损害的事件充斥着各级各类新闻报道。仅就农村土地流转一项而言，所引发的侵害农民经济权益的事件就层出不穷。根据农业部统计数据，截至2013年底，全国承包耕地流转面积3.4亿亩，是2008年底的3.1倍，流转比例达到26%，比2008年底提高17.1个百分点；截至统计时，全国还有近40%的土地流转未签订合同，仅2012年受理的土地流转纠纷就高达18.8万件。如果农民的经济权益得不到应有的尊重和保护，市场主体地位不能及时确立，不能自由、自主、公平地参与市场竞争，则将严重影响农业现代化的实现，严重阻碍农村社会的转型，严重伤害农民参与市场的热情。近些年来，随着各项保护农民经济权益、培育农民市场主体的政策法规的推进落实，农民参与市场经济的外部环境已有了极大的改善，情况也有了极大的好转，但农民市场主体意识的确立不是一蹴而就的，需要一个过程甚至是一段比较长的时间。因此，促进农民市场主体意识的觉醒，及早确立其市场主体地位，对于农民能够共沐市场经济的阳光，就显得尤为重要。

其二，当前农民的政治心态、政治参与意识、政治主体意识等还与中国农村现实的政治发展存在一定的差距，还不能契合农村基层民主政治发展的要求，导致部分农民在农村基层民主选举、管理、监督中缺乏应有的积极性，轻视、漠视甚至忽视自己基本的政治权利。毋庸置疑，改革开放以来，中国农民的政治主体意识得到了长足发展，政治参与意识和能力也进一步提升，政治效能感明显增强，政治心态由保守走向变革开放。但是，由于传统政治文化的历史惯性影响，农民的现代政治心理、意识尚处于发展时期，首先直接呈现为部分农民政治参与意识较弱。其次，农民政治主体意识不强，政治主体地位还未完全确立。再次，农民法治观念相对还显淡薄，政治意识和行为易受情绪影响，有时造成政治参与中的过激行为，甚至转为违法的非政治参与活动。最后，在农民参与政治的意识与行为中，往往更多强调的是自身的权利尤其是私利，而忽视了与权利相对应的，其自身应该承担的责任和义务。有调查研究指出，当前中国农民阶层对国家与社会的责任义务观念的普遍性缺失已经成为一个趋势，无论是政治层面对国家的责任，还是法律层面规定的权利义务关系，农民的社会责任义务观念普遍缺失，日益成为当前权利义务关系中制度性关联的最显性的障碍（朱明国，2013）。

其三，当前部分农民在道德判断上受个人主义、功利主义、拜金主义、享乐主义、物欲主义、消费主义等思潮的冲击与影响，出现了善恶标准困惑、价值选择迷失的现象，直接影响了农村社会乡风文明的形成与发展，甚至会危及乡村社会秩序的基本稳定。道德建设的进程相对迟缓于农民生活方式的巨大改变，换言之，农民全新的生活方式需要新型的道德原则和道德规范来规约。但是，对于部分农民而言，虽然他们需要道德生活，但是又无力体察新型的道德原则与道德规范。根据我们的调查，当前农民对现代科技的认识与运用，使其将自然（天）原本的神秘面纱一层层揭开，对于自然（天）的敬畏之心也随之逐渐丧失，但对于道德与法律的自觉还未确立，这就导致各种行为可能随意逸出道德规范。在农民的个体意识增强的同时，集体意识却出现了逐渐淡化之势，部分农民对兴办社会公益事业不积极、不主动，对正当合理的集体公益活动，往往抱一种消极的、被动的心态。在处理私利与道义的矛盾时，部分农民往往不能正确处理义利、理欲关系，甚至将一己私利凌驾于基本的道德规范之上，比如不孝敬老人甚至虐待老人的现象非常突出，再有常常见诸新闻报道的农民坦然承认不会吃自己卖的蔬菜、水果等农产品，等等。这些情况说明当前农民在道德观念由被动依赖转向自我觉醒、道德价值取向由一元向多元发展的过程中，自主的渴求带来的是摆脱道德监管的风险，即可能出现求"真"（科技）脱离了"善"（价值）的需要。当道德的要求和科技进步过程中对工具理性、功利原则的要求相悖时，道德甚至会成为被批判的对象，被肆意凌辱、任意践踏。由此也就不自觉地形成了比较混乱的道德观念和公德意识，比如亟待反思的婚育观、消费观等，以及亟须培养的社会公德意识、生态环保意识等。

其四，改革开放以来，随着中国农民主体地位的不断提升，农民的审美意识、审美能力、审美境界、审美理想不断提高，但与此同时，农民审美在处理自然原则和人化原则、合目的性与合规律性、感性体验与理性认识、个体性与普遍性的关系时都不同程度地出现了某种偏颇，暴露出一些问题。比如，社会的急速转型、经济的飞速发展、现代科技对生产力的急剧提高等，为农民的劳作审美带来了前所未有的"冲突"，促使他们从传统的优美走向崇高。然而，农民的劳作审美在走向崇高、唤起生命力感的同时，传统的天人和谐关系逐渐被打破，对于自然（天）的敬畏感也随之被削弱，过度追求主体权能的膨胀因缺失了有效约束而一度泛滥：过量使用化肥和农药，未能及时有效处理农业生产使用的塑料薄膜，将未处理的各种生活垃圾当肥料使用，使用污水灌溉土地等，造成了土地和水资源的严重污染，等等。这些又给在劳作中体验崇高之后的农民造成了新的现实困惑，成为当前农民劳作审美中亟须解决的主要矛盾。再如，农民的日常生活也更多地被赋予了审美的意蕴，审美消费与日常消费融二为一，审美不再局限于"非功利性"的诉求，而融入生活的方方面面。在"过上城里人一样的生活"的号召与鼓舞下，随着农民改变生活状态能力的提高，他们对于城市的向往不再停留在想象的层面，而开始在日常生活中摹状城市。但农民对城市的不可遏止的渴望以及对于现代化的偏颇理解，致使他们在摹状城市的过程中往往"原样照搬"，从而将传统形成的乡村审美几乎全部遗失，造成了传统审美意蕴的不断流失，代之而起的却是对存在审美缺陷的城市生活的重蹈覆辙。又如，经历了渴望休闲娱乐审美（20 世纪 80 年代)、"找乐子"的休闲娱乐审美（20 世纪 90 年代）之后，21 世纪以来农民的文化娱乐审美呈现"泛娱乐化"的倾向。部分农民的文化休闲娱乐审美从追求和谐、精致、典雅的审美趣味逐渐滑向追求怪异、粗糙、丑陋的"审丑"怪圈。荒诞、丑陋、低俗、色情、暴力等开始充斥一些农民的休闲娱乐生活。这样的休闲娱乐活动完全颠覆了农村社会传统的价值观、道德观、审美观，如果任其发展，必将引发严重的后果！

其五，当前农民的信仰多元化，既有传统对天命的信奉，也有对鬼神的相信，还有佛教、道教、基督教等各种宗教信仰。农民信仰世界的多元化一方面说明了农民的思想观念更加开放，另一方面也说明了农民现实精神世界的空虚与物质财富增长之间的紧张关系。民间信仰，祭祀、信神、求神、烧香拜佛活动融于民俗活动中，影响和支配着农民的日常生活。农村这种信仰状况的出现，正体现了在追求经济物质富裕的过程中，农民人生意义和价值旨归所出现的紧张感，不论是民间信仰还是宗教信仰，都是农民自发地为自己无处可寄的人生意义和价值追求找寻的归宿。

针对当前农民在经济、政治、道德、审美、信仰等方面出现的这些问题，我们不禁要追问，究竟是什么原因造成的？毋庸置疑，原因是多方面的、复杂的，除了现实推进农村改革发展中只注重经济建设而相对忽视文化建设、城乡二元壁垒、传统历史的惯性力量等外部环境因素之外，单就农民自身而言，主要是因为在市场经济的推动下，农民物质财富的迅速增加与相对滞后的现代精神之间出现了不平衡。相当多的农民虽然接触并展开了现代的生活方式（以商品交换为主要内容的市场经济），但其价值观却依然植根于前现代（自然经济形式条件下）的思维方式；物质上跨越到现代社会的农民也像现代文明人一样，开始享受现代化所带来的物质文明成果，但是，其对现代文化精神和文化观念的接受却相对滞后。"旧时的农民已'颐享天年、寿终正寝'，因为他们是处在生命的生物周期之中，到他们的垂暮之年，生活已把自身的一切意义都给予了他们，不再存在任何他们还想解开的谜。所以他们可以对生活感到'满足'了。文明人则相反，他们处在一种思想、知识和问题都越来越丰富多样的文化潮流中，他们可以感到对生活的'厌倦'，而不是'满足'。事实上，对精神生活所重新创造的一切，他们永远只能掌握极小的一部分；他们只能掌握暂时的东西，从来抓不住确定的东西。"（孟德拉斯，2005：23）究其实，对现代精神生活所重新创造的一切，包括自由、民主、平等、人权等等，他们只能掌握"暂时的东西"，从来抓不住"确定的东西"。

更有甚者，在农业现代化、农村社会转型、农民奔向富裕的过程中，部分曾经在工业现代化过程中出现过的现代性危机，诸如工具理性的僭越、价值选择的单一趋向等或多或少冲击着农民的精神生活。现代性在大刀阔斧地清除了传统观念、宗教信仰、自然生态、社会伦范之后，又转向对人类自身的研伤，致使个体所产生的无望、无根、无安全感、无归属感、无幸福感，在整个世界弥漫开来。人生观上的物欲主义和价值观上的虚无主义，已成为中国当下精神状况的真实写照。"得到了自由，却失去了灵魂。在价值相对主义和虚无主义的包围之下，人们普遍地感觉精神的迷惘和无所适从，善与恶、是与非、正义与不公的界限变得模糊不定。"（许纪霖，2011：149）受此影响，农民也开始告别传统的"满足"式生活方式，也不再对物质生活感到满足，而是沉迷于永不满足的物欲追求。逐物失己，农民传统的精神家园遭受重创，失去了安身立命之处。虽然拥有了选择的自由，却缺乏相应的选择能力，不知道如何选择，按照什么去选择；虽然拥有了民主的权利，却失去了民主的能力；虽然拥有了追求平等的意识，却迷失于追求的路径；等等。迅速发展的物质生活与遭受重创的精神家园之间形成了巨大的反差，导致精神层面的心灵危机。

农民之所以会在社会急速转型的过程中出现精神层面的心灵危机，主要原因在于农民的主体性还未能完全确立，甚至在一些农民那里主体性还很欠缺。他们还不能在现代生活中自主地、能动地、创造性地开发属于自身的精神生活。如果不从思想上对农民加以引导，使他们对于现代的文化精神与文化观念形成自己的正确认识，那么必然造成农民在现代化的进程中茫然失措于各种现代化的陷阱。"如果一个国家的人民缺乏一种能赋予这些制度以真实生命力的广泛的现代心理基础，如果执行和运用着这些现代制度的人，自身还没有从心理、思想、态度和行为方式都经历一个向现代化的转变，失败和畸形发展的悲剧结局是不可避免的。"（阿历克斯·英格尔斯，1985：4）基于此，当前应着力于农民的主体性培育与提升，使其能够真正掌握现代文化精神的精髓，能够抓住生命中确定的东西，确立新的安身立命之处。

那么，何谓农民的主体性呢？

2. 农民的主体性

关于"主体性"概念的提出，最早可以追溯到近代哲学之父笛卡尔，指的是近代哲学所奠定的，从自我意识的"自我"出发来规定一切存在的哲学观念。"主体性"哲学自面世以来，尤其是移植到中国以来，就一直陷入纷纷不止的讨论和争论、辩论和论战中，时不时会因为现实社会热点问题而又掀起新的高潮。我们无意于为这些讨论"狗尾续貂"，只想在已有的丰硕的研究成果的基础上，在我们的论域里对"主体性"概念作一简单界定。所谓"主体性"首先是人的主体性，即人作为实践活动主体的质的规定性，是人作为主体在对象性活动中的特有属性。"主体性"是作为主体的人在实践活动中所表现出来的自主性和能动性以及受动性。因此，人的主体性正是在辩证地理解、处理和调节自主性、能动性、创造性、为我性与受动性的辩证关系中得以确立和实现的。同时，人的主体性是一个不断的历史生成过程，不是一蹴而就的。马克思主义在历史性、生成性思维方式下对人的主体性作了科学性的解读，认为作为主体的人并非抽象的、固定不变的某物，而是具体的、历史的、生成中的活动主体。

作为一种历史性、生成性的人的主体性，在人认识世界和改造世界的过程中，先后经历了主体意识的历史觉醒、主体地位的历史确立、主体能力的历史发展几个阶段，并且这几个阶段会随着社会历史环境的变化而不断重复循环，从而不断地朝向完整的主体性拓展和超越。由此可见，主体性的生成是一个曲折的过程，通过几代人甚至一代人就能够彻底形成的想法是简单而幼稚的。只有在人不断确立主体地位的历史发展和人类文化的历史传承中，人的主体性才能得以世代延续、创新。只有这样认识人的主体性的历史生成，我们才不会认为有绝对主体性的存在，不会教条地固守现有的不成熟的主体性成就，才能在对现有主体性肯定的理解中包含否定的批判，才能不断破除对所谓的主体的权威性的崇拜和迷信，才会自觉清除一切挡在主体性生成之路上的障碍，使人的主体性在历史中得以现实生成。

基于以上对主体性的认识，我们力图廓清农民的主体性概念。

首先，农民的主体性表现为农民逐渐确立自身主体地位的过程。在传统农业社会，农民即意味着从事农业劳动生产的人，而在传统农业生产活动中，由于受自然地理环境的限制，农民往往是靠天吃饭，为自然地理环境所束缚，导致农民依附于"天"（自然地理环境），再加上社会历史环境对农民的严重奴役、压迫、剥削和束缚，导致农民依附于皇权和族权等，从而形成了保守、求稳、乐贫、隐忍、逆来顺受的"臣民"依附心态。相较于现代社会所追求的人的主体性，农民甚至可以说毫无主体性可言。新中国成立之后尤其是改革开放以来，随着现代科技尤其是农业科技突飞猛进的发展，农民在农业生产活动中逐渐摆脱了"天"（自然地理环境）的制约和束缚，开始逐渐确立起自身的主体地位。与此同时，社会主义制度的建立，农民作为国家的主人，也开始逐渐走出"臣民"心态，在现代经济政治文化生活中逐渐确立其主体地位。但是，我们也应该同时看到，相较于其他群体，农民的主体地位确立总是显得相对滞后，被户籍制度、社会保障制度、教育制度等牢固建立的城乡二元壁垒严重限制了农民确立主体地位的进程。

其次，农民的主体性在现实中落实为农民的自主性。农民的自主性即是其对于影响和束缚其生存与发展的自然地理环境和社会历史环境有了独立、自由、自决和自己支配自己的权利，不再依附于"天"和皇权，而是按照自己的意愿去思考、去认识、去行动，从而依靠自身的想象力和创造力不断破除各种僵化信条、陈规陋习，挣脱自然和强权的束缚。具体而言，在经济生活中，农民能够自主而自由地选择生产什么、怎么生产、怎么交换、怎么消费等，而不是一味地等待政府的规划和安排，消除"等、靠、要"的依附心态；在政治生活中，农民能够自觉地通过法律途径、运用法律手段维护自身的权益，表达自己的政治意愿和政治诉求，积极参与政治生活、承担自己应尽的社会义务等；在文化生活中，农民能够自觉地按照自己的兴趣、爱好、审美，安排自身的文化休闲娱乐活动，建设自身想拥有的公共文化设施，从而丰富自己的精神生活，建设属于自己的精神家园。同时，只有农民拥有了自主性，才能够激发农民的能动性和创造性。当农民的自主性逐渐增强，其自由度也会逐渐增大，农民才能够自由地发挥自身的能动性和创造性，建设性地开创属于自身应有的幸福生活；也才能真正打破完全由政府安排和规划农民生产生活的状况，开发农民自主创造幸福生活的力量！

再次，农民的主体性也同时表现为能动性与受动性的辩证统一，这是农民在确立主体地位、提升主体性过程中必须重视的问题。如前所言，如果忽视农民的主体性的受动性特征,农民在发挥主观能动性、创造性的过程中就会使其能动性逸出受动性的规约,盲目地主宰、支配自我,农民的主体性也就会降低为被动性,从而会受到相应的"惩罚",使其主体性的提升又回旋至对主体性的弱化,严重影响农民主体地位的确立。比如,在道德生活中,受市场经济的刺激,部分农民为寻求更大的经济利益往往会置道德于不顾,更有甚者甘愿冒触犯法律的风险;在政治生活中,自主性提升的部分农民只一味地追求自身权利而相对忽视自己所应承担的义务,甚至在维护自身权益的过程中采取非法手段和途径;在人生观和价值观领域,也有农民将对功利、物欲的满足作为人生的目的,从而陷入物欲主义、消费主义、功利主义、价值虚无主义的泥潭;等等。这些现象貌似是农民追求主体地位的提升,其实质却是对农民主体性的戕害。因此,农民的主体性的提升不仅要重视其自主性、能动性、创造性,更要重视能动性与受动性的辩证统一。

最后,农民的主体性当然更是一个长期的历史生成过程,不可能仅仅通过发动几次农民运动或颁布实施几项良好的惠民政策就能实现。正如有研究指出:"农民主体性从酝酿、萌芽、发生一直发展到今天,经历了一个很长的时期。由于种种原因,现在并未完全确立,并将继续经历一个漫长的过程。"(黄琳,2010:34)这是因为,第一,几千年来的封建文化所造成的依附性人格批判起来非常困难,因为"传统是已经积淀在人们的行为模式、思想方法、情感态度中的文化心理结构",并"溶化浸透在人们生活和心理之中了,成了这一民族心理国民性格的重要因素"(李泽厚,1999:859~860)。而乡土社会、小农经济又是传统中国文化的重要载体,农民处在中国社会的最底层,是传统文化的坚强固守者,对传统规范性文化和非规范性文化具有极强的依附性。第二,农村地区发展、生产力发展的不平衡以及收入发展的两极分化,将在农村社会广泛地滋生不平等,对农民的主体性的确立带来极大的挑战:农民与土地、农民与非市场化的交换、农民与市场的交换、农民与政府等多重关系存在的矛盾将会严重束缚农民主体性的确立;源于文化、生产、外出务工的需要而强化的业缘、血缘、地缘关系交织在一起,导致农民的依附性反而增强,造成了农民的主体性发展的回流;等等。现实存在的诸多因素注定了农民主体性确立将是一项复杂、艰巨而漫长的任务。第三,农民的主体性的确立在其生活的各个领域之间的发展不是齐头并进的，而是极不平衡的。如果说理性、政治领域中农民的主体性表现出了强势突围的面相，那么，在道德、审美领域，农民的主体性却在突围之后又遭遇了现实的困厄，出现某种程度的回复，即使在理性、政治领域中，农民的主体性的发挥也面临着极大的困惑，乃至出现了不和谐的声音。第四，当前农民的主体性从保守、求稳、乐贫的传统农民主体性转化为自主、自立、自尊的现代性条件还不充分，农民离现代性的核心相较于知识分子、公务员、工人等其他群体最远，现代性之于当前多数农民还停留在器物层面，作为文化精神与文化观念的现代性之于农民还显得比较陌生和遥远。总之，农民是当前中国社会主体性最不发达、对现代性理解最模糊、现代化程度最低的群体，未来主体性提升之路还需要走很长一段时间，任重而道远。

如果说现代化的核心在于人的现代化，没有人的现代化就没有真正意义上的现代化，那么，当前中国农业现代化的核心就是农民的现代化。因此，农民的主体性确立就成为实现农业现代化的主题。丛日云教授提出，个人的萌发、成长和成熟，个人从传统的共同体当中独立和解放出来，而后进一步成长为现代的个体，这是衡量现代化进程的基本坐标。而人的现代化的逻辑的和历史的环节包括："其一，个人意识的觉醒、个性的解放、个人挣脱传统共同体的束缚而获得独立；其二，独立的个人在社会生活领域得到平等的地位、较大的自由空间、获得人的尊严（或其人格得到尊重）；其三，个人在政治法律领域里获得广泛的自由和权利保障、成为国家的主人、参与公共事务；其四，其现代政治人格发育成熟。"（丛日云，2015）由此而言，中国农业现代化的实现必须以农民的主体性确立为主要内容。面对当前广大农村出现的社会问题，提升农民的主体性就显得非常急切而紧迫。只有不断提升主体性，农民才能消除逐步改变的生产、生活方式与缺位的现代思维方式之间的巨大紧张，才能跨越物质财富的满足与精神世界的贫乏之间的鸿沟，才能消解精神世界的巨大困惑，重建精神家园，才能实现物质文明与精神文明的齐头并进。如果说，当前中国最重要的问题在于"三农"问题，"三农"问题的核心在于"农民"问题，那么，"农民"问题的实质则在于农民物质财富的迅速增加与相对滞后的现代精神之间的不平衡问题，在于农民的主体性欠缺的问题。

3. "农民启蒙"概念的提出

如何提升农民的主体性的追问，使我们的视角自然指向启蒙。主体性与现代性紧密相连，二者都源于西方的启蒙运动。而启蒙的相关理论自近代移植到中国以来，就一直陷于各种争论当中。尤其是在 20 世纪 90 年代的中国思想理论界，对于启蒙的激烈争论更使争论双方达到了水火不容的地步。进入 21 世纪，这种争论逐渐趋于理性与平和，在西方反思启蒙思潮的影响下，中国思想理论界开启了"启蒙反思"大讨论。这场仍在持续进行的"启蒙反思"大讨论，相较于 90 年代的启蒙反思与分化，与其说是对启蒙的反思，不如说是对启蒙的超越更为恰当。这场"启蒙反思"不再偏执于传统或现代、中国或西方、激进或保守、自由主义或威权主义、整全主义或化约主义、民族主义或全球主义等等，而是认真分析和厘清中国近现代以来的启蒙所存在的问题，以极为宽容的心态从各方面汲取有利于启蒙的因素，耐心打造启蒙的底盘，继续全力推进中国的启蒙进程。

这场启蒙反思大致形成了这样的认识：当前关键的问题不是批判启蒙，而是应该"在继续启蒙中反思启蒙"、在反思启蒙中继续启蒙；应该选择正确的启蒙之道继续推进启蒙；当前中国启蒙并不是重走欧洲人的老路，而是要追求一种经过反思和修正的启蒙，应该在尊重与继承进行过现代性洗礼的传统中、在反思现代性的危机中重建启蒙精神；应该打破启蒙传统中的各种绝对主义元话语，告别激情燃烧的岁月，超越"启蒙的心态"，重新祭起启蒙的交往理性和批评精神的大旗，使启蒙由一种激进的情绪转化为一种日常智慧；等等。① 但是，这场讨论中存在的问题在于，启蒙反思的讨论"表达的都是非常狭小的知识分子或者学界里的幻想，与真实的社会史、文化史和政治史好像没有什么关系。学者们的那些想法有没有意义，关键要看那些想法是否影响了社会变迁，如果没有什么影响，就与真正发生的启蒙没有关系"（赵汀阳，2006），"启蒙的理论和启蒙的实践有着无限的差

① 2001 年杜维明《超越启蒙的心态》一文被雷洪德、张珉翻译为中文发表于《哲学动态》，开启了国内思想文化界的"启蒙反思"大讨论，这场讨论直至 2005 年 12 月北京大学举办"启蒙的反思"学术座谈时达到第一次高潮；2010 年 4 月、11 月北京大学、武汉大学又相继召开了"中国现代思想中的'启蒙反思'论说"工作坊、学术研讨会，在国内思想文化界掀起了"启蒙反思"大讨论的第二次高潮。

别，或者说一种巨大的反差。怎么去解决这个问题呢？在讨论或者对话当中，我个人认为应该和中国今天的实际结合起来"（唐少杰，2006），这样的批评听起来非常中肯，在某种程度上揭示了启蒙研究中存在的问题，即启蒙研究过于"书斋化"，未能贴近中国的现实问题。

我们将启蒙与农民问题相结合，一方面是因为提升农民的主体性必要而迫切，另一方面是启蒙应该与中国的现实问题相结合。提出"农民启蒙"的概念，开辟"农民启蒙"的新视野，首先可以为当前现实中各项惠农政策的落实提供指导和借鉴。21世纪以来，社会主义新农村建设、城乡一体化、城镇化建设乃至历年的中央一号文件，这些重大战略决策的提出，无疑都在着力寻求破解"三农"问题的良策，也在一定程度上促进了问题的解决。但是，当前在落实这些政策的过程中却出现了诸多问题，很多惠农措施并没有得到农民太多的回应，譬如挪作他用的文化室、尘封的远程教育站、"热闹"的村民选举、闹心的住宅高楼、困惑的合并建校等等，并未能从根本上解决"三农"问题。究其原因，主要在于各级政府机关以及执行者没有顾及农民想什么、要什么，而只是主观武断地为农民设计一切，未曾在落实政策过程中有意识地培育和提升农民的主体性，致使最后的结果往往只是热闹一阵子而已。而农民也只是被动地盲从或是漠然置之，致使"帮助者"与"受助者"之间出现了隔阂，留下了许多憾事。当前在解决"三农"问题的过程中，不能主观武断地进行"反哺"，各项惠农措施的制定与落实一定要从农民实际出发，一定要依靠农民、不断培育和提升农民的主体性，而不能单独依靠外在的强制力去执行。"中国伟大的力量是农民，这种伟大的基础和潜伏的力量还没有开发，我们要开发出来，才有力量。"（晏阳初、赛珍珠，2003：180）晏阳初先生近一个世纪前掷地有声的话语仍在我们耳际回响。

其次，"农民启蒙"概念的提出，可以突破当前研究"三农"问题的局限，拓宽解决"三农"问题的视野。从当前"三农"问题的理论研究来看，细数近年来关于"三农"问题尤其是"农民"问题的研究成果，明显存在一个缺陷，即对如何加强农村社会的经济建设、政治建设、社会建设都进行了深入地探讨，提出了很多具体的措施，而对于文化建设，只是围绕着"乡风文明"仅仅提出"塑造农村新风貌，要立足于推进农村精神文明建设，立足于提高广大农民群众的科技文化素质，立足于提高农民的生活质量，用先进文化占领农村思想文化阵地，改变农村面貌，提升农村社会文明程度，促进农民生活方式、思维方式和价值观念向现代化转变"，至于究竟如何推进农村精神文明建设、提高广大农民群众的科技文化素质、促进农民生活方式、思维方式和价值观念向现代化转变则语焉不详，实践工作更是无从谈起。这表明，学者可能忽略了文化建设尤其是转变农民的思想观念对新农村建设的重要性，而更多的关注经济的增长和政治的公平，其原因可能在于：其一，由于对"经济基础决定上层建筑"理解的偏颇，认为只要把经济搞好了，政治和文化自然会随之提高，所以才会更多地探讨如何调整农业生产结构，转变农业增长方式，提高农业综合生产能力，千方百计增加农民收入；其二，从实践层面来讲，转变思想观念相对于经济和政治两方面而言，由于其形而上的特点，操作起来比较困难，所以在实际工作中大多会忽视这方面的研究。因此，突破当前研究"三农"问题的局限，拓宽解决"三农"问题的视野亟须开拓农民启蒙的研究领域。只有认识到"三农"问题的核心在于农民问题，在于确立农民的主体性，农民启蒙的研究才会进入学者视野，从而促进农民问题的解决。

那么，什么是农民启蒙呢？

二 "农民启蒙"的界定

当前，思想界和理论界还鲜有"农民启蒙"这一提法，我们提出"农民启蒙"的概念，首先必须要对其加以界定和阐述。要界定农民启蒙，随之而来的问题便是"谁是农民？"，因为经过改革开放以来的变迁，"农民"这个不言而喻的概念却显得越来越模糊不清了，需要认真梳理和澄清。

1. 谁是"农民"？

谁是农民？农民是谁？怎样界定农民？……类似这样看似简单、不言自明的问题，不仅在当前的日常生活中会让人大伤脑筋、颇觉难以回答，而且已经成为当前中国颇显尴尬、难以回答的一个社会问题。贺雪峰指出："谁是农民？这在今天是一个值得寻味的问题。""今天中国究竟谁是农民？我们对此一定要保持清醒。"（贺雪峰，2014a）李伯勇也认为："谁是农民？这可是一道不好解决的难题。……在我们国家，农民身份与农民内涵相分离是一种既定事实。"① 从某种程度上来说，界定 "农民" 已经成为摆在我们面前的一道难题。

当然这样的问题，也是学界研究 "农民" 问题所绕不开的、一个很难界定但又必须厘清的基本问题。黄琳在《现代性视阈中的农民主体性》一书中对 "农民" 的含义进行了梳理，归纳出了界定农民的几种原则：从地原则 （凡是住在农村的就是农民）、从业原则 （凡从事农业的人就是农民）、户籍原则 （有农村户口的就是农民） 等，同时指出，这些划分原则都存在一些不可克服的缺陷和不足之处。在此基础上，他给出了自己关于农民的定义："简言之，农民是背负职业和身份，从事简单农业劳动、小规模经营的以宗法为主兼有商品意识的人。广义农民是指以农业劳动为主要劳动、农业收入为主要收入的务农者。"（黄琳，2010：14 ~ 16） 张英洪在《农民、公民权与国家：1949 ~ 2009 年的湘西农村》一书中也根据国外学界对农民的定义提出："在当代中国，农民的涵义实质上包含作为职业的农民、作为身份的农民和作为文化的农民三重意蕴。……农民主要是作为职业的农民和作为身份的农民，即从事农业生产、具有农业户籍身份、履行农民义务的人。"（张英洪，2013：35） 然而，细细考究，这样的界定还是存在一定的问题，容易让人产生混淆。为了行文的方便和读者的辨识，我们且在已有 "农民" 界定的基础上，对 "农民" 概念作简单的界定或者说厘清。我们无意于对此作历史的系统梳理，因为对于 "大农民" 的研究是一项非常复杂而庞大的工程，不是本书所能承载的，我们只是力图对 "农民" 概念进行现实的澄清，以利于本研究的展开。

就户籍而言 （即所谓的 "户籍原则"），是否能够说具有农村户口的人就是农民呢？20 世纪 80 年代以前，对于这样的问题是毋庸置疑的。但是，自 90 年代大量农民进城务工开始，这个问题就不像之前那样肯定了，他们 （农民工） 虽然还是农村户口，但已俨然成为中国的新工人，不再从事传统的农业生产了。21 世纪户籍从制度改革开始，通过 "书包翻身" 考入大学的农家子弟在毕业后仍然将户口挂靠在农村，但已经在城市从事教师、公务员、企业职工等不同职业，户籍已越来越不能反映出一个人的实际职业情况了。因此，今天我们不能再简单地以户籍来判断是否是农民。就居住

---

① 李伯勇：《谁是农民？》，http://www.21ccom.net/articles/sxpl/pl/article_2011102747689.html。

地而言（即所谓的"从地原则"），是否居住在农村的人就能够称之为农民呢？按照传统城乡二元对立的逻辑思维思考，这个问题是不言自明的，凡是居住在城市的就是城里人，反之，凡是居住在农村的就是农民。但是，中国社会发展到今天，尤其是随着城乡二元对立的壁垒的松动，生活富裕、条件允许的城里人也开始在农村居住，以逃避城市的喧嚣与污染，享受自然的馈赠；同时，也有相当一部分富裕起来的农民为了子女教育、生活便利，也在城市购置房产，开始居住在城里。因此，"从地原则"也不能够作为定义农民的标准，至少在今天已经不能如此简单地划分了。就生产而言（即所谓的"从业原则"），今天是否能够以从事农业生产作为判断农民的标准呢？就当前的状况来看，仍然不很合理。随着市场资本大量强势进入农业领域，在中国农村的土地上出现了大量现代农业产业，在这些产业中有相当一部分人绝对不是农民，而是从城市到农村淘金的非农人员。因此，也不能以是否从事农业生产作为界定农民的标准。

由此可见，单独地以某一项原则作为界定农民的标准已经不是那样合理和科学了，只有叠加几个方面的因素来综合考虑，才能比较准确地界定农民。从这个角度来看，农民就是具有农村户口且从事农业生产（农闲时分间打零工即兼业）并常年居住在农村的人群。但是，这样的界定也存在一定的困难，面临的责难是：那些具有农村户口进城务工的、常年居住在城市的（逢年过节回乡）、人数已经达到 2.6 亿的所谓农民工是否还是农民呢？尽管吕途将这部分人称之为"中国新工人"，尽管官方对这部分人群的称谓已经由"农民工"改为"进城务工人员"，但是，他们仍然摆脱不掉"农民"的"魔咒"，当他们日益衰老或在城市的夹缝中生存不下去的时候，就不得不返回故土。我们不得不承认，他们仍是农民。因此，我们考察和研究的对象主要是以下两类人：一类是仍然坚守在农村从事传统农业（相较于现代农业而言）生产的农民，另一类是那些进城务工的农民工。

由于城乡二元体制的原因，这两类"农民"在身份地位、经济收入、政治权益、文化水平等方面往往都落后于城市人，思想观念当然也不例外。他们往往是被甩在现代化队伍最后的人，现代性的思想往往最后才能进入他们的头脑，对传统的坚守是他们最大的特征。新时期以来，随着家庭联产承包责任制的实行，城乡二元壁垒的松动，户籍制度的改革，新农村建设的推进，他们也在政府和社会的关注中逐渐融入现代化的潮流中。他们的思想观念开始突破传统的围困，开始敢于运用自己的理性去认识这个世界，逐步确立起自身的主体地位，迈进现代化的阵营。

2. 关于启蒙的意见

关于启蒙，自西方启蒙运动以来，思想界已经有过太多的讨论甚至争论，其成果已是"汗牛充栋"。近代以来，西方启蒙思想被移植入中国本土之后，由于受各个时期时代主题的影响甚至裹挟，常常被误读，直至在近十多年来的"启蒙反思"讨论中，启蒙的应然状态才逐渐清晰起来。我们无意也无能力对"启蒙"这个纠缠了两个多世纪的概念进行界定，只是在前人及时贤讨论的基础上，简要说明我们在使用启蒙概念的过程中所持的基本态度和立场。

在关于"什么是启蒙"的讨论中，两百年来不论哪一时期，不论国外还是国内，都无法绕过甚至必须要追溯到康德的经典定义，"人类脱离自我招致的不成熟。不成熟就是不经别人的引导就不能运用自己的理智。如果不成熟的原因不在于缺乏理智，而在于不经别人引导就缺乏运用自己理智的决心和勇气，那么这种不成熟就是自我招致的。Sapere aude！（敢于知道！）要有勇气运用你的理智！这就是启蒙的座右铭"（康德，2005：61）。由此可见，"不成熟"是依赖他人引导自己运用理智的状态，或者说是听从他人理智、奉他人为权威、依附他人的状态，在这种状态下，个体完全丧失了自主性而盲目地迷信他人。因此，启蒙就是个体摆脱对他人的依附性，确立主体性的过程。

由是观之，启蒙必然是一个动态的过程。无法否认的是，在这个过程中，在这个个体从不成熟状态中走出来的过程中，首先必须依靠他人的引导才能摆脱"不经别人的引导就不能运用自己的理智"的状态，这个看似是个悖论的困境恰恰是启蒙所必须经历的。虽然，由于人类拥有理性，人类能够自己启蒙自己，这一点是不证自明的。正是在这个意义上，"一旦深入背后的哲学思考，启蒙主体的'资格'问题便消解了"。或谓之："启蒙主体的'资格'问题似乎就是一个假问题。"（尚新建，2009）但是，从哲学思考的层面看，无论是消解了启蒙主体的问题，还是证明了启蒙主体本身的伪问题，都只是论证了拥有理性是人（人类和个体）成为启蒙主体的资格，或者说具有了实现自我启蒙的可能，而具有理性的人尤其是个体在拥有了资格后如何进行自我启蒙则是需要继续探讨的，因为个体的自我启蒙在实践操作层面将面临极大的困难。所以康德指出："公众要启蒙自己，却是很可能的。"（康德，2005：62）这句话暗含了这样两层意思：第一，公众乃至构成公众的每个人都是启蒙的主体（启蒙自己）；第二，每个个体作为启蒙主体（启蒙自己）是"很可能的"，是理论意义上论证的"可能"，而不是现实中的"肯定"。理论上的澄清并不能消解启蒙实践中的复杂和困难，启蒙的实践将因个体所遭遇的各种困境而只能流于"可能"。所以，在启蒙发展的过程中，首先需要的是他人的引导，以战胜自身的懒惰和怯懦。个体要想走出依靠他人引导的状态，首先必须要找到摆脱这种不成熟状态的"梯子"，而他人的引导恰恰就是这样的"梯子"，在通过这样的"梯子"攀上自主的顶峰后，"梯子"自然也就失去了作用，也必须失去作用，这样个体才实现了启蒙，即敢于运用自己的理智而不需依附他人。

所以，在启蒙过程中，每个个体即是启蒙的主体，启蒙的目的是这些启蒙主体能够自己确立自主性，敢于运用自己的理智而无须依附他人。启蒙不是个体"蒙昧"而由他人"启之"，"他人"仅仅是启蒙过程中的个体所使用的"梯子"，启蒙之后的状态恰恰是抽掉"梯子"的状态。也就是说，个体进入"成熟"的状态所要依靠的力量，是那些在某种程度上已经"启蒙"的人的引导，但这种引导仅仅是启蒙的"梯子"而不是启蒙的目的。这是我们对启蒙的第一个意见。

个体启蒙之后的"成熟"状态又是什么样子呢？是像卢梭所说的那样摆脱被引导而回到"原始的成熟"，还是像很多启蒙思想家所倡导的，通过教化使个体成为一个根据理性规划的"理性人"？历史证明，启蒙运动是按照启蒙思想家的逻辑发展的。但是，在这条追求理性成熟的征途上，结果却并没有像那些启蒙思想家所希望的那样，反而引发了种种问题和危机。由于对主体理性的轻信和理性主体能力的高扬，相对忽视了主体认知理性内在的局限性和非完备性，错将主体理性当作自足完善的认识功能体系，形成了独断理性主义。独断理性主义使主体理性产生追求无限自由的错觉，形成了对理性的绝对化理解和对理性的非合理性运用。主体对理性的迷恋，直接导致理性主体的丧失，所付出的代价是，"作为'对其尊贵的惩罚'，认识论的主体被'永久监禁在它的自我之中'，被判定像'城堡中'的骑士那样去看世界"（弗莱德·R. 多尔迈，1992：48），"最终，认识的超验主体作为对主体性的最后回忆，似乎也被摈弃了，并被自动控制的秩序机器那种更加平稳的运转所代替"（霍克海默、阿道尔诺，2006：23）。同时，在运用理性推动人类走向"光明世界"的过程中，启蒙也将自身演绎成了一种话语霸权。这种话语霸权推崇科技至上，高扬工具理性；信奉民主、自由、平等，高扬个人主义；信仰现代主义，坚持批判传统；等等。由此引发了一系列的社会危机："启蒙价值作为一柄'达摩克里斯之剑'，在大刀阔斧地砍杀了宗教信仰、传统观念、社会伦范、自然生态之后，日益转向对人类自身的斫伤和毁灭。人生的无望、无根、无安全感、无归属感、无幸福感，弥漫整个世界。"（胡治洪，2010）更为严重的是，在这种话语霸权的影响下，逐渐形成了"启蒙心态"："我们想当然地认为：通过工具理性，我们能够解决世界上的主要问题；进步，主要就经济而言，是人类整体的渴望和需求。"（杜维明，2001）由此，也就引发了思想界对启蒙与传统的关系的反思。

西方的启蒙一开始就包含着与传统的对立乃至撕裂，这是从西方启蒙运动中可以推演出来的，也是被很多启蒙思想家所极力主张的。受此影响，中国从西方移植过来的启蒙思想则隐设了这层意涵。所不同的是，西方对传统的撕裂主要指向宗教，而中国则在救亡的危急关头将矛头指向了以儒家为主流的传统（文化）。由于中国的启蒙派将积弱积贫、落后挨打主要归因于传统（文化），好像实现了反传统就能够救国于水火之中，所以，中国的启蒙与其说是隐设了与传统的对立与撕裂，倒不如说是更加突出强调了传统与现代之间的对立。这种思维定式差不多持续了近一个世纪。其实，从历史来看，也不乏从积极的方面叙述启蒙与中国传统（文化）之间关系的声音。比如，朱谦之在其著作《中国哲学对欧洲的影响》一书中，就证明西欧启蒙运动受到了儒家特别是理学的影响；侯外庐更是化用了马克思主义经典作家对启蒙的概括，指认和界定了中国历史上已存在的启蒙思想，强调了中国思想史与西方的共有阶段。但是，这种声音在强大的反传统浪潮中，显得非常微弱。

21世纪以来，随着启蒙反思的深入，学界对于启蒙与传统的认识，终于打破了截然对立的思维定式，学者们开始重新审视两者之间存在的复杂关系。启蒙"应当重新考虑自己的现实性，以便在这种现实性中重新找到自己的固有位置，显示出自己的意义，描述能在现实性内部运用的行动方式"（福柯，2005），应该"站在当今时代的高度上，重新审视传统文化，抉出其中具有启蒙含量的精神价值因素，并对这些价值因素进行创造性的转化"（胡治洪，2010）。无论是西方启蒙对宗教的全盘否定，还是中国近代启蒙对传统文化的全盘否定，都是值得反思与清理的。当前，我们应该思考西方已经生成的现代性正面和负面的资源究竟是什么，我们是否能够在多元现代性的视野之下展现一种不同于西方的现代化道路，成就一种更加合理的现代性价值内涵。

　　基于近十多年来时贤关于启蒙的探讨，我们对于启蒙的认识是，它已经不再把无论是理性还是权威或者是传统看作是唯一的标准了，而是强调了启蒙标准的多样性；启蒙与传统之间的完全对立让位于探讨现代性（合理化）与传统（心灵的习惯）之间的绵延不断的相互作用；现代性的一元独霸让位于把现代性作为一个象征，把现代化作为一个过程，进行全面的重新考察，冀图探求"现代性中的传统"（杜维明，2001）。具体来看，其一，启蒙当然地指向现代性。现代性中核心的内容是自由、平等、民主、人权、博爱、正义等，无论启蒙的话语霸权带给我们什么样的危机和问题，无论我们对启蒙（现代性）进行怎样的批判，这些内容是无论如何都不能从启蒙中去除的，甚至可以说，这些是启蒙中不可或缺的内容。因为这些内容是中国在奔向现代化过程中所严重欠缺的。只有把现代性作为一个象征，一个极为复杂的文化现象；把现代化作为一个过程，一个非同质的、非全面西化的过程，进行全面的重新考察，将理性、自由、平等、人权和正义等这些现代性必要的内容进行厘清，才能建设中国式的现代性。其二，启蒙应然地包含对传统的创造性转化，应该从全面反传统的歧路走出来。根基于农业文明的以种族、性别、语言、地域和信仰为基础的本土生活方式，确实在某种程度上束缚甚至阻碍了现代化的进程，但是，其天人和合的思想观念，密切的亲属关系，丰富的人际交流，对周边自然环境和文化环境的精细理解，与祖先的心灵沟通等，在现代化过程中可以帮助我们规避现代化的陷阱，以及现代性引发的问题与危机。

　　所以，当前启蒙一方面应该批判性地继承现代性中的合理性因素，另一方面应该从传统中汲取智慧与资源，进行基于现实的思想性创造，并逐渐使之成为思想文化建构活动的原创性动力源泉。这就是我们对启蒙的第二个意见。

长期以来，启蒙一直被误认为是自由主义的专利，是自由主义高扬的旗帜。自由主义也一直以启蒙为天职，以启蒙的扛旗者自居。但是，新中国成立之后尤其是改革开放以来，由于自由主义对启蒙的僵化认识和狭隘理解，自由主义者对中国社会现实问题只停留在理论批判的层面，却未能找到合理有效的解决路径，致使自由主义视阈中的启蒙反而走进了狭仄的胡同里不能自拔。而与此同时，渐次兴起的激进主义、保守主义、新权威主义、老左派、新左派、民主社会主义、民族主义、民粹主义、后现代主义、大陆新儒家等，针对中国实现现代化过程中出现的问题均提出了各自的思想主张，无不带有启蒙的色彩，均不同程度地将现代精神文化融入其学说之中。因此，从某种程度上来说，各种思潮的应时兴起均是启蒙的产物，都对现实中人们破除各种思想上的桎梏或多或少起到了一定的作用，即能够刺激、引导人们走出所谓的"不成熟状态"。就此而言，启蒙不是自由主义的专利，所有能够将人们引导向敢于运用理智的自主状态的思想和举措，都是启蒙所涵盖的。

但是，当前在学界和理论界却有另外一种声音，他们撷取马克思、恩格斯等经典作家话语，提出马克思早就以形象的语言指出了启蒙的消极后果："一切等级的和固定的东西都烟消云散了，一切神圣的东西都被亵渎了"（《马克思恩格斯选集》第1卷，1995：275），他们认为对马克思来说，启蒙之后这种"胜利了的理性"建立的世界"是一幅令人极度失望的讽刺画"（《马克思恩格斯选集》第3卷，1995：720），从而将马克思主义与启蒙相对立，认为马克思主义与启蒙不相容甚至是反启蒙的。对于这样的论断，我们不敢苟同。

马克思主义究竟是反启蒙的还是推动与超越启蒙的？围绕着这个问题，近些年来邹诗鹏教授领衔一批马克思主义学者进行了深入的分析与研究。①邹诗鹏指出，马克思主义对启蒙的超越和扬弃绝不是否定和抛弃，"马克思在承接启蒙的内在历史合理性的同时，也超越并转变了启蒙的逻辑，这就是：把宗教批判、理性以及自我意识的批判转变为政治批判与实践批判，

---

① 近些年来由邹诗鹏教授领衔的一批马克思主义学者，包括黄学胜、焦佩锋、司强、彭文刚等，围绕着马克思主义（唯物史观）与启蒙的关系问题，做了大量的、细致入微的研究，发表了一批颇有见地的研究成果，对认为马克思主义是反启蒙或后启蒙的观点予以了强有力的批评。

从实证性的政治经济学转向政治经济学批判，通过社会解放进而达到人类解放。当马克思通过社会及其社会化的人去破解自我意识，并承担解决自然主义与人本主义的历史矛盾时，其实也突破了整个启蒙传统，从而把问题真正地带入到现代性之中"（邹诗鹏，2008）。彭文刚认为："马克思也是一位典型的启蒙者，而并非像有些学者认为的马克思是一个反启蒙或后启蒙者。只是马克思始终是在历史的传承与历史的发展、人的目的与现实的必然性、人的尺度与物的尺度的辩证逻辑中来思考人、历史和自由问题，所以马克思对历史规律的考察具有强烈的历史感、现实感，这是合乎历史本性的思考方式，这一点使马克思区别于其他启蒙思想家。"（彭文刚，2010）黄学胜分析指出："马克思对启蒙的批判，并非要彻底否定启蒙，而是实现了创造性转化。……（马克思）没有像后现代主义那样彻底否定启蒙，从而成为反理性、反历史、反现代化的；也没有像尼采、克尔凯郭尔等人那样陷入非理性主义，而是深信理性和科学的功能与意义，并积极寻求'前理性'、'前科学'的根基，以使其得到最大化实现。"（黄学胜，2015）西方学者悉尼·胡克也承认马克思"是一个真正的启蒙运动的产儿"，唯物史观正是批判和超越启蒙的基本理论成果（悉尼·胡克，2006：134）。综上，我们得出了以下认识。

第一，马克思作为启蒙的批判者和超越者，其所创造的马克思主义也应该属于启蒙范畴，只是马克思主义是站在更高的起点上审视和推进启蒙。中国的思想启蒙与马克思主义中国化的历史进程密切相关，马克思主义中国化的理论与实践成果都凝聚着对建构中国现代性的探索与追求。中国通过马克思主义确立并获得现代性的资格与身份，马克思主义中国化使中国实现了两大启蒙任务，当然这种启蒙"还只是初步的，它还需要历史性地拓展和提升为面向现代性社会与人的全面发展的深度启蒙活动"（邹诗鹏，2005）。当前，我们尤其要思考的是，在持续进行的启蒙进程中马克思主义如何吸取其他流派的有益意见和建议，克服实践中的诸多问题，建构起自主的、开放性的、具有中国特色与气派的现代性，推动中国现代化事业的稳步前进。

第二，当前应该坚持马克思主义基本原理，坚持走中国特色社会主义道路，坚持人的科学与自然科学的统一，从而加强马克思主义思想文化传统面向大众的启蒙。启蒙在当前所面临的社会状况已发生了很大的变化，物化及其工具理性日益凸显，工业与技术的日益强大导致现代世界的诸多自我疏离，物化全面侵蚀日常生活世界并成为生活的常态；网络的迅猛发展及其长驱直入大众的生活，由此所创造的大众文化一定程度上瓦解了启蒙的固有秩序，消解了启蒙所信奉的崇高价值，抽掉了启蒙思想及其语言的稳定性；在市场经济的刺激下，个人主义、物欲主义、消费主义以及自由主义在新自由主义的框架下全面复活，将启蒙再次推进了从属于资本主义框架的普遍主义语境；同时，启蒙还必须面对全球性的民族自觉与民族独立问题，防止民族主义、新殖民主义乃至法西斯主义、恐怖主义借启蒙之名戕害未竟的启蒙事业，等等。① 面对这些令人心焦的境况，致力于超越启蒙的马克思主义应该"积极将理论与实践结合起来，通过解放生产力和发展生产力，为启蒙价值理想和现代成就最终服务于人的解放奠定基础"（黄学胜，2015），因为"启蒙的当代状况不仅是资本主义的结果，也是社会主义实践的结果。而历史也远没有把我们带到一个马克思所构想的社会主义状况。当代社会主义实践不仅因为同一时代资本主义的消极影响，更由于受到较资本主义落后的旧制度的消极影响，显然需要展开面向现代性及其启蒙的自我批判"（邹诗鹏，2011）。只有这样，只有在中国特色社会主义伟大实践及其理论成熟的过程中，重点关注马克思对启蒙的批判及其建构意蕴，将启蒙作为其现实前提以及教养基础，才能在马克思开创的新的启蒙思想文化指导下，为当代中国的启蒙话语注入新的活力，为坚持"道路自信""理论自信""制度自信"提供积极的理论支撑，从而推进今天的启蒙继续走向深入。

第三，当前加强马克思主义思想文化传统面向大众的启蒙过程中，必须扎根于现实的人的实践活动，坚持和发扬理论与实践高度统一的原则、现实与历史相统一的原则，最终实现理性、自由、平等、公正、和谐、进步的价值理想。当前在继续推进启蒙的过程中，应当基于中国特色社会主义伟大实践，以马克思主义思想文化传统为核心，实现对西方文化传统和中国文化传统的融合创新；应当规避西方启蒙思想抽象强调以"应当"规制"现实"的弊病，而将启蒙的价值理想的实现建立于中国特色社会主义

---

① 关于启蒙在当前所面临的境况，邹诗鹏做了很好的分析，具体参见：邹诗鹏，2011，《再论唯物史观与启蒙》，《哲学研究》第 3 期。

伟大实践这一现实和历史的基础之上；应当在社会实践中重建经过反思和修正的成熟形态的属于中国的启蒙精神，并注重研究不同群体中个体的实际生活和过程，从而不断培育和提升他们在社会实践中的主体性；应当反思、批判中国近现代史上导致启蒙失败的各种因素，坚持批判的精神和开放的心态，在马克思主义的主旋律下，不断推进中国式启蒙的稳步前进。

当前马克思主义在中国的继续启蒙中应该是主旋律，其他思想流派则仅仅是协奏曲。所以，应该在马克思主义的主导下，以开放的心态积极融合各种关于启蒙的有益思想，共同奏好中国式启蒙这部时代乐章！以上是我们对于启蒙的第三个意见。

我们的研究正建基于以上三个关于启蒙的基本态度之上。

3. 什么是农民启蒙？

目前思想界、理论界之所以还鲜有"农民启蒙"这一提法，究其原因，是因为启蒙的思想来到中国一开始就自然地包含着对无法运用自己理性的普通民众尤其是农民的启蒙，所以提出"农民启蒙"概念好像多此一举，此为其一。其二，启蒙的责任从更传统的意义上来说，当然地落在社会精英、知识精英身上，更多地强调社会精英、知识精英在对社会深刻分析、全面认知的基础上，提出能够引导普通民众走出"不成熟状态"的思想，和普通大众好像瓜葛不大。其三，从历史上来看，农民常常扮演的是被迫害、被拯救、被号召、被教育、被建设、被代言、被救济的角色，但是，从现实来看，"三农问题"的关键在于农民，如果农民不能摆脱"被"的角色，缺乏独立思考和价值选择的自主性，则不能发挥其伟大的创造性。因此，我们提出"农民启蒙"这一概念，目的是突破启蒙的狭义界定，在马克思主义的指引下，将农民从前现代的认知模式中走出来、敢于自由运用自己的理性、对现代化形成正确认识的过程，统称为广义的"农民启蒙"。

需要指出的是，首先，农民启蒙不是"启蒙农民"，或者说，农民启蒙不能简单地等同于"启蒙农民"。在中国的启蒙话语中，启蒙往往陷于"蒙而启之"的思维怪圈中。在社会精英尤其是知识分子的观念中，提起农民启蒙就直观地解释为是由于农民处于蒙昧之中所以对其进行启蒙，他们"幻想站在一个空旷无比的广场上，头顶湛蓝的天空，明朗的太阳，脚下匍匐芸芸众生，仰着肮脏、愚昧的脸，惊讶地望着这些真理的偶像"（陈思和，1997：173）。这样就将农民置于被启蒙的地位而与自身相对立，只注重对农民冷漠、落后、小农意识的批评，以至于与农民产生隔膜。不可否认，农民启蒙也需要引导。正如康德所言，对于普通大众来说，由于懒惰和怯懦，他们甚至已经爱好那副"脚桎"，所能做的无非是"在极狭窄的沟渠上做了一次不可靠的跳跃而已"；只有极少数的人才能通过自己的奋斗而摆脱已然习惯的"脚桎"，然后"传播合理地评价一个人自己的价值的精神，传播每个人为自己而思想的职责"（康德，2005：62）。康德的论断包含这样几层意思：第一，每个个体要实现自我启蒙是很艰难的，因为其已经习惯于或者乐于"享受"这种不成熟状态，根本没意识到这种不成熟状态对自己是一副"脚桎"，也根本无意识去突破这副"脚桎"。就好像电影《康定情歌》里那个名叫达娃的农奴，她已经习惯于戴着脚镣听命于农奴主的生活，并且认定这就是她的生活——祖祖辈辈传下来的生活，对于砸碎脚镣后的自由生活是陌生的甚而恐惧的，因为她"并不习惯于这类自由的运动"，"如果一个人决定要抛弃枷锁，那么他首先必须感觉到这个枷锁已经不可忍受"（赖因霍尔德，2005：76）。第二，即使他（她）想要突破这副"脚桎"，可是他（她）周围的"人们"也不允许他（她）这样做，统治者（农奴主）视其为反抗者并对其进行镇压，周围的人们（农奴们）视其为异端会对其进行排斥。第三，基于以上两种原因，只有少数的人，少数敢于运用自己的理智并且具有坚强意志的人，才能通过自己的不懈奋斗突破这副"脚桎"，从而走出不成熟状态，走出黑暗，走向光明。由此，我们可以得出，在现实中绝大多数农民要将这种自我启蒙的可能变为现实，还需要别人帮其将那副自己已习以为常的"脚桎"砸碎，就像电影中李苏杰砸碎禁锢达娃的锁链那样。但是，打碎农民的"脚桎"仅仅是农民启蒙的开始，而不是农民启蒙的全部。农民启蒙关注的是农民在除掉"脚桎"之后如何自己行走，即如何自主地运用理性进行思考和批判。喻而言之，启蒙者可以帮助农民砸碎"脚桎"，但不能代替农民行走。所以，农民启蒙的重心始终在于农民自身，在于农民主体性的确立。

进而言之，农民启蒙不能落在"你蒙我启"的思维窠臼里，认为农民被蒙蔽了，需要先知先觉的人，来启发教育他们。这是对"农民启蒙"的严重误读。"启蒙既不是一个凌驾于所有人之上的理性的纯粹运动，也不是人类的一个群体对另一个群体、一个族类对另一个族类、一个人对另一个人的教化。"（韩水法，2008）因此，农民启蒙应该是"有蒙共启"，"启蒙者不能置身启蒙范围之外，单纯以启别人之蒙为职志，他本身既是启蒙的行动者、也是启蒙的对象"（任剑涛，2010）。所以，我们要消除知识分子的"广场意识"，继续秉承晏阳初先生乡村改造运动的信条："要化农民，必先农民化。"（晏阳初，2003：144）否则，便会导致过度企图启蒙农民。康德就曾特别警示启蒙者，不应该过度企图启蒙别人，否则就成了"引导别人运用自己的理智者"，反而使那些人更加缺乏决心和勇气去运用他们自己的理性。康德反对使用植入成见或革命强迫的方式进行启蒙，因为前者必然带来副作用，而后者并不等同于思想方式的真正变革。他主张采取渐进的方式让公众获得启蒙。既然启蒙需要自由和时间，那么任何过度扮演监护者角色者不但不能成事反而坏事。因此，以启蒙者自居提出通过教育就能够对农民进行强势（强迫）启蒙的声音，往往忘记了"教育者本人一定是受教育的"（《马克思恩格斯选集》第1卷，1995：55），忽略了自身也是需要接受批判、检验的，从而导致农民启蒙往往无果而终。所以，我们研究的"农民启蒙"绝不是"启蒙农民"，跳出"启蒙农民"的思维定式来研究农民启蒙才是我们的旨归。

跳出"启蒙农民"的思维定式之后，农民启蒙更多地着眼于农民自身，着眼于农民敢于运用理智进行批判的勇气的提升，着眼于农民运用理智的自由的扩展，也就是农民主体性的提升。

其次，农民启蒙是一个动态的概念，是一个过程，是农民从"不成熟"走向"成熟"的过程，从"不自由"走向"自由"的过程。康德指出："除了自由之外，这个启蒙并不需要任何其他的东西；实际上，一切事物当中最没有害处的那个东西就可以称为自由，亦即在所有问题上都公开利用一个人的理性的自由。"（康德，2005：62）就农民而言，其自由从最原初的到处受到限制，到慢慢获得了人身自由、言论自由，直至新时期里，农民通过各种权利的获得已经拥有了更大程度上的自由。这个获得自由的过程就是农民启蒙推进的过程。因为，只有农民真正获得了运用自己理性进行批判的自由，才能够真正奔向马克思所谓的"自由而全面地发展"。所以，套用康德的话来说，新时期以来，农民生活在一个启蒙的时代，而不是一个启蒙了的时代，农民启蒙正处在进行式，而非完成式。我们研究的农民启蒙是处在进行式中不断发展的变迁过程。

农民启蒙不是一场运动，"毕其功于一役"的想法是简单而幼稚的。正如康德所言："公众只能逐渐地获得启蒙。一场革命也许会导致一个专制的衰落，导致一个贪婪的或专横的压制的衰落，但是它决不能导致思想方式的真正变革。而新的成见就像老的成见一样将会成为驾驭缺乏思想的民众的缰绳。"（康德，2005：62）然而，"启蒙"移译中国以来，常常被译为"启蒙运动"，这种移译"可能在一般中国人当中引起习惯性的误解，中国人根据自身经验可能把'运动'理解为'运'而'动'之，是有组织、有领导，并有某种要达到的预设目标的'运动'"。这种理解是启蒙的中国式误解。启蒙不是运动，"它是自然、自发、在日常进行的具有广泛社会影响和久远历史价值的精神和心智活动"（陈乐民，2006）。当前中国农民启蒙也绝不可能是一场运动，不是有组织有领导的"运"而"动"之，而应该是润物细无声式的祛魅。这种"祛魅"应该走出近代以来"因乡村建设而致乡村破坏"的悖论，打破"鲜明的精英色彩"，围绕农民的主体性建设这个根本内容来进行。农民的主体性建设首先要保证农民自身的理性觉醒，即敢于运用理性进行批判，由此确立其主体地位。

再次，从实践来看，农民启蒙既当然地包含各种有益于农民走出"不成熟状态"的思想理论，比如各种对农民的思想观念形成冲击的思想理论、价值观念、文化思潮等；同时又实然地包含各种打破限制农民自由的政策的制定及其贯彻落实，比如科技下乡、文化下乡、法律下乡等各种惠农措施。如前文所言，农民启蒙应当在作为主旋律的马克思主义的积极引领下，融合各种有益于解放农民的思想，努力实现对西方文化和中国文化的融合、创新，认真致力于农民从旧有的思想观念向现代的思想观念转变，为农民在实践中自主地开发创造自身的生活，提供思想观念的引导，以积极促进其主体性的提升。农民启蒙或者说农民主体性的提升，并不能简单地诉诸引导农民转变其思想观念，马克思指出："环境的改变和人的活动或自我改变的一致，只能被看作是并合理地理解为革命的实践。"（《马克思恩格斯选集》第1卷，1995：55）因此，农民启蒙不能离开社会实践而仅仅流于从思想观念上教育引导农民，而要在伟大的中国特色的社会主义实践中完成。农民的活动或者说农民的自我改变即农民启蒙必须在稳步推进的社会主义新农村建设中逐步进行，这样才是真正将马克思主义对启蒙的批判与超越的思想运用于指导农民启蒙。只有这样，才能规避西方启蒙思想抽象强调以"应当"规制"现实"的弊病，才能真正推进农民启蒙。也只有在农民参与的中国特色社会主义实践中，我们才能真正认清农民在确立其主体地位过程中存在的问题，并且有针对性地促进农民主体性的提升，从而将理性、自由、平等、公正、和谐、进步的价值理想在农民启蒙中得以实现。农业现代化、社会主义新农村建设、城乡一体化、小城镇建设等均是覆盖农村公用设施、公共事业、生产生活、生态环境、组织管理、素质教育、文明风尚等方面的全方位的建设工程。在这些伟大的工程中，农民启蒙是一个根本性的任务，或者说基点。所以，从某种程度上而言，农业现代化恰恰就是从思想、心态、观念、制度等方面全方位的农民启蒙。

最后，相较于其他群体启蒙，农民启蒙具有其独特性。自城市诞生之日起，人类社会经济、政治、文化的发展，总是以城市为中心源起，然后再向农村辐射、渗透，这样就逐渐形成了中心与边缘、强势与弱势、激进与保守、现代与传统等的二元对立。农民作为边缘、弱势、传统、保守的代名词，对从城市辐射过来的新事物、新思想、新观念等的接受总会比较缓慢。因为在这种二元对立的模式下，农村社会长期积淀的文化、制度、习惯、心理等，总是比较封闭而非像城市那样是开放式的。因此，第一，相较于市民而言，农民最大的特点是，他们处在相对比较封闭的环境（地理环境和文化环境）中，没有像城市那样发达的信息传递系统，对于新事物、新思想、新观念的接受从时间上来讲总会晚市民一拍。第二，相较于市民而言，农民总体上接受教育程度比较低，导致他们的知识水平相对比较低。虽然说知识不等同于智慧，在农村中也大有智者存在，但是从总体状况而言，由于知识水平的限制，农民对于从城市辐射、渗透过来的新事物、新思想、新观念等的理解和接受就比较困难。第三，相较于城市生活而言，农村生活相对比较单一和固定，长期积淀而成的生活习惯、文化心理、社会习俗等会对农民接受新事物、新思想、新观念等形成一定的障碍，难以逾越。第四，对于农民来说，社会体制给他们设置了许多限制其自由的枷锁，由于怯懦和懒惰，尤其是怯懦，他们已然习惯于这种戴着枷锁的生活，相较于市民而言，他们通过自己的奋斗摆脱已然习惯的枷锁要困难得多，渴望、追求自由的觉醒也要较市民晚得多。第五，农民对历史形成的传统、习惯、风俗等，相较于市民而言总是容易坚守、固守，被称为传统"固守者"的农民不愿意轻易打破"成见"。由于以上的原因，农民运用理性进行思考和批判，总是显得比较特殊，农民启蒙相对迟缓而滞后。

综合以上意见，所谓农民启蒙，即指农民不断突破既有"成见"的束缚，从蒙昧的认知模式、价值观念中走出来，敢于自由运用自己的理性进行思考和批判，认知自身的存在状态、确认自身的价值认同方式，逐渐确立起自己的主体地位，从而对现代化形成正确认识并努力投身其中，享受现代化文明成果的过程。因此，农民启蒙是一个动态的发展过程，是农民从"不成熟"走向"成熟"的"祛魅"过程，从"不自由"走向"自由"的过程，是一个农民发现自身的过程。这个过程是长期的、潜移默化的，不是通过几场运动就能够实现的，而是润物细无声式的。相较于市民的启蒙，农民启蒙相对比较缓慢而滞后，更需要比较长的时间来进行。然而也正是由于这个原因，中国的农民启蒙比较少地遭遇现代性危机，更像一块正待雕琢的璞玉，亟待我们认真打磨。

纵观历史，中国的农民启蒙经常被简化并纳入新文化运动、民族救亡、民主革命、土地运动、社会主义建设这样的主流意识形态的宏大叙事之中。虽然先后经历了从个体的觉醒到阶级的反抗、从个体解放到整体解放的过程，但是，陷入各种宏大叙事之中的农民启蒙未能被理论界从整体上进行分析与探讨，再加上救亡压倒启蒙之后，高涨的革命热情使农民启蒙一直偏离理性的轨道，是"理性缺位的启蒙"（姜义华，2000）。同时，中国的农民启蒙是被迫进行的，在"刺激—反应"模式下的农民现代性启蒙，"是以西方现代性的普适性对中国独特现代性的遮蔽，遮蔽的恰恰是中国现代性所独具的特征。因而，这种'中国现代性'没有自己的主体性，也无法真正理解和阐释事实存在的许多'中国问题'"（张丽军，2009：1），致使农民启蒙一直未能真正进行。

当前，我们提出农民启蒙的概念，就是按照马克思主义逻辑与历史相统一的方法，总结中国近现代历史上启蒙尤其是农民启蒙所积累的经验和教训，从而站在更高的历史起点上重新审视中国农民启蒙，冀图在当前实现中华民族伟大复兴的"中国梦"中，积极培育和提升农民的主体性，切实推进农民启蒙，从而开发出农民积极参与中国特色社会主义伟大实践的主体力量，助力"中国梦"的顺利实现。如果说，中国近现代历史上的农民启蒙屡次被简化并纳入新文化运动、民族救亡、民主革命、土地运动等主流意识形态的宏大叙事之中而偏离了其主旨，那么，当前经过审视、批判、反思、重构的中国式现代性的农民启蒙，则由于厘清了农民在中国现代化事业中的主体作用和力量，其本身就成了主流意识形态的宏大叙事之一。因此，当前应该在"中国梦"的指引下，在广大农民中积极培育和弘扬社会主义核心价值观，不断提升农民的主体性，继续农民启蒙这一未竟的事业。

当然，需要说明的是，我们并不企图建构一个能够解决农民问题的万能理论，而只追求从思想观念的角度来对农民问题进行探究。然而，面对农民启蒙这个复杂而庞大的命题，我们应该怎样展开论述呢？

三　新时期农民启蒙研究的基本框架

为了能够更加清晰和有条理地对新时期农民启蒙进行历史和逻辑的梳理，我们首先需要对"新时期"这一概念进行厘清，从而界定我们研究的历史跨度。然后从人的存在之维和启蒙的展开之维出发，论证为什么要从理性、政治、道德、审美四个方面梳理新时期农民启蒙。

1. "新时期"的历史界定

关于"新时期"的界定，现在理论界、思想界仍然没有一个准确的定论。根据徐庆全的考察，1978 年 6 月 5 日通过的《中国文联第三届三次全委扩大会议决议》中，使用了"新时期文艺"的概念，"新时期"一词由此滥觞。虽然徐庆全批评"新时期"这个概念，"不符合十一大报告表述的原意"；被广泛运用，没有考虑到历史延续性这个问题；其所包含的"新"之内涵也讲不通；并且，作为一个历史时期的概念，什么时候是其截至呢？但是，不得不承认的是，不论在理论界、学术界，还是在日常的话语中，这个词自 20 世纪 70 年代末一直沿用至今。尽管如此，当"新时期"不仅仅是作为概念，而是作为历史时期进入我们的研究视野的时候，就"携带着特定历史语境中的浓厚历史意识"，承载了太多的内容，"尤其是关于'新时期'开端和终结的具体时间的分歧，充分地显露出这一曾经被视为具有广泛'共识'的历史时段，其历史统一性并非如人们想象的那样不言自明"（贺桂梅，2010：14）。因此，从学术研究严谨的角度而言，对"新时期"这一概念的界定与运用还是要慎重对待的。

高瑞泉教授在《转折时期的精神转折："新时期"以来中国社会思潮及其走向》一书中，根据邓小平的讲话，将从"文革"结束以后的"新时期"界定为"转折时期"，并且提出，"'新时期'以来的各种争论，综括起来，可以集中为一个问题，即'中国如何实现现代化'。它是近代以来'中国向何处去'的时代主题的延伸"（高瑞泉、杨扬等，2008：2～3）。可以说，"如何实现现代化"是自改革开放以来贯穿始终的一个时代主题。我们正是在这种意义上来使用"新时期"这一概念，"新时期"即指改革开放直至今天的历史时期。这样的界定，赋予了"新时期"实然存在的从封建走向民主与科学、从迷信走向思想解放、从愚昧走向文明、从前现代走向现代的转型意蕴，正如有学者所讲到的，"现在回头看粉碎'四人帮'以后至今的这段历史，如果真要用个词进行概括，我倒以为用'转折年代'这个词或许更准确一些。'转折年代'嘛，只是说明我们历史在转型。既然是转折，那就有个新旧交替的过程，同时也是新旧体制冲突的过程。30多年的历史，我们都一直处于这样一个过程。从这个意义上来说，我们的'转折年代'不仅到今天还没有结束，甚至还任重而道远，要延续很长一段时间"（徐庆全，2011）。

"新时期"这一概念在一种经典的现代性想象和修辞方式中承载着国人太多的现代化向往。既然"新时期"的时代主题是"如何实现现代化"，而现代化又必然与启蒙有着千丝万缕的联系，那么，新时期与启蒙之间也必然存在着割舍不断的联系。实际上，启蒙作为一条主线始终贯穿在新时期的历史进程中。在改革开放以来的近四十年时间里，随着农村社会在经济、政治、文化等方面发生的巨大转型，农民启蒙在实践中已经发挥了重要作用，农民的主体性已然有了很大的提升。因此，有必要在我们界定的农民启蒙的概念和框架内，着眼于中国现代启蒙思想的得与失，对这近四十年来的农民启蒙的发展历程进行梳理，以期为当前推进农民启蒙寻求经验和教训，提出更好的建议和对策。

要梳理新时期农民启蒙的发展历程，我们自然地以时间发展为经线来进行梳理。按照高瑞泉教授的讲法，新时期以来，"中国社会的思潮几乎每十年即一变"，我们也以此来探究新时期里农民启蒙在不同时期的面相。由于时间跨度比较大，所以在不同的时期，我们的研究对象会有所不同，比如，20世纪80年代，界定"农民"还相对比较容易，我们的研究对象主要是在乡村务农的人群；进入 20 世纪 90 年代，随着进城务工农民的增多，我们的触角也开始延伸到农民工这一群体；21 世纪以来，随着农民群体社会状况的日益复杂化，我们的研究对象已经涵盖了在乡农民、进城务工农民、返乡农民工等。当然，在本书不同的章节的论述中，我们会随着研究的需要有所侧重。但站在真正的农民的立场上去思考问题，是我们一贯的宗旨。正确的研究方法存在于对待研究对象的方式之中。我们寄望于将自己融入农民群体的命运之中，将自己的心灵贴近这个群体的生产生活、思想观念，从农民的视角捕捉他们在社会转型时期所经受的断裂之痛，探究他们的灵魂轨迹。

要真正剖析新时期农民启蒙这个庞大而复杂的历史命题，确定了以时间为研究经线是不够的，还需要合理设定研究的相关维度，才能够立体呈现新时期农民启蒙的全貌。我们拟从理性、政治、道德、审美四个维度来建构新时期农民启蒙的分析框架，冀图全方位地展示农民启蒙在新时期的发展变迁。对于新时期农民启蒙面相的梳理和呈现，之所以选定理性、政治、道德、审美这四个维度，是基于人的存在之维和启蒙的展开之维两方面的考虑。

2. 农民启蒙何以是四个面相

首先从人的存在之维谈起。

启蒙的目标直指人的自由，而人的自由本身又与人的存在直接相关。正如杨国荣教授所言："自由本质上是人的存在境遇，自由问题的进一步追问，也逻辑地指向人本身。"（杨国荣，2005：30）因此，从人的存在之维（境遇）来探究农民启蒙的面相，就顺理成章地成为研究的逻辑源头。

从人的存在而言，不论在个体的层面，还是在类的视阈，都呈现为一个追求与走向自由的过程。"人类历史的每一次重大进步和飞跃，都可说是由必然之域奔向自由之域总过程中的环节。而每一个飞跃都包括两个方面：在物质方面是趋向自由劳动的进步；在精神方面是趋向以发展人类本质力量（知、情、意等）为目标的'真正自由之域'的进步。"（冯契，1996a：58）而在不同的领域，自由具有不同的内涵。冯契先生指出，在认识论领域，自由就是体现理性精神的真理性认识在改造世界和造就自己的过程中作为理想得到了实现；在伦理学领域，自由是出于理智上的自觉和意志上的自愿在社会行为中遵循当然之则，实现善的理想；在美学领域，自由就是在"人化自然"中直观人自身，获得自由的美感，实现审美理想。与认识、价值（政治与道德）、审美的本体论之维的敞开相应，真、善、美的统一获得了形而上的根据，而人的存在本身的具体性、真实性则不断得到确证。因此，人追求与走向自由的过程就是追求真、善、美的过程。这种追求首先诉诸理性精神，在理性的支撑下认识世界和认识自己，并进而遵循社会的当然之则（政治秩序和道德规范）完成善的实现，最终在自身所创造的价值世界里获得审美的愉悦，通达自由的目标。

具体而言，人的存在首先涉及的是认识论。人生来无知，神秘的自然万物以及自身生存艰难的窘境，激发了人认识自然世界的欲望与勇气。如何认识世界呢？马克思认为："人的思维是否具有客观的真理性，这不是一个理论的问题，而是一个实践的问题。人应该在实践中证明自己思维的真理性，即自己思维的现实性和力量，自己思维的此岸性。"（《马克思恩格斯选集》第 1 卷，1995：54）认识始于实践，由此便产生了认识与实践、主观与客观、知与行的矛盾，从而也就构成了认识论中最原始的基本关系。冯契先生按照实践唯物主义的理论，提出认识世界和认识自己是辩证统一的，具体展开为由无知到知、由知识到智慧的辩证运动。具体而言，人正是在认识世界的过程中认识自己，并在此过程中不断生成自己的理想。为了实现这一理想，就将世界之真用之于现实世界的改造，即冯契先生所谓"化理论为方法"，将得自世界之真还治世界，从而化自在之物为为我之物，化理想为现实。同时，在化自在之物为为我之物、化理想为现实的过程中，推动着人把握现实之道（认识世界）的自我主体意识的逐渐形成，逐步体认天道、人道和认识过程之道，从而凝道成德、显性以弘道，成就自己的德性自由，即所谓"化理论为德性"。正是在"真知"与"真人"的互动中，人不断地揭开真实世界的面貌，通过"化知识为能知"，将知识融入于人的存在过程，并在不同的层面（方法和德性）上改变着人的存在，提升着自身的存在境遇。因此，认识与人的存在关系不仅在于"有真人而后有真知"，而且在于"有真知而后有真人"。人正是在不断探究世界之真的过程中成就了自己的真实存在——德性之智。只有拥有德性，才被看作是人，或者说，德性成为人之为人的根本依据。

那么，人的德性究竟是指什么？如何成就人之德性？关于这样的问题，在中西哲学家那里都不约而同地转向善，德性之成就或完成就是善之完成。就此而言，人在理性指导下认识世界、改造世界，其目的就在于认识自己，成就自己的德性，达到善的目标。丁耘教授的研究指出："理性在思维、直觉、情感、欲望、实践、技艺、自然运动之中全都指向善，这正是古代理性观的血脉所在。"（丁耘，2014）理性的善的指向将人导向政治、道德、艺术等领域，最终直指以真善美为理想和信念的自由人格。"善何以必要"与"人的存在如何可能"的两重诘问首先将人的存在引向政治领域。

亚里士多德提出："人类自然是趋向于城邦生活的动物。"（亚里士多德，1965：7）人只有通过城邦共同体，其德性之善才能最终完成。换言之，人按其本性必然要求过政治生活，所谓政治生活其实就是共同体生活。人不论是认识世界还是改造世界，都是以共同体的形式呈现出来的。两者的区别在于，认识世界所获得的理论知识是以自身为目的的，而如何应用这些理论知识改造世界乃是以实践为目的的。为达到实践的目的，必然要求共同体成员的合理的行为。那么，政治其实就是共同体成员进行实践行为的合理规范，政治学就"属于最高主宰的科学，最有权威的科学""以最高善为对象的科学"（亚里士多德，1994：1094）。政治的目的在于人自身的善，它是人的存在的实现，使人的自由成为可能。政治借助于法律和契约，为人在实践中处理共同体与个人、权利与义务、自由与权威、合法性与道德性、秩序与暴力之间的矛盾提供基本的准则，从而使人的交往性存在成为可能，使个体自身完善，使社会达到统一。因此，政治既以人的存在（社会存在）为根据，又为这种存在提供了某种担保。在人类历史的演化过程中，政治从一个方面为人因角色、地位、利益等产生的分化提供根据和担保，使人在紧张、排斥、对峙中有秩序的存在。

"善何以必要"与"人的存在如何可能"的诘问，进一步将人的存在引向道德领域。历史地看，人的存在包含着共同体（类或社会）与个体两重向度，通过在共同体的层面制约生活秩序、社会治理、体制系统，以及在个体之维作用于自我的统一和境界的提升，道德为人走向具体、真实、自由的存在提供了某种前提。人在道德领域的存在形态，一方面表现为善的理想，即普遍的道德规范（系统），另一方面也通过人的实践展开为现实的社会生活，转化为善的现实。"作为道德的具体内容，善的理想与善的现实总是指向人的存在，并通过制约内在人格、行为方式、道德秩序等，具体地参与社会领域中真实世界的建构。"（杨国荣，2005：26～27）如果说政治是为人的分化提供担保和根据，那么，道德则通过提供共同的伦理理想、价值原则、行为规范等将社会成员凝聚起来，让他们以一种不同于紧张、排斥、对峙的方式生活在一起，即为人的"分化的存在走向统一提供根据和担保"。这样，以人的存在为指向，道德也改变、影响着人的存在本身。行为之善，往往以合乎一般的道德规范为条件；德性和人格的培养，也需要普遍道德规范的引导；合理的人生，同样离不开一般的道德准则，即人在存在过程中"应该做什么""应该成就什么""应该如何生活"，都离不开道德的普遍规范。

人的存在对于善的追求，最终目的在于自由的实现。这一目的最终在审美领域得以直观呈现。"人生理想的实现通过人的活动，使人的本质力量对象化、形象化，使人能够从人化的自然中直观自身的力量，这就是审美活动的自由。"（冯契，1996b：245）就人的存在而言，审美的核心是通过人自身的整合以及在经济、政治、道德等多方面的发展而走向完美的存在。审美不仅体现了、表达了人的价值理想，而且蕴含着对人的存在的完美性追求。当劳动分工的形成与发展刺激着人的存在由同一趋向于分化，威胁着人的存在的整体性的时候，审美为克服人自身的分离、走向完美存在提供了根据和担保。就人的存在与审美的关系而言，审美过程以在价值成果中直观自身本质的方式确证了人的自由本质。

综上，我们可以看出，人的存在正是在追求真善美的过程中，以真为开启，然后以真致善、以美储善，最终指向自由的存在。李泽厚先生指出："从主体实践对客观现实的能动关系中，实即从'真'与'善'的相互作用和统一中，来看'美'诞生。……一方面，'善'得到了实现，实践得到肯定，成为实现了（对象化）的'善'。另一方面，'真'为人所掌握，与人发生关系，成为主体化（人化）的'真'。这个'实现了的善'（对象化的善）与人化的真（主体化的真）便是'美'。人们在这客观的'美'里看到自己本质力量的对象化，看到自己实践的被肯定，也就是看到自己理想的实现或看到自己的理想（用车尔尼雪夫斯基的话，就是看到了生活或'应当如此'的生活），于是必然地引起美感愉快。"（李泽厚，1980：161～162）正是在实践生活中，人的存在通过真善美的相互作用，分别在理性、政治、道德、审美等几个维度得以真实具体的呈现。"作为体现人的本质力量的存在形态，美并不是一种自我封闭的现象，它与真善相互关联。宽泛而言，美与真善都涉及价值领域；以人的价值创造为共同指向，美与真善本质上难以分离。"（杨国荣，2005：212）当我们把人的存在具体落实到农民这一特殊群体的时候，新时期农民的现实存在也必然沿着理性、政治、道德、审美的逻辑进路，实现农民启蒙的发展与变迁。这就构成了我们从理性、政治、道德、审美四个维度梳理新时期农民启蒙的第一个理论依据。

其次，从启蒙的展开之维谈起。

通常意义上的启蒙是就思想层面而言的，思想是启蒙的先导。然而，在启蒙实践中，启蒙不仅仅表现在思想层面，还更多地展现在人们的具体行为中。换句话说，是否启蒙了主要是依据现实中人们的行为表现。而人们在现实中的行为不外乎是经济行为、政治行为、道德行为和审美行为等。因此，理性主导的思想启蒙在现实中就展开为启蒙的经济面相、政治面相、道德面相和审美面相。下面我们分而论之。

理性是启蒙最基本、最核心、最关键的内容。我们再回到康德的经典名句："要有勇气运用你自己的理智！这就是启蒙的座右铭。"在这里，康德主要强调的关键词是勇气，其次才是理智。于康德而言，勇气不是激情，而是"基于原理与德性。理性在这种情况下给予果敢的人以自然有时拒绝给予他的坚强"，且真正的勇气只能"通过理性唤起"。换言之，"启蒙首先诉求的，是人的理性而非理智。不经他人引导运用理智的前提，是理性的自我唤起"。由此，所谓启蒙就是人的理性发挥自己的力量，所谓农民启蒙就是农民的理性自主地发挥自己的力量。勇气作为运用自己理智的保障，是要通过理性激发和唤起的。所以，农民启蒙的先决条件是理性，是理性对农民运用自己理智的勇气的激发和唤起，它能够使农民战胜怯懦和懒惰，勇敢地走出"不成熟"状态。

这里需要澄清理性与理智的关系。在康德哲学里，理智与知性相仿，仅指科学理智，是人运用概念和范畴进行判断、推理的认识思维能力，至多只是人类生活的"一个半圆"，而理性乃是人类生活的"整个空间"。丁耘的研究指出："康德对于理性、德性、勇气等的教育特征的描述和判断力相同，而不同于理智。如此，理性属于特殊的天赋才能，既非人人现成拥有，也非学校教育可以弥补。"（丁耘，2014）在康德那里，人人拥有的理性并非简单对等于"纯粹理性"，甚或说是两个完全不同层面的概念。如果说纯粹理性属于先验哲学，那么人人拥有的理性则属于人类学以及关于人这个物种的发展可能的历史哲学。而后者进一步牵涉人的法权、政治、道德与教育问题。康德提出，人是大地上唯一具有理性的受造物，理性会在人身上充分地发展出来。但这种充分发挥，"只能是在全物种的身上而不是在每个人的身上"（康德，1996：4）。质言之，康德认为理性必定通过历史代际的传承、启蒙而发挥。恰恰因为理性只是一种尚未完全具备，而应该具备的能力，所以在理性未能在每个人身上充分发挥出来之前，启蒙才显得必要。

由此而言，农民也具备理性的能力，但这种能力还未充分发挥出来，所以农民启蒙就显得必要了。一方面，我们承认理性是农民应该具备但没有完全具备的能力，这种能力在农民身上还未能充分地发展出来；另一方面，为了能够充分地发展农民的理性能力，就必须依赖启蒙。新时期以来，随着历史的变迁、政策的松绑、思想的解放、观念的更新、经济的发展，农民的理性逐步得以发挥，运用自己理智的勇气因而被激发和唤起，农民启蒙逐步展开。其最主要的表现，就是农民开始突破所谓封建迷信的迷雾以及传统农业生产经验和模式的桎梏，敢于接受现代科学技术知识带给他们的冲击，开始科学地进行自己的生产，尤其在科技下乡政策的推动下，农民在经济生产活动中的自主性明显增强，呈现为农民启蒙的理性面相。

然而，现实中导致个体不敢运用自己理智的重要原因在于政治制度、体制、环境、文化的限制与束缚。在理性的自我唤起和发展过程中，个体开始敢于运用自己的理智审视、反思自身所处的政治生活，开始对给自己的自由造成限制和束缚的政治制度、政治体制进行批判与抗争，从而推动整个社会的政治文化的演进，为社会成员追求自由提供更为合理、宽松的政治环境。由此，农民启蒙的逻辑进路自然就从理性进入了政治层面。在新时期里，随着《中华人民共和国村民委员会自治法》的逐渐完善和逐步推进，农民获得了更多的政治权利，与此同时，农民的政治心理、政治观念、政治参与也在理性的护佑下不断突破各种限制和束缚，农民正逐渐实现着从村民、臣民向现代公民的转变，呈现出农民启蒙的政治面相。

政治启蒙上的突围，直接牵涉到道德原则、道德规范和道德信仰的变化。在新的政治规制之下，道德的善与恶如何重新界定？善恶的评价标准是什么？道德规范制定的依据、原则又是什么？这些问题引导启蒙走向道德领域，关涉到个体价值观念的改变。当传统的道德接受了理性法庭的审判之后，如何在理性原则的主导下重建社会以及个人可以遵循、应当遵守的各项规则就成为启蒙所必须思考的问题。这些问题辐射到农民启蒙，展现为农民对传统既有道德规范的突破。然而，在道德领域，理智却与道德并不必然地呈现正相关的关系。茨维坦·托多罗夫在《启蒙的精神》一书中就指出："自主的渴求使得认知摆脱道德的监管，对真的追求脱离善的需要。这种需求被发展到极端，过分地膨胀了自身的欲望：现在正是认知意欲规定一个社会的价值。"（茨维坦·托多罗夫，2012：43）农民自己运用理智有可能带来认知摆脱道德监管的风险，可能出现追求"真"（科技）脱离了"善"（价值）的需要。农民勇敢地运用理智却逸出道德规范，带来的不是社会道德的线性发展，而只可能是道德滑坡的恶果。新时期以来，农民一方面逐渐摆脱传统依附性道德的束缚，确立了现代性的自我，促进了传统道德的变迁；另一方面，又因过分膨胀的欲望，使其对利益的追求摆脱了道德的监管，构成了对道德的挑战甚至是破坏。由此可见，新时期的农民启蒙，在道德领域里所呈现出的是一种复杂的面相。

启蒙的最终目标直指自由，而自由最终彰显在审美领域。在现实中，审美服从理性观念，表现道德理想。康德认为美学是联合认识论和伦理学、现象界和道德界、感性和超感性的桥梁，审美判断力是知性（纯粹理性）和理性（实践理性）之间的过渡环节。席勒指出："我们为了在经验中解决政治问题，就必须通过审美教育的途径，因为正是通过美，人们才可以达到自由。""要使感性的人成为理性的人，除了首先使他成为审美的人，没有其他途径。""人在他的自然状态中只能承受自然的力量，在审美状态中他摆脱了这种力量，而在道德状态中他支配着这种力量。"（席勒，1984：39、116、121）审美不仅是使人上升到理性的必要的条件，而且是人的理性能力充分发挥的最终指向。个体运用自己的理智在经济、政治、道德等领域中不断地进行批判与突围，最终达致审美领域，从而享受自由的乐趣。新时期以来，随着现代农业科技的逐步推广，农民逐渐从繁重的农业生产劳动中解放出来，开始拥有更多自由时间实现自己的审美理想，建设自己的美好生活。与此同时，大众传媒的日渐发达、物质产品的日渐丰富、精神文化的日益丰富，也为农民审美创造了更为便利的条件，不论是在走向崇高的劳作审美中，还是在摹状城市的日常生活审美中，即便是在趋于多样性的娱乐审美中，农民的审美活动也更加趋于自觉了，审美视野逐步扩大了，审美境界也不同程度地提高了。然而，由于审美的特殊性，农民启蒙在审美领域所呈现的是一种比较复杂的面相。

以上我们从启蒙的展开之维探讨了农民启蒙的四个面相何以成立，以及它们在农民启蒙中的逻辑关系。但是，必须要说明的是，将农民启蒙分作理性、政治、道德、审美四个面相进行梳理，只是为了研究上的便捷，以能条分缕析地探究新时期以来农民启蒙的实际状况，然而在农民的现实生活中，这些方面是紧密地联系在一起的，各个面相之间存在着千丝万缕的复杂联系，或者说是一个完整的面貌。

以上观点划定了我们的研究范围，我们的研究以新时期农民的生产生活以及体现于其中的思想观念为考察对象，以新时期的历史变迁为主线，以厘清理性与启蒙、政治与启蒙、道德与启蒙、审美与启蒙的关系的理论探讨为基础，以理性面相、政治面相、道德面相、审美面相为分析框架，考察和分析新时期中国农民启蒙的逻辑演进，探究其中的得与失，从而为推进当前农民启蒙提供借鉴。

我们的研究就此展开。

第一章 新时期农民启蒙的理性唤起与现实呈现

"理性"无疑是启蒙话语中的核心概念。在西方近代轰轰烈烈的启蒙运动中,理性一直与启蒙如影随形,一起接受思想家的欢呼与礼赞,也一起接受思想家的批判与超越。高扬理性成为启蒙运动最显著的特征。在这一过程中,西方人享受着启蒙与理性带来的征服世界的自由与丰裕的物质财富,也经受着启蒙的独霸话语与理性的自我分化所带来的生态危机与精神荒芜,正可谓"成也理性、败也理性"。但不能否认的是,西方社会自启蒙运动以来,由于确立了人的主体理性,匍匐在上帝脚下、依附于《圣经》启示的人被解放出来,开始敢于运用自己的理智认识世界与认识自己,从而实现人的自由;与此同时,由于人的主体理性的不断强化与无限膨胀,越来越暴露出隐含在其自身中的缺失与弊端,致使人失去了安身立命之处,为主体理性与理性主体的丧失埋下了祸根。由此激起了西方学者在反思启蒙中批判启蒙的心态。但批判启蒙并不意味着要消除主体理性,而是要批判主体理性的霸权话语(或谓之独断理性主义),高扬价值理性,使其与目的(工具)理性互补,从而解决社会危机。

启蒙的理论逻辑首先是在个体的层面上解放人们,使他们去追求自由,然后才是引发社会的现代化转型。然而,与西方的启蒙不同,中国的启蒙恰恰颠倒过来,更多地表现为通过"运动"开始社会的转型,然后再转入个体的现代化。所以,中国近代以来的启蒙因被时代潮流所裹挟而失去了应有的色彩。马德普曾指出,"启蒙思想是西方文化传统的组成部分,非西方国家的文化传统一般都与其有较大的差异,因此,启蒙思想在非西方国家的传播一定会带来激烈的文化冲突,而这种冲突会使得这些国家的启蒙事业和现代化进程异常艰难"(马德普,2014)。邓晓芒亦指出,由于中国的启蒙"知识精英眼睛向上，希望自己的大声疾呼能够在民众中引起轰动后，最终被那些掌握权力的人听进去"（邓晓芒，2007），因而空留下一些道德化和情绪化的批判。正如姜义华教授的研究所指出的，中国近代以来的启蒙是"理性缺位的启蒙"。

作为启蒙核心概念的理性竟然在中国的启蒙中缺位了，那么启蒙的惨淡结果就可想而知了。当前，我们讨论中国农民启蒙，即要探究缺位的"理性"究竟是什么？姜义华教授指出，中国的启蒙所缺位的"理性"是一种思维方式，"它太急于求成了，因此太注重于用一个又一个现成的学说来对民众进行灌输，而忽视了功效似乎比较迂回的包含启蒙思想家在内的整个民族思维方式自身的革命。它始终没有对以理性思维取代占支配地位的传统思维方式给予起码的重视，更不用说给予足够的重视了"（姜义华，2000：2）。所谓理性的思维方式具有三个基本特征："反省的批判精神""通过理智，锲而不舍地追求真实与发现真理的意志""确立并严格依循一以贯之的分析、分解和结合、构建的认知方法"。然而，近代以来中国的启蒙未能意识到确立这种理性的思维方式才是启蒙的根本要义，而是在"道德本体主义"为中心的传统思维方式支配下，运用"道德取向""道德标准"指导着整个社会的运作，急于将西方现成的理论成果如进化论、人权论、科学主义等引进中国，认为这些成果"代表了至善、万能，符合人的道德本体及其未来"，而无暇顾及形成这些成果背后的理性思维方式。虽然近代以来中国的启蒙思想家们已经意识到，传统的纲常伦理、经籍典章是中国进步的严重障碍，从而对传统的权威如孔子、孟子、老子、朱熹等大加挞伐，但是他们也只是"以对新权威的迷信和盲从取代了对旧权威的迷信和盲从，以新的信仰主义取代了旧的信仰主义"，理性的批判精神则与他们擦肩而过；尽管"传统的思维方式也有考订、求证"，但只是"按照经、传、注、疏的程序进行演绎"，始终不肯动摇经书上放之四海而皆准的东西。由此可见，中国的启蒙延续了"一个经典不行，再找一个新的经典"的认知方法，唯上、唯书，不唯实，因而一直陷于无穷尽的困顿之中。要走出这种困顿，就必须进行一场历史性的思维方式的革命，要用理性的思维方式取代传统的思维方式，这才是中国启蒙的本质（参见姜义华，2000）。

改革开放以来，随着人民公社倡导的群众运动逐渐淡出国家的政治生活，再加上现代性疾步踏来，中国农民的思维方式在现代化的浪潮中发生了改变，开始逐步确立起"反省的批判精神"，敢于运用自己的理智突破各种封建迷信的迷雾，追求真实与发现真理，在科技下乡的推动下，其主体性亦不断得以提升。

为了清晰呈现新时期以来中国农民启蒙的理性面相，我们力图在澄清理性概念的基础上，围绕着农民如何运用理性突破封建迷信的迷雾、追求事实真理和价值真理、科技下乡对农民理性启蒙的作用等几个问题展开讨论，并着重探讨在经济活动中农民理性的觉醒，冀图系统梳理农民理性启蒙的演变及其内在的规律，掌握其存在的问题与危机，进而审视未来农民启蒙的应然状态。

一　理性与自主

究竟什么是理性，至今仍是思想界、理论界所不能回避的问题。关于启蒙、理性的讨论和争论当前仍在持续深入地展开，① 并且"没有形成内在一致的统一体系，反而更趋多样化，呈现更多的内在矛盾"（韩水法，2014）。我们无意于对理性概念进行界定，只是在学界已有研究的基础上，围绕理性的自主品格进行探讨，以为我们的讨论奠定基础。

当个体的勇气被理性唤起，不再需要别人的引导，敢于运用自己的理智，个体就在认识和实践中实现了自主。霍克海默和阿道尔诺在《启蒙辩证法：哲学断片》中指出："就进步思想的最一般意义而言，启蒙的根本目标就是要使人们摆脱恐惧，树立自主。"（霍克海默、阿道尔诺，2006：1）由此可见，自主是理性的品格，或者说自主是理性的外显（化）。就认识论的层面而言，如果说理性是隐形的、是内化于个体的头脑中的、是很难具体考察的，那么，个体的自主就是理性的外显（化）。如果个体拥有了理性，就外化、体现为实现了自主——认知的自主、政治的自主、道德的自主、审美的自主。

关于启蒙，茨维坦·托多罗夫的论述值得关注，我们不妨引述于此：

① 对于中国学者来说，站在古今中西的双重难题之间，既要探索启蒙本身历久弥新的价值，又要尝试回答这种价值对于当代中国思想与实践的意义何在。为了切实推进对于上述问题的思考，2014 年，中国社会科学杂志社与美国维思里安大学联合举办了"比较视阈下的启蒙"中美学术高层论坛，并集中刊发了韩水法、丁耘、马德普、马敏等专家的论文，对中西方的启蒙、理性及其所牵涉的一系列重要问题进行了探讨。

启蒙思想的第一个建构特征在于给人们自主选择和决定的东西以优先权,全然不理外部权威强加给我们的东西。这种偏重因此包含两个面,一面是批判的,一面是建设的:必须摆脱从外部强加给人的任何监管并让自己听任那些针对人类又为人类自身所需的法律、标准和规则所导引。解放和自主代表两个时代,也是同一进程中必不可少的词语。为了能够投身其中,就必须拥有一种完全的自由去审视,去询问,去批判,去质疑:不再有任何信条和制度是神圣不可侵犯的。这种选择的一个间接的但终极的后果就是置于一切权威特性之上的限制:任何权威必须和人是同一的,也即是自然的,而非超自然的。(茨维坦·托多罗夫,2012:13~14)

分析可知,托多罗夫强调自主作为启蒙的特征在于,对外部权威强加给我们的东西的批判乃至建设。"解放和自主代表两个时代,也是同一进程中必不可少的词语。"解放是相对于民族而言的,自主则是相对于个体而言的。民族的危机需要救亡,同样民族的思维方式需要解放,需要从传统的思维方式中解放出来,走向理性的思维方式。而民族得以解放之后,需要走进另一个"时代",实现个体的自主。"一个民族是由个体构成的,如果个体开始独立思考,整个民族将想掌握自己的命运。"

我们认为,首先,只有进行理性的思考,才能获得认知的自主。当个体对于世界和自我的认识不是来自于自己的认知判断,而是来自于传统权威和既有成见,那么,个体则无法实现认知的自主。只有当理性激发了个体运用自己理智的勇气之后,个体才能敢于怀疑和批判传统权威,突破既有成见的束缚,形成自己对于世界和自我的认识。"认知的自主来自任何权威都不能免受批判的原则,无论这权威多稳固和多有威望。认知只有两个来源,理性和经验,且二者人人可得。"(茨维坦·托多罗夫,2012:16)当个体拥有了理性所激发的、运用理智进行批判的勇气,个体的认知就不再来源于传统的赓续、上帝的启示、权威的教诲、高压的政治等,而只来自于自身的理性和经验。认知的自主为个体认识世界和认识自我创造了前提条件,使个体能够真正探求世界的奥秘和事实的本来面目。当理性作为认知的工具而非人类行为的动机发挥作用,个体的认知就能够摆脱传统权威、宗教信仰、既有成见的束缚,追求真理。能够反映客观世界真实面目的真理的获得,一方面保护了个体的自主，另一方面又支撑个体批判外在的权威强加给自己的意见。实现了认知的自主，获得了对世界和自我的真理性认识，也就为个体在政治、道德、审美等领域的反省与批判奠定了前提和基础。

其次，只有拥有理性的批判精神，才能在认知自主的前提下实现政治、道德、审美的自主。个体面对权威要仰仗真理，仰仗真理而不依附于权威只有通过理性的批判。理性而不迷信和盲从是实现政治自主、道德自主、审美自主的必要保证。实现了认知自主的个体，在真理的指导下对先前的政治制度、道德规范、宗教信仰、价值观念、审美意蕴等等进行反省与批判，冲破传统经典、权威、迷信等所规定的原理、规则、秩序、观念的束缚，重新设定自身的政治权利、道德意志、审美需要等。个体的自主延伸到其生产、生活和精神的范围内，就形成了政治自主、审美自主等。政治自主的要求改变了先前的政治社会，导向两个原则："第一个是主权原则，已然古老的原则在这里获得一个崭新的内容：任何权力都源自人民，没有什么是高于普遍意志的。第二个是个体自由的原则，即在一个适宜于个体的范围界限内，相对任何合法的或不合法的国家权力而言的个体自由；为了确保这一自由，人们要保证权力的多元化和不同权力之间的平衡。"（茨维坦·托多罗夫，2012：18～19）审美自主导致对由不服从于几何学要求或实用目的的森林、湍流、林中空地和丘陵构成的自然界的发现，同时也给个体的实践一个崭新的位置。个体的生活情趣、艺术创作、审美追求成为具有代表性的一种深受欢迎的活动的化身。个体自主，赋予感性世界新的尊严。

最后，只有在理性的支撑下，个体既进行理性的批判，又开展理性的建设，才能达成从自主到自由的终极追求。正如马尔库塞所认为的那样，自由以理性为条件，自由只是对知识的认识，而知识是主体依靠理性能力才能获得的。理性实现自由，而自由又依赖于个体的解放（马尔库塞，1993：6～7）。在一种政治黑暗、宗教桎梏、道德束缚、艺术固化、审美教条的环境中，自由是无法想象的。个体"必须摆脱从外部强加给人的任何监管"，才能实现自主，拥有自由。因此，对于个体自主而言，理性与自由是互为条件的。实现个体自主，并不意味着个体自足。如果个体自主仅仅指向对一切外在权威强加给个体的东西的批判，这样的自主必然导致路易德·博纳勒所批评的结果：启蒙运动的错误就是以人代替了作为人类理想典范的上帝，以每个个体想要自由支配的理性代替了集体的传统，以平等代替了等级，以对多样性的崇拜代替了对单一性的崇拜。但这种结果并不是理性的本义，而是理性的歧途。理性，不仅意味着批判，更意味着建设；不仅是让个体摆脱从外部强加的任何监管，而且让个体"听任那些针对人类又为人类自身所需的法律、标准和规则所导引"。个体生活于社会，离开社会无所谓个体的存在。任何个体的存在都来自于与社会上他人的互动，个体存在的意义只能在社会中得到证明。正如卢梭的名言："我们更为温情的生存是相对的和集体的，而我们真正的本我并不完全在我们身上。总之，人类的构成就是这样的，在这种生活中，没有与他人的协作，他们从不能很好地享有自我。"（茨维坦·托多罗夫，2012：54）启蒙之所以导致"自主的渴求使得认知摆脱道德的监管，对真的追求脱离善的需要"，恰恰就是因为只注重了理性对外在权威的批判，释放了理性批判的破坏性力量，"这种需求被发展到极端，过分地膨胀了自身的欲望：现在正是认知意欲规定一个社会的价值"。因此，理性不仅支撑个体自主的批判，还推动个体自主的建设。只有这样，才能真正实现人的自由。

因此，就自主是理性的主要品格而言，理性缺位的中国启蒙可以表述为对实现个体自主关注的缺失。中国近代启蒙因为当时的时代主题关注了民族国家的解放，而相对忽视了树立个体的自主。没有个体的自主，就无法冲破外部权威强加给个体的一切束缚。旧的权威打破了，新的权威又确立了起来。传统的权威打破了，西方的权威又占据了人们的头脑。新文化运动中，传统道德礼教被打倒，西方的舶来品又成为新的礼教（权威）。

综上所述，理性首先是一种个体运用自己的理智按照科学的认知方法怀疑和批判既有成见、探究世界本来面目的能力，这种能力在勇气的护佑下能够锲而不舍地追求真实与发现真理，形成对于世界和自我的知识，并且能够将这种知识在具体的实践中转化为智慧，内化为自己的德性人格，从而走向自由的终极目标。拥有了理性的个体在具体的生活实践中表现为自主性的获得和提升，这种自主性支撑个体在认知自主的基础上，能够在社会生活中继续树立政治自主、道德自主、审美自主，从而不断推动整个社会走向自由。但是，这种理性作为全人类的能力不是在每个历史时期都能够体现在每个个体身上，而是需要每个历史时期人类的不断尝试与努力，实现人类的历史进步，并将这种进步传承给下一代。这就需要启蒙，需要通过启蒙激发由于懒惰和怯懦不敢运用自己理智的个体的勇气，发挥理性的力量以突破各种牢笼，从而形成一种人类的合力，以推动人类不断走向自由。

新时期以来，随着改革开放的逐步深入，农民逐渐摆脱了各种传统权威的限制和束缚，逐步尝试自己管理自己的私人空间，开始确立"反省的批判精神"，拥有运用理智锲而不舍地追求真实与发现真理的意志，建立了新的属于农民自身的认知方法，并同时享有一种表达的自由。在生产生活中，农民逐渐获得了更大的自主，并在科技下乡活动的推动下，逐步突破思想观念中的封建迷信，踏上了追求真理的征程，突出地表现为经济活动中的理性觉醒与成熟。

二　农民启蒙与破除迷信

1. 从电影《杀生》说开去

电影《杀生》讲述的是发生在一个名叫长寿镇的封闭小镇的故事。主人公牛结实是这个小镇里的一个"异类"——一个过路商贩死后遗留在长寿镇的孩子，由于不是土生土长的长寿镇人，他离经叛道，一次又一次地挑战长寿镇既有的规矩：他给祖爷爷喝酒，让他活不过120岁；他往水里撒催情粉，让全镇人大开淫戒；他偷看夫妻房事，让人尴尬不堪；他掘人祖坟，大闹婚宴；他调戏寡妇并致使其怀孕……这一切都出自牛结实对镇子质朴率真的爱，但却被镇子里的人看作是对长寿镇世世代代的伦理道德的败坏，属于十恶不赦。全镇人为了除掉牛结实，在国外学成归来的牛医生的指导下设计了一场"攻心为上"的阴谋——三人成虎之计，正当阴谋顺利进展的时候，镇子里的一个小男孩告诉了牛结实真相，最后，为了让全镇人接受自己与哑女马寡妇的腹婴，牛结实不得不选择了用自己的死亡去化解大众的怨恨。牛结实死了，墓地前开满鲜花，镇子里腐朽的仪式再次重现，一切又都恢复到原来的样子。

我们且不谈这部电影的艺术手法、拍摄技巧、美工剪辑、演员表演和叙事方式、故事结构、剧本写作等等，这是电影和文学工作者的任务，我们只从启蒙的视角来解读这部电影带给我们的启示。长寿镇是一个封闭的小镇，镇里的村民世世代代生活在这里，形成了特殊的认知方式、价值观念、伦理规范并世代相传。它有着自己独有的历史传统和风俗习惯，而这些也成为全镇人生活的基本规范。生活在这里的人们对固有的传统与风俗已习以为常，以至于连传统习俗中反人性的谬误也毫无察觉。他们对于世界的认知来自祖先既定的规矩，只需循规蹈矩，无须再作探究；他们将长命百岁作为终极价值来追求，即使是无趣且无尊严地活着；他们小心翼翼地恪守着小镇的旧制……一切都显得那样的自然而平静。他们不具备认识世界的分辨能力，不能认识事物的本来面貌，无知而不自知，非理性地盲目信仰和崇拜着祖先传下来的成见、习俗、观念、仪规，并积极付诸自身的行动。

牛结实是这个小镇的一个外来者，他具备了认识世界、判别真假的理性能力，怀揣着一颗质朴率真的心，希望将真实的世界呈现给这些蒙在迷信之雾中的人们，他的所有的恶作剧都在力促人们去认识真实的世界，他有意或无意地扮演了这个小镇的启蒙者的角色：当人们为了打破长寿纪录禁止祖爷爷喝酒时，他说"乌龟倒是活得久，缩在壳里有啥意思！想喝就喝！"，于是喂祖爷爷喝酒，让祖爷爷带着享受的笑容离世；为了不让小夫妻俩守着财富过穷日子，在婚宴上，他送上对方祖坟里的厚礼，说："那么好的东西，让活人活的安逸些好嘛，还是陪死人睡觉好嘛？"；为了让像油漆匠夫妇一样的村民享受性爱的快乐，他在村口唯一的水源下春药；他救了陪葬的马寡妇，给她输血并与之相爱……但是，他的启蒙却遭到了集体无意识的误解，被误认为是害死祖爷爷、挖人祖坟、调戏寡妇、愚弄乡邻，引起了全镇人的集体恐惧、反抗乃至陷害，最后陷入了彻底的孤独，被逼着爬进棺材，慢慢死去。行文至此，我们不禁想起了柏拉图的"洞穴比喻"，牛结实不正是那个走出洞穴看到真实世界，然后又返回洞穴，冀图带领大家走出洞穴的那个悲剧人物吗？启蒙，一个孤独者的踽踽独行，注定了是要失败的。面对强大的、坚固的既有成见、习俗、观念、仪规，面对人们对这些既有成规的恪守与坚持，面对人们思想的僵化、精神的封闭、集体的无意识，一个人的启蒙是那样的不堪一击。

与牛结实形成鲜明对照，接受了现代文明的牛医生未能扮演这个小镇的启蒙的角色，却成为扼杀牛结实这个启蒙者的操纵者。在封闭的长寿镇，理性批判的力量是微小得可怜的，人们对世界的认知只来自既有的成见、习俗、观念，世界只是他们自己的直观感性反映。小镇的人们之所以在想尽各种办法除掉牛结实未果后，能够听从牛医生的"三人成虎"的阴谋，是因为当原来的、旧有的信息源和参照系穷途末路的时候，他们认识世界的方式也相应发生了改变，更愿意相信来自小镇外面的代表先进的牛医生。电影的这种反讽的设计是比较贴合现实的，它告诉我们其实人们心底也暗藏着的探求世界的好奇心。但不幸的是，牛医生利用了人们的这种心理，并辅以带回小镇的先进的医疗设备，再次蒙蔽了人们，满足了自己泄私愤的目的。因此，牛医生可以说是社会外在专制权力的隐喻，专制权力畏惧人们自由个性的发展，所以经常借大众之手完成对自由个性的阉割，从而继续将人们置于迷信的笼罩之中以便于自己的控制。这不由得让人想起一句话：当你的所见所闻都是假的但是你无从辨别，那这一切就是真的。

电影中的真正的启蒙者应该是被派到这个小镇遏制瘟疫的那个医生，他站在小镇的外面，以科学理性的视角不断"祛魅"，探寻事件的真相，经过重重努力，终于还原了事情的真相。当他最后对镇长说"事情有没有可能是这样的……"的时候，镇长眼里流露出的怀疑自己的神色，隐喻着迷信在人们心目中开始松动，昭示着科学消除迷信、祛除神魅的开始。值得一提的还有影片中的那个黄口小儿，他正是因为儿童的身份，并未被"长寿镇"的迷信所束缚，当小镇上所有的成年人——无论老少男女都陷于迷信中的时候，他能够将他眼中所看到的事实真实地叙述出来，这正是长寿镇走出迷信迷雾的希望。

从启蒙的角度来看，电影《杀生》揭示了这样一个道理：对真理的追求是与迷信相斗争的过程，这个过程是艰难、痛苦而漫长的。因为迷信是非理性的力量对理性的长期压抑与湮没所形成的，理性尤其是科学理性拨开迷信迷雾显现世界真实面貌需要一个漫长的过程。或者可以这样说，人类文明史就是一个理性和非理性斗争的过程，是真理和迷信斗争的过程，这个过程就是启蒙。正如加达默尔指出的，西方至少发生过三次大的启蒙，第一次启蒙是古希腊哲学以理性取代原始神话这种迷信；第二次启蒙是以"不需上帝启示帮助的理性"来取代中世纪形成的启示宗教与基督教圣经这种当时最大的迷信，将人从启示宗教和基督教圣经这种迷信中解放出来，使他们"勇于运用自己的理性"而不是上帝的启示；第三次启蒙则是要消除"启蒙本身的迷信"，也可以称为"反启蒙"，即要破除西方现代启蒙所导致的种种现代迷信：对技术的迷信，对理性本身特别是工具理性的迷信，对人掠夺自然、奴役自然的权力的迷信，对宏大话语和普遍主义的迷信，以及对西方中心论的迷信，等等。

2. 启蒙与迷信

启蒙就是要消除迷信，这是西方自启蒙运动以来一直宣扬和致力推进的工作。在 18 世纪末叶关于"什么是启蒙？"的讨论中，"星期三学会"就已经提出大众启蒙运动必须立足认识论和意识形态领域，通过转变信仰以及它所成长的条件来消除迷信。至 20 世纪，乔纳森·B. 克努森也指出："大众启蒙的首要目的是要用关于世界的有用知识，用理性的祈祷，用基督教的惩戒来取代通俗的故事、神话和乡村民众的所谓迷信。"（乔纳森·B. 克努森，2005：285）中国的启蒙也是要消除迷信，没有迷信，就无所谓启蒙。甘阳就明确指出："要讨论中国的启蒙，我们同样必须首先问，中国不同时代的最大迷信是什么？没有迷信，就没有启蒙，只有先搞清什么是有待解放的最大迷信，才有可能真正讨论启蒙。"

迷信在今天常常以"封建迷信"的名称出现，是特指中国历史上所谓的"封建"时代的迷信，是一种狭义的理解，是指对"封建制度""封建思想""封建主义""封建社会"等的迷信。其实从广义上说，迷信就是指人们面对异己的力量（自然与社会）还没有具备认识世界、判别真假的理性能力，非理性地盲目信仰和崇拜着祖先传下来的成见、习俗、观念、仪规等。启蒙要消除迷信，首先应该弄清楚迷信产生的由来与机制。人类文明史上，促使迷信的形成无非两种力量：一是自然力量，一是社会力量。霍尔巴赫说："人之所以迷信，只是由于恐惧；人之所以恐惧，只是由于无知。人对自然力量缺乏认识，于是设想受一些看不见的势力支配，认为自己受这些势力摆布，想象他们可以发起脾气来对自己不利，也可以有利于自己的族类。因此他就在这些势力与自己之间想象出一些关系来。"（霍尔巴赫，1963：558）人类早期面对神秘的自然一无所知，由无知而恐惧，由恐惧而对自然心生崇拜以至于形成迷信。随着人类社会逐步走向成熟，尤其是政治体制的形成，为便于统治，统治者开始将权力依附于迷信而迫使人们接受，这就形成了社会力量的迷信。这样，人们对于自然力量的迷信，就掺杂了对于社会力量的崇拜形式；对于社会力量的迷信，也赋予了对自然力量的崇拜内涵。对自然力量和社会力量的迷信相辅相成，彼此互动，交相呈现，共同构成了人类文明中神秘崇拜的基础，一直支配着、制约着人类文明的演进。对于自然力量的迷信，随着科学的进步和人们认识世界的深入会逐步改变、甚而被淡化，但对于社会力量的崇拜，反而会随着科学的进步不断加强，这就是韦伯所批判的，启蒙之后随着科技理性对价值理性的压抑而形成的科层官僚体制所强化的力量。

因此，消除迷信最后还要依靠启蒙，尤其对于农民而言更是如此。"启蒙的关键措辞是'迷信'，关键问题仍然是要解除在人民当中传播的各种形式的迷信的神秘面貌。这是把'什么是启蒙？'这个问题与促进大众启蒙的改革者的努力联结起来的纽带。"（乔纳森·B. 克努森，2005：279）传统农民世世代代生活在一个封闭的环境（地理和社会）中，大多数人只是凭着习惯信奉传统所延续的成见、习俗、观念、仪规，他们从来没有追问过自己墨守成规的理由，没有考虑过自己的行为动机，没有想到过表达自己的意见。他们都认为对自己最重要的东西，是遵循祖先为自己指出的道路；他们想要长寿，是因为自幼就听到别人说这是他们的人生追求；他们希望，是因为自己的祖先就抱着这样的希望；他们害怕，是因为他们的先辈就这样害怕过；他们几乎从来就没有运用理性考量一下自己信奉的动机。在他们当中，只有极少数的人才有暇考察，或者有能力审视自己习惯信奉的对象，自己轻率皈依的对象，自己按照传统畏惧的对象。中国传统农民永远是"心甘情愿"地被习惯、成例、偏见的潮流所捉弄，族长使人们对那些最荒唐不过的意见习以为常，就像使身体习惯于各种绳捆索绑的姿势一样；他们怀着先入之见，以为祖宗的智慧神圣不可侵犯，根本就不敢在祖先之后再去考察；他们根本看不到，自古以来他们就因为恐惧和懒惰而成为成见、习俗、观念、仪规所欺骗的对象。所以在中国，农民启蒙就是要将农民从这些成见、习俗、观念、仪规当中解放出来。

消除迷信既是启蒙针对外部强加标准的解放运动，也是主体选择的新标准的建构运动。农民启蒙亦是如此。农民启蒙一方面要将成见、习俗、观念、仪规等通过武力和欺骗强加给农民的标准进行祛除，另一方面则是要依据农民自身的理性建构属于农民自身的认知标准，包括政治、道德、审美等等。①

---

① 本节讨论只限于农民理性（科学）范畴，即农民如何能够理性认识世界，关于摆脱政治权威强加的标准放在第二章（农民启蒙的政治面相）进行讨论，"认识自己"的内容将放在第三章和第四章（农民启蒙的道德面相和审美面相）进行具体探讨。

亚当·斯密指出，科学是宗教迷信最有效的解毒剂。想祛除从外部强加给农民的认知标准，消除农民的认知迷信，就要依靠科学。爱因斯坦也提出，科学研究能破除迷信，因为它鼓励人们根据因果关系来思考和观察事物。启蒙就是要让人们不再根据既有成见所固定的思维方式来思考和观察事物，而是根据因果关系进行分析认知。因此，农民启蒙就是要让农民用科学知识来代替思想观念中的既有成见。在电影中，幸福而不是长寿才是人们追求的终极目标，寡妇也有自身的人格和权利而无须陪葬，两性相悦不再是避讳的事情……在现实生活中，化肥能更有效地提高产量，农药能更有效地防治庄稼病虫害，机械化的生产工具能够使生产变得更轻松，生活卫生习惯能够有效提高人的抵抗力乃至延长寿命，西药、手术能够很快治疗传统中医无法解决的医疗难题，这一切都表明农民正逐渐从既有成见的外部标准中解放出来。但是，启蒙尤其是农民启蒙如果只注重外部强加标准的解放，不强调农民自身认知标准（理性、自主）的建设，则不能达到启蒙的根本目的。因为，科学代替了传统既有成见又成为农民认知的新的迷信标准，伪科学在农村的横行就说明了这一点。因此，农民启蒙更为重要的任务是要树立农民的理性思维方式。换言之，农民启蒙就是农民从精神上真正解放自己，依靠理性激发自己的勇气，从而能够自主地运用理智进行认识。不是权威，不是传统既有成见，理性才是认识的根本依据。正如阿尔布雷希特·韦尔默所言："启蒙的理性原则可以被解释为对废除一切压制性的条件的要求，而这些条件除了声称他们的绝对存在之外，不可能声称具有合法性。"（Albrecht Wellmer，1974：46～47）在中国农民的启蒙中，农民理性的确立就是要让农民自主地进行思考和观察，而不是被迫地接受既有的成见或权威的规定，只有在农民自己运用理性进行思考并且能够与他人进行思想交流的时候，农民才真正实现了启蒙。因此，从某种意义上而言，农民启蒙其实就是一个农民发现自身的过程。农民不再是传统规约下的义务工具，而应该成为追求自身幸福的主体存在。农民自身应该成为他们活动视阈的中心，他们存在的意义不应再在传统的规约中寻找，而应该从自身去寻找。启蒙使农民追求自身幸福变得合理，而不在乎是否悖于传统的规约。

3. 应该注意的几个问题

第一个问题，启蒙要消除迷信，是否是要消除所有成见呢？答案一定是否定的。成见、习俗、观念、仪规这些传统农民遵守的既有标准不是启蒙所要全部消除的。启蒙所要消除的是对这些既有标准的不加考量的盲目崇拜和信奉，是要将这些既有的标准置于理性的法庭进行审判。正如柏克所言："（启蒙）不是去破除那些普遍的成见，而是运用他们的睿智来发现贯彻于其中的隐藏的智慧。"（埃德蒙·柏克，1998：16～17）换言之，一切成见不能只是因为是成见就该被拒斥和消除。例如伏尔泰认为，存在着一些"普遍的必然的成见"，这些成见，只要稍微反思一下，就证明是可靠和有用的。他暗示说，我们的美德观念就是由这些成见所构成的。电影《杀生》中长寿镇所保留的许多传统习俗和成见并不都是启蒙所要全部消除的对象，以镇长为代表的长寿镇的人们赓续着传统的淳朴情怀，是他们善良收留并养育了牛结实，即使他们因牛结实打破了成规迷信而对其恨之入骨，但对他的"腹婴"仍心存不忍，在牛结实拖着棺材挨家挨户道别时，他们都流露出做出痛苦选择后的不忍……因此，启蒙要消除的是迷信而不是成见，是对成见的不加理性考量的盲目信奉与崇拜，而不是成见本身。如果成见被证明是合理性的，那么我们就应该珍视它并热爱它。

这就牵涉出第二个问题，理性是不是认识的唯一标准？对于这个问题，我们要辩证地予以回答。从启蒙消除迷信的角度而言，理性、科学理性是启蒙对抗迷信的主要工具。但是科学理性并不能充当唯一的判官角色，理性作为判官只是在认识领域对迷信进行审判，如果延及其他领域，就又形成了人们认识的又一个迷信。在启蒙运动史上，之所以会有很多思想家对启蒙理性进行批判，其原因就在于此。霍克海默和阿道尔诺的《启蒙辩证法》正是在这个意义上对启蒙进行了批判，认为启蒙运动试图把这个世界从神话和迷信的支配中解放出来，但这种努力已经陷入了一种致命的辩证法——启蒙本身返回了神话，助长了种种新的支配，这些支配由于声称得到了理性本身的证明而显得更加阴险。之所以"启蒙会返回神话并助长了种种新的支配"，就是因为在启蒙运动（实践）中，由于对启蒙理性的过度夸大导致理性成了新的支配工具，成了一切领域的标准，成了新的迷信与神话，成了一种新的话语霸权。正如施密特所言："启蒙击溃了迷信和黑暗，但是，在这个过程中，它腐化了那些曾经充当进步动机（或者至少充当对野蛮的遏制）的实质性原则。一旦理性已经变成一个单纯的工具，它就服务于运用它的那个力量，不管这个力量是什么。"（詹姆斯·施密特编，

2005）正是由于启蒙的滥用，才导致理性在政治、道德、艺术等领域沦为一种工具，一种支配性的工具，政治借此可能走向极权主义，艺术借此可能走向形式主义，道德借此可能走向虚无主义。

因此，从启蒙的本意来说，其实从来就没有想要将理性树立到上帝的位置，仅仅是要发挥启蒙理性的反思能力，以及它批判、调整、维系自我的能力，从而将人们从迷信的迷雾中解放出来。但是在启蒙运动中，理性尤其是科技理性被滥用了。从表面上看，启蒙的滥用完全是启蒙过程中的启蒙者的问题，似乎与启蒙自身无关。但实际上，启蒙之所以被滥用，是因为启蒙本身就包含着被滥用的可能性，它潜在地包含着某些消极的方面，即启蒙理性存在一个自我裂变或自我毁灭的可能性。启蒙使人开始运用知识、技术和人造物改造和控制自然，但在此过程中，人也有可能被知识、技术和人造物所控制。人试图从奴仆的地位争取到主人的地位，可是一旦爬到主人的地位的时候，人发现自身又陷于某种奴仆的地位。"启蒙的纲领是要唤醒世界，祛除神话，并用知识替代幻想。""但是，被彻底启蒙的世界却笼罩在一片因胜利而招致的灾难之中。"（霍克海默、阿道尔诺，2006：1）这是我们在农民启蒙中应该警惕的问题，"我们只有通过吸收和占据启蒙运动的最激烈的批评者的论证，才有可能让启蒙的希望永葆生机"（詹姆斯·施密特编，2005：25）。就农民启蒙而言，要谨记："我们既不是神也不是从外面来巡视世界的卫兵，我们是从世界当中来说话的男男女女，必须鼓起勇气来争辩什么是真的，什么是假的，什么是正确的，什么是错误的。"（詹姆斯·施密特编，2005：31）如果农民启蒙只是梦想着把一切东西都沐浴在理性的光芒之中，那么这个梦想实际上就蕴含着启蒙本身要消除的东西，因为理性不能代替传统的既有标准而成为另一个"上帝"，理性也不是站在边沁所描绘的"圆形监狱"瞭望塔中的卫兵。①

在谈到"什么是启蒙？"这个问题时，门德尔松提出文化和启蒙是并列对照的，分别从不同的进路推进人的教养。文化似乎更多地指向实践活动，

---

① "圆形监狱"是英国哲学家杰里米·边沁提出的。它由一个中央塔楼和四周环形的囚室组成，所有囚室有一前一后两扇窗户，一扇朝着中央塔楼作为监视之用，一扇背对着中央塔楼作为通光之用。这样，中央塔楼的监视卫兵可以在场或不在场地监视囚室里的囚徒，致使囚徒在心理上进入了"自我监禁"。西方启蒙运动中，由于对理性的过分高扬，导致理性成了监视启蒙运动的卫兵，启蒙时刻都得注意理性这一原则。

或者与实践活动相关的活动；而与文化的实践性指向不同，启蒙有理论性的诉求。他说："（与文化）相比较而论，启蒙似乎与理论问题的关系更加密切：按照它们对人的命运的重要性和影响，启蒙关系到（客观的）理性知识，关系到对人类生活进行理性反思的（主观的）能力。"（门德尔松，2005：57）按照这一说法，对于农民而言，因为启蒙更多地指向理论问题而显得遥远了许多。可能正是在这个意义上，18 世纪末期约翰·路德维希·埃瓦尔德指出："如果有人相信我想让农民系统地了解这些学科的全部内容，那么就大大误解了我的意思。这样做，既不可能，也毫无用处。有些人粗俗不堪、未经雕琢，他们的沉睡的精神能力不可能理解这些东西，而且，即使有人想方设法去唤醒他们，这样的学问对他们来说既不可理解也没有用处。在所有这些学科当中，乡下人只应该不系统地了解某些东西，以便他可以利用那些东西来纠正他的观念，使他对国家及其宪法和相关的问题有所了解，有助于改进他的状况和家境。出于这个理由，在这些学科当中，只是一个微小的、相对不重要的部分才有用。"（乔纳森·B. 克努森，2005：282）阿多尔夫·弗赖赫尔·冯·克尼格更是直截了当地指出："有人现在试图激发农民放弃他在栽种方法以及实际上在家庭管理中继承下来的许多偏见；有人希望通过有目的的教育来摧毁愚昧的幻想，摧毁愚蠢的迷信，摧毁对鬼怪、巫师以及类似东西的信仰；有人现在教农民读书写字，变得文明——这些做法实际上是有用的，值得赞赏。但是，给予他们所有种类的书刊、故事、寓言，使他们习惯于把自己运送到一个思想的世界，使他们睁眼看到他们自己所处的、无法改进的贫穷状况，使他们因为太多的启蒙而不满足于自己的命运，把他们转变为对地球上资源的不均分配废话连篇的哲学家——这才真正毫无价值。"（乔纳森·B. 克努森，2005：283）这就引出第三个问题，如果说启蒙是消除迷信，树立理性，那么对农民而言，启蒙意味着什么呢？

门德尔松将启蒙理性分为两个方面的内容：客观的理性知识和主观的理性反思能力。门德尔松特别强调理性的反思能力，充分表明他对理性的反思性特征的重视与偏爱。反思是对思想的思想，是一种深层次的批判思维能力。这样来看，启蒙理性尤其是其反思能力更多地指向启蒙思想家或启蒙者，对农民而言则显得比较遥远。因此，启蒙理性对于农民而言，更多的是对理性知识，比如栽种方法、农田管理、卫生习惯等的学习与接受。

启蒙不是让农民成为"哲学家",而是通过消除迷信,树立理性,使农民能够自主地运用所接受的科学知识消除对传统既有标准的信奉与崇拜,自主地改造自己的生产和生活方式。

马克思指出:"宗教是还没有获得自身或已经再度丧失自身的人的自我意识和自我感觉。"由此可见,正是人"还没有获得自身"和人"已经再度丧失自身"这两方面的原因"创造"了宗教(迷信)。所谓人"还没有获得自身",即人还不没能独立于自然界,面对强大的自然界,渺小的人(自我意识不够充分的人)只能选择崇拜自然物或自然现象,从而形成自然迷信;所谓人"已经再度丧失自身",即随着人类社会的发展与进步,私有制社会的出现,宗教(迷信)并没有消亡,人的本质被再次掩盖,宗教(迷信)成了束缚人自由与发展的精神枷锁。因此,农民应该抛弃关于自身处境的幻觉,运用自身的理性对迷信进行批判,"这种批判撕碎锁链上那些虚幻的花朵,不是要人依旧戴上没有幻想没有慰藉的锁链,而是要人扔掉它,采摘新鲜的花朵"(《马克思恩格斯文集》第1卷,2009:3~4)。只有对迷信进行批判,才能使农民不再沉迷于迷信的迷雾之中,使他们能够作为不抱幻想而具有理智的人自己进行思考,从而自主地生产生活,建立自己的现实世界,即"确立此岸世界的真理"。

马克思还指出:"批判不是头脑的激情,它是激情的头脑。它不是解剖刀,它是武器。""批判的武器当然不能代替武器的批判,物质力量只能用物质力量来摧毁;但是理论一经掌握群众,也会变成物质力量。理论只要说服人,就能掌握群众;而理论只要彻底,就能说服人。"(《马克思恩格斯文集》第1卷,2009:6、11)由此可见,农民对于迷信的批判不能只停留在思想观念领域中,而要在实践中才能真正解决"那些课题",即实践是思想观念领域的武器批判,是农民的社会实践的物质力量。新时期以来,随着拨乱反正的全面胜利,政治为纲的逐渐退却,真理标准大讨论的深入进行,思想的大解放,为农民在自身思想观念领域对迷信进行批判,创造了良好的社会环境,尤其是在邓小平理论、"三个代表"重要思想、"科学发展观"等中国特色社会主义理论体系的指引下,加上报纸、广播、电视、网络、手机等大众媒体开始逐步进入广大农村,中国农民在思想观念领域开始了对迷信的怀疑直至批判,开始走出迷信的迷雾、理性地认识外部世界;随着改革开放的全面展开、农村联产承包责任制的实行,加上农民进城务工、新农村建设、城乡一体化等惠农政策的实施，农民开始将对迷信的批判从思想观念领域转向现实生产劳动中，开始形成"物质的力量"，创造属于自己的现实生活世界。

新时期以来，中国农民开始在生产、生活等方面实现自主，慢慢走上了破除迷信、追求真理、追求自身幸福生活的启蒙之路。启蒙的理性之光照亮了迷信迷雾下的黑暗，引导农民自主地认识世界、追求真理。启蒙理性，不是一种仅仅为人们提供一定数量具体知识、原理或真理的容器，它其实更是一种能力，一种力量，它引导人们努力追求真实、顽强冲破障碍去发现真理。新时期的农民启蒙正是农民逐步把自身所拥有的理性慢慢激活、开发，使其从不自觉的状态进到自觉的状态的过程。从农民理性认识世界、自主追求真理的角度而言，这一过程大致表现为从事实真理到价值真理再到具体真理的不断演进。

三 新时期农民追求真理之路

新时期伊始，随着真理标准大讨论的深入，出于对"文革"的反省，思想界开始了一场冀图接续"五四"启蒙精神、重擎"科学"与"民主"大旗的新启蒙运动。这场运动正如五四运动一样，注定在中国思想史上成为一个永远绕不开的话题。对于这场运动的评价不是我们的目标，当前学界已有很多这方面的成果问世。我们只是将农民启蒙放置在这股思想潮流的背景中进行探讨，虽然在这场新启蒙运动中，农民还远未能进入思想界的视野，对农民奔向现代化的思考，也还只存在于"寻根文学"热潮中以农村为题材的诸多文学作品中，但是，这恰恰构成了我们今天对这一时期农民启蒙进行探究的意义所在。更为重要的是，正是在这一时期，当中国的思想界在反传统、新启蒙交织中勾画中国的思想地图时，中国的农民因为获得了一定的自主，已默默地走上了实现自身启蒙的征途。

为了能勾勒出这一时期农民在获得了一定程度的自主之后所走过的启蒙路线，我们将对当时发生在农民生产、生活中的一些真实故事进行梳理，希望通过对这些故事的分析与探讨，展现农民自主运用理性、追求真理的启蒙之路。

1. 突破既有成见，追求事实真理

旧时由于家贫乏资、缺医少药，再加上愚昧无知，民间对一些疾病的治疗通常是寄希望于灵界，沿用旧俗之法，甚至求助神婆或者贴符、口念咒语做各种仪式，这些做法直至 20 世纪 80 年代在广大农村仍然很流行。比如，全国各地都流行着治疗小儿无端夜哭不止的方法，就是用红纸或黄纸裁成二指宽、半尺长的小纸条，上面书写一些符语，比如"天皇皇，地皇皇，我家有个夜哭郎，过往君子念一遍，一觉睡到大天亮""天灵灵，地灵灵，钟馗老爷发了令，过往仁人念一遍，我儿一睡到天光""天灵灵，地灵灵，太上老君急急如律令，过往仁人君子念几遍，我家小儿好睡眠"等等，趁夜间分别在村头、路口、巷尾那些行人众多的地方，广为张贴，祈求神明佑助。改革开放之后，随着医疗卫生知识在农村逐渐被接受，农民才明白小儿无端夜哭不止多是缺钙所致，于是开始相信广播电视里的小儿龙牡壮骨颗粒，贴符旧法于是就弃置了。

"小儿龙牡壮骨颗粒"等药物对贴符旧法的战胜，从一个侧面形象地说明了 80 年代之后的中国农民走上了利用科学战胜迷信的启蒙之路。农民启蒙是将农民从成见中解放出来，而成见中的很多东西是由于人们不能合理解释很多自然现象于是诉诸神明而形成的。马克思指出："一个人，如果曾在天国的幻想现实性中寻找超人，而找到的只是他自身的反映，他就再也不想在他正在寻找和应当寻找自己的真正现实性的地方，只去寻找他自身的假象，只去寻找非人了。"（《马克思恩格斯文集》第 1 卷，2009：1）千百年来，农民被自己制造的虚幻枷锁禁锢得太厉害了，他们的思维需要更为清新的风，行动需要打破枷锁的自由、广阔与光明。80 年代以来，随着科学技术知识逐渐在农村的普及，这股清新之风逐渐吹散了笼罩在农民身上的迷信的迷雾，沐浴在科学的阳光之下的农民走上了追求真理之路。"真理之能赢得我们，是因为真理出现的时候，我们承认它。这是人之为人的本质。"（陈嘉映，2005）"对宗教的批判最后归结为人是人的最高本质这样一个学说，从而也归结为这样的绝对命令：必须推翻使人成为被侮辱、被奴役、被遗弃和被蔑视的东西的一切关系。"（《马克思恩格斯文集》第 1 卷，2009：11）事实上，历史上农民之所以将自己生产生活中的很多事诉诸神明，是由于他们对自然力量缺乏认识，从而产生怯懦与恐惧，于是设

想一些看不见的势力，认为自己受这些势力摆布，因此他就在这些势力与自己之间想象出一些关系来。而一旦找出了这些关系，他们就开始崇奉各种神灵，理性的认知因而被神灵的权威所蒙蔽。随着人们对世界认知的加深，尤其是农民获得了一定程度的自主之后，打消了之前自己加诸自身的恐惧之后，便开始勇敢地运用自己的理性重新审视原来所崇奉的神灵，开始逐渐摆脱迷信的控制与支配。这一过程其实一直伴随着人类文明的演进发生着，只是到了80年代之后，尤为明显，具有里程碑的意义，其根本原因就在于农民获得了一定程度的自主。从启蒙的角度来看，科学对神灵的战胜，是农民自主运用理性追求真理的结果。农民启蒙破除迷信，这是第一步，是要将所有对神灵的崇奉彻底消除。

1982年全国确立实行农村家庭联产承包责任制以后，我国广大农民获得了生产和经营的自主权。从经济社会发展层面来看，由于家庭联产承包责任制突破了"一大二公""大锅饭"的旧体制，将农民个人付出与收入相挂钩，极大提高了农民生产的积极性，解放了农村生产力，推动了农村经济社会的快速发展。而从启蒙的层面来看，正是由于"自主权"的获得，尽管只是局限在生产与经营范围的自主，但却为农民冲出迷信迷雾、打破既有成见、追求真理奠定了前提条件。因为，获得了生产和经营的自主之后，农民为了能够提高产量、增加收入，必将开始探索更好的、更有用的生产和经营办法，这就必然导引他们开始了对科学技术的追寻。

当农民真正拥有了自己的土地，如何能够在这片希望的田野上收获自己的幸福？绝大多数的农民仍然延续传统的耕种办法进行精耕细作，"庄稼一枝花，全靠粪当家""种田无它巧，粪是庄稼宝""庄稼活，不要问，除了工夫就是粪""春施千担肥，秋收万担粮"……这些千古流传的农谚就成为农民播种希望的基本原则与方法。所以，农忙时农民挥汗如雨，将更多的工夫用于土地；农闲时就积粪、比粪堆，因为"冬天比粪堆，来年比粮堆""积粪如积粮，粪多粮满仓"。① 当一少部分人开始用化肥代替农家肥的时候，引来的是大多数农民的怀疑与不屑：往地里撒那些白面面就能增产？那不是糟蹋钱吗？而当秋后他们发现自己地里的收成明显不如施化肥的农

---

① 笔者至今还清晰记得小时候在农村带着弟弟割青草沤粪的假期经历，留此一笔，是为对曾经在农村从事轰轰烈烈的农业生产劳动的纪念与怀念。

户的时候，部分农民开始反思，开始效仿，在第二年春种的时候在施农家肥的同时也间之以化肥，在收成明显提高之后，化肥就成为农民耕种的主要依靠。农药的使用、种子的选购等耕种手段在农村的普及大致都经历了这样一个过程。

正如前文所述，启蒙对于既有成见的消除是要区别对待的，如果说传统农民对于神明的迷信是要彻底消除的，那么，一些传统的农耕经验则是要在启蒙理性的审视下重新认识并继承和发展的。在此意义上，也就说明了启蒙并不是对传统的完全背离与抛弃。农业生产的特点是注定了要依靠经验的，即使现代农业科技如何发达，农业生产仍然离不开经验的积累与传承。所以农民启蒙一方面是在农民拥有自主之后，运用理性对传统农业生产经验进行重新认识，以使其从感性经验上升为理性认识，从而真正认识感性经验背后的事实真相，得到事实真理。质言之，农民启蒙就是要将感性经验转化为事实真理，要将感性经验背后的理性逻辑展示出来，从而能够继续创新和推进，这是其一。其二，更为重要的是，农民启蒙是要运用理性认知克服对传统外在权威的怯懦与恐惧，树立农民认识世界的理性自主。农谚是农民祖祖辈辈依靠经验积累下来的，生活在或谓之宗法共同体或谓之伦理本位的社会里的农民，自主的空间是极为狭小甚至极度缺乏的，在继承这些农业生产经验的过程中，由于不可能对其进行理性的考量和追究，而只是一味地恪守，慢慢就形成了一种依附权威的意识，这种意识恰恰就是农民启蒙需要消除的对象。对于农民启蒙而言，化肥代替农家肥不仅仅只是增产增收那么简单，其中更深层次的东西在于，农民终于意识到几千年流传下来的东西原来是可以突破的，从而树立起自主认识世界的意识。

陈忠实1988年出版的小说《四妹子》以陕北妇女王凤英为原型，讲述了20世纪70年代末至80年代中期一个普通农家少妇追求个性解放、改变贫穷命运的奋斗历程。对小说的评价不是本书的任务，只是这部小说所描写的那个时代中国农村、农民的变化，对于我们认识那个年代的农民启蒙具有很好的参考价值。书中讲到，在实行包干到户之后，"四妹子"为了早日过上幸福生活，在贩卖了几年鸡蛋之后，开始自己在家搞鸡场养殖。有一次，她忙于外出卖鸡蛋，就让自己的老公公帮忙配饲料喂鸡，并叮嘱他进鸡圈之前一定要在门口的石灰里踩一下进行"消毒"，老公公的抵触在"这是卫生防疫制度"的教育下打消了，并说了一段意味深长的话："你甭看我老脑筋。我信科学哩！那年，政府把化肥送来，没人敢买敢用。好些人说，咱用大车给地里送粪，麦子还长不好，撒那么几斤白面一样的东西，还能指望长麦子吗？我买了用了，嗬，那一年，就咱家的麦子长得好！我信……"四妹子则忍不住在心里笑了："老天爷，我在指拨着老公公啊！他居然听我的话了！他是吕家堡屈指可数的几个精明强悍的庄稼把式，……他又是一位家法特别严厉的家长……然而我吩咐他要做的卫生防疫制度，他却遵守了。"

"我信科学哩！"是农民发自内心的声音，从信神明、信经验到信科学，这是农民在启蒙道路上迈开的坚实的第一步。"以真理的存在为前提，并不是说我一开始就认识了真理，而是说，尽管我自以为我是对的，但我承认我可能是错的或需要修正的。"（陈嘉映，2005）当"信科学"之后，原有的权威地位则轰然倒塌，不论是精明强悍的庄稼把式，还是家法特别严厉的家长。四妹子由于掌握了更多的科学知识，从原来被人指拨、只能服从的角色转变为可以指拨别人的权威。这不仅仅只是四妹子心头的窃喜，更是中国农民启蒙的希望，是中国农民启蒙的开端。加达默尔提出的"权威无须相关于服从，而是相关于知识"在此得以真实地呈现。

纵观 20 世纪 80 年代农民运用理性追求真理的启蒙之路，可以得出如下结论。

第一，自主是农民启蒙的前提。无法否认，农民作为人是有理性的，尽管有学者称之为"狡黠的理性"。但为什么农民不能或者不敢（康德谓之没有勇气）运用理性，其根本原因在于农民不能自主。80 年代，中国农民之所以能够真正走上启蒙之路，就是因为实行家庭联产承包责任制之后他们拥有了一定程度的自主权。康德指出："一个有理性的存在者对于不断伴随着他的整个存在的那种生命快意的意识，就是幸福。"（康德，2003：26）正是拥有了生产和经营的自主权，农民才能够突破各种束缚，勇敢运用自己的理性追求幸福生活，才能从迷信走向科学，走上追求真理之路。康德认为绝大多数的人之所以"愿意终身处于不成熟状态之中"乃是因为"懒惰和怯懦"，"处于不成熟状态是那么安逸"，然而摆脱它却是"非常之艰辛而外并且还是非常之危险的"。而农民之所以懒惰和怯懦，乃是因为他没有自主追求作为理性存在者的生命快意的意志自由，一旦拥有了自主，追求幸福的冲动会战胜所有懒惰和怯懦，会促使他勇敢地运用理性摆脱不成熟状态，走上追求真理之路！① 这也充分证明了意志对于人的理性认识具有极为重要的促进作用。

第二，破除迷信是农民启蒙的途径。龙牡壮骨颗粒战胜贴符旧法、化肥代替农家肥、进入鸡圈要消毒等等正是科学战胜迷信的过程，在这一过程中农民逐渐从蒙昧走向启蒙。当农民拥有了自主，实现了意志自由，鼓起了运用理性认识世界的勇气，首先进行的就是对既有成见的重新认识和考量，判断其是否合理和正确，而判断的标准就是实践。当服用龙牡壮骨颗粒之后小儿不再夜啼，当使用化肥后确实提高了产量，当消毒之后确实避免了鸡的疾病……这些生活和生产中的具体事例使农民开始摆脱迷信的束缚，走向自主理性认识世界的启蒙之路。正如陈嘉映教授所言："只对那些抱有先见或成见的人，真理才会彰显。……成见对真理具有积极的构成作用。真理是一种克服，是对我们的成见的克服。……真理和我自己的成见做斗争，真理在克服我们的成见之际展现自身。没有我们的看法，真理就无从显现。"（陈嘉映，2005）如果说真理标准大讨论是党内破除迷信、拨乱反正、确定指导思想的需要，是一次党内的思想解放和思想启蒙运动，那么，在广大农村和农民中间发生的这一次思想解放和思想启蒙运动，是伴随着农民自主生产的需要，春风化雨般展开的。换言之，农民正是在不断的生产生活实践中，在不断的思想启蒙中，逐渐掌握了这一标准的。实践是检验认识的真理性的标准，实践也是破除迷信的标准，一切既有的成见都要在实践中进行批判。这样，以实践为标准重新审视和考量传统的既有成见，破除迷信，重新深入认识世界，正是农民启蒙的正确途径。

第三，瓦解权威主义是农民启蒙的根本。"在生产力低下的情况下，人依赖权威这是不可避免的，由于无知，人们认为只有依靠在上者的权威才能得到解脱。"（冯契，1996b：145）在传统农耕社会里，由于落后的生产工具和低下的生产力，农民对于世界的认识是浅微的，面对神秘的自然是无助的，只能依靠权威。但是，当人开始依赖权威，当权威开始主宰人、支配人、掌管人的一切，就不可避免地滑向了权威主义。正如马克思在讨论中世纪法国农民时所讲的那样："他们不能代表自己，一定要别人来代表他

---

① 在此仅探讨自主对于农民启蒙的重要性，但自主的获得更多地关乎政治，这个层面的内容我们将在下一章政治启蒙中详细探讨。

们。他们的代表一定要同时是他们的主宰，是高高站在他们上面的权威，是不受限制的政府权力，这种权力保护他们不受其他阶级侵犯，并从上面赐给他们雨水和阳光。"（《马克思恩格斯文集》第 2 卷，2009：567）当农民将自己对世界的认识完全寄托于权威，只听命于权威的意见，完全受权威的支配，这种认识上的权威主义必然导致政治上、道德上的权威主义，那么农民必将失去自我，成为权威的奴隶！（且不谈政治上、道德上的权威主义，其他篇章将作专论，在此我们只分析认识上的权威主义。）农民启蒙就是要将农民从权威主义的束缚中解放出来，使农民能够自主地、理性地认识世界，而不再听命于、依赖于权威。

瓦解权威主义，并不是否定权威，不要权威。正如冯契先生所言："权威主义当然需要批判，但并不是说不要任何权威，权威与权威主义不是一回事。在任何的社会组合中，权威总是需要的。"（冯契，1996b：148～149）农民启蒙瓦解权威主义的过程，体现为旧有权威的垮台和新权威的确立，比如"四妹子"地位的提升和"老公公"的威严丧失，相关于服从的权威逐渐被相关于科学知识的权威所替代。改革开放以后尤其到今天，认识领域中权威主义存在的土壤已经不再，随着人的依赖向物的依赖的转换，随着科学技术在农村的广泛普及，随着农民开始自主地理性认识世界，农民启蒙正在慢慢瓦解着权威主义。但是，新旧权威的更替并不能从根本上瓦解权威主义，思想观念中的权威主义如果不能彻底根除，对新权威的崇奉很可能又走向新的权威主义，比如今天伪科学之所以能够在农村横冲直撞就是因为科学权威主义（或可称之为科学迷信）在作祟，凡是打着科学旗号的东西往往能成为农民追捧的对象。就此而言，农民启蒙对权威主义的瓦解任重而道远，还有很长的路要走！

20 世纪 80 年代，从迷信权威到追求真理，农民逐步摆脱了个人崇拜，从盲从走向理性，树立了勇于探索、追求真理的观念。如果说 80 年代农民启蒙是将原有的一切成见置于理性的法庭进行审判，在实践中寻找事实的真相，探求与客观世界相符合的事实真理，那么，在科学技术的推动下，农业的生产水平大大提高之后，农民的生活却由于各种负担的加重没有得到相应的提高，他们开始从对事实真理的追求转向对价值真理的追求，开始追问生产究竟是为了什么？

2. 向往幸福生活，追求价值真理

先来谈谈事实真理与价值真理的关系问题。

事实真理的提法在学界没有产生太大的争论，因为事实真理仍然是从传统真理符合论的角度来讲的，主要指我们的主观认识与客观世界相符合，所以事实真理就是陈述客观事实的真理性认识。但是，价值真理的概念在学界却引发了不少争议，20 世纪 80 年代中期，我国哲学界曾围绕着"价值真理"展开过一场激烈的争论，关于价值真理是否存在及其内涵规定、"价值真理与事实真理"的分类是否科学等问题虽几经讨论，至今却依然难以形成共识。支持者认为，"既然认识按其对象的不同可以分为事实认识与价值认识，那么，真理按其对象的不同就可分为事实真理与价值真理"（袁贵仁，1985）；反对者提出，在统一的动态认识过程中，真理性认识是不断向价值性认识转化的，"根本不可能将之分为'事实真理'与'价值真理'"，当然也不存在"与'事实真理'不同的第二种'价值真理'"了（毛崇杰，1999）。我们认可突破传统认识论僵化模式，提出价值真理概念，深化真理问题讨论的做法。但在此我们无意于再去争论是否存在价值真理，只是想沿着从事实真理到价值真理的线索梳理 20 世纪 90 年代农民启蒙的历程。

正如维特根斯坦所言："人们一定是从错误开始，然后由此转向真理。……要让某人相信真理，仅仅说出真理是不够的，人们还必须找到从错误到真理的道路。"（维特根斯坦，2003：11）中国农民从改革开放以后，开始意识到以前所认知和接受的"真理"存在着某些与客观事实不相符合的错误成分，所以在获得一定的自主之后开始运用理性重新考量原有认识与客观世界是否相符合，并且在具体的生产实践中进行判断与甄别，这就是农民从错误到真理的道路，也就是中国农民的启蒙之路。在这条路上，农民探求事实真理的目的直接指向价值真理，通俗言之，农民冲破迷信迷雾，运用科学技术提高生产力，其目的是能过上幸福的生活。但是，随着农业耕地的减少、农业劳动力的盈余，尤其是农民负担的加重，农民并没有过上想要的幸福生活。所以在 90 年代中后期出现了农民外出讨生活的现象，我们可以认为这是农民追求价值真理的表现。"当人们在长期的实践过程中，逐步地对满足他们需要、符合他们利益的事物做出肯定的评价，对那些违背价值主体的需要和利益的东西做出否定的评价的时候，我们完全有理由说这

种判断就是具有客观性的价值真理。因为这种判断真实地反映了事物对人的意义，同反映的价值事实相符合。"（徐利英、姜天红，2004）下面，我们以农民进城务工为研究对象，探讨在启蒙之路上农民对于价值真理的艰辛追寻。

关于农民工的研究，目前学界多从推动我国工业化、城市化的角度进行探讨，随着新农村建设的蓬勃兴起，也有学者开始从农业现代化的视角进行研究，但还鲜有从农民自身进行研究的。我们立意于农民启蒙，着眼于农民对价值真理的追求，从农民工现象中探悉农民启蒙的进程。

改革开放之后，尤其是80年代中期以来，家庭联产承包责任制使农民获得了生产经营自主权，为农民工的产生提供了可能；农村生产力的发展，农产品基本满足了社会对生活必需品的需求，为农民流动提供了现实条件；乡镇企业和小城镇的兴起与发展，为农民出离农村提供了工作岗位；农民外出务工的歧视性规定和不合理限制的清理与取消，使农民获得了自由择业权，为农民外出打工和流动就业提供了政策和制度上的保障等等（参见韩长赋，2007）。这些都是从外部环境包括经济、政治、法规等方面对农民工大潮兴起的原因进行的分析和总结，但从农民自身来讲，农民之所以逃离土地、出离农村、涌进城市，恰恰是农民启蒙的象征。农民摆脱乡土观念的束缚、跨越传统制度的樊篱，义无反顾地闯荡陌生的城市，正是在自主理性的支配下，对幸福生活的追求。尽管这一过程是那么艰辛，尽管农民在城市的付出远没有使他们获得想要的幸福生活，尽管他们仍然因为农民的身份而备受歧视，尽管他们因为工资被拖欠而可能陷入更加困苦的境地，但是，他们出离农村、闯入城市是自己自主的选择，这就是启蒙的结果，这就是农民确立理性、追求真理的结果。

从农民运用理性追求真理的角度而言，这种出离农村、闯入城市的行为，是他们从事实真理向价值真理的迈进。随着农民从集体经济组织内的生产者转变为相对独立于集体经济组织的自主生产经营者，他们对土地享有充分的经营使用权，作为财产主体和市场主体，他们直接享受着经营所带来的利润，因此承担一定的负担是理所当然的。但是，在现实生活中，各级政府尤其是基层政府巧立名目的税费却严重地增加了农民的负担，成为农民追求幸福生活的拦路虎。曹锦清教授在《黄河边的中国》一书中描述了自1985年直至其调查时的1996年中原农民负担重的现象，据当时农民的描述，中国农民虽然在生产力上有了很大的提高，但是农民的"生活水平确实没有什么提高"，其中最主要的原因就是"各级地方机构的膨胀与官僚化倾向"致使农民负担过重。相同的描述也出现在陈桂棣、春桃的《中国农民调查》一书中，当时（2000 年）的一位农民含着泪说："如今农民仅靠种地已是难以为继，但我们却依然要承担多如牛毛的各种税费""大包干留给我们的好处早就一点一点被掏光了！""大包干"曾给予了农民很大的希望，过上幸福生活的希望。但是，这些希望却被多如牛毛的各种税费一点一点掏光了！为了摆脱这种困窘的生活状况，部分农民开始逃离土地，希望在城市的夹缝中获得新的希望。

因此，从农民启蒙的角度而言，农民工的出现可以说是农民追求价值真理的表现。"在求真和求善的关系中，求善是目的，求真则是手段。求善引导、控制和规范着求真的过程，因此对于充分自觉的主体（即真正意义上的主体）来说，求真从一开始就带着价值的负荷，并最终因实现这种价值为其确证。这即是说，求真是在某种价值观的指导下进行的，没有价值目的的求真是一种抽象的活动而非作为主体的人的活动；作为活动结果的真理不是与人无关的自在的客体的本质和规律，而是能够对主体创价活动提供一般性指导意义的认识成果。"（熊明，2006）改革开放之后，随着社会经济、政治制度的转变，尤其是家庭承包责任制的实行，农民的价值观慢慢发生了变化，旧时农民的那种"处在生命的生物周期之中，到他们的垂暮之年，生活已把自身的一切意义都给予了他们，不再存在任何他们还想解开的谜"（孟德拉斯，2005：23）的，对生活很容易就感到"满足"的生活方式，已经不再能满足农民的需要。生产经营权的获得以及其他权利的陆续获得，使得农民开始逐渐探索生产、生活中很多还没有解开的"谜"（事实真理），随着科学技术的普及，当原来的"谜"一个个被解开的时候，他们想要进一步满足自身的价值需要。但是，现实生活的残酷却让他们过上幸福生活的希望落空了，所以他们便转而出离农村，加入农民工浪潮，冀望在小城镇、在大城市的夹缝中过上城里人的生活。能过上城里人一样的生活，这就是农民追求的价值真理。尽管这一追求是被迫的、是集体无意识的，但是，从农民启蒙的角度看，相对于传统农民而言这毕竟是一种很大的进步。可以说，农民工潮的出现是农民在启蒙道路上的又一次进步。

3. 沐浴现代文明，追求具体真理

从启蒙的角度而言，农民运用理性自主追求真理最终会指向具体真理。"真理范畴发展的第三个阶段是具体真理。具体真理是事实真理和价值真理的统一。"（熊明，2006）冯契先生也指出："真理是受具体历史条件制约的。从主体来说，认识向客观真理接近的界限，是受社会历史条件制约的。只有在科学认识和社会实践发展到一定历史阶段，具备一定历史条件，才能把握某种具体真理。"（冯契，1996a：289）21 世纪以来，随着"三农"问题的凸显，中央开始了以减轻农民负担为中心，取消"三提五统"等税外收费，进行以改革农业税收为主要内容的农村税费改革。2006 年废止《农业税条例》，全面取消除烟叶以外的农业特产税、全部免征牧业税。与农村税费改革前的 1999 年相比，中国农民每年减负总额超过 1000 亿元，人均减负 120元左右。全面取消农业税表明中国在减轻农民负担，实行工业反哺农业、城市支持农村方面取得了重要突破。梁晓声将彻底免除农业税称为早该还农民的"真理"，他在《关于农民的"真理"》一文中写道：

> 但总体而言，依我想来，我们中国之"农民兄弟"，实在可以比作是我们中国的一个人口最多的"圣徒阶层"。整个的中国农民阶层，他们是一个具有宗教般奉献物质的阶层。我记得温家宝总理有一次访问灾区农民时，一农妇说："谢谢总理来看望我们！"而温总理说："应该说谢谢的是我，是政府。因为你们在灾情中顾全大局的表现是令我感动的。"窃以为，温家宝总理的话，等于代表政府，还给了中国农民一个"真理"……免除贫困地区农民子弟的学杂费，也只不过是还给了中国农民一个早该还给他们的"真理"……彻底免除农业税，也是。上苍是证，迄今为止，中国给予中国农民的，比他们给予中国的，那可要少得多！（梁晓声，2006）

然而，中国农民尤其是新生代农民对于"还回来"的"真理"却并不买账，农业税的免除、负担的减轻甚至各项粮食直补政策的实施，都未能将农民从城市唤回农村，未能使他们回归土地，尽管农民工在城市的打工生活是那么艰辛而无奈。

怀揣着摆脱贫穷走向富裕梦想的农民涌向城市，成为农民工，他们感受到了一种完全不同于乡村的生活氛围：发达的交通和通信，快捷的生活节奏，琳琅满目的商品，工厂日夜不停的流水生产线，邻里之间互不往来的冷漠关系，等等。这一切都显得那么新奇而又困惑。这种巨大的"文化震惊"一开始让他们不知所措，但他们又无法抗拒其所带来的心理上的强烈冲击和诱惑，从新奇、困惑、迷茫到了解、适应、向往，他们慢慢融入城市的生活中，并萌生出留在城里的愿望，即使自己不能实现，也要让子女们未来能够留在城市。这种以前在乡村从未有过的生活体验，不断地与乡村的传统生产生活习惯、思维方式、价值观念、思想观念等发生着强烈的碰撞直至交融。随着时间的流逝，他们无形中已经被城市生活所同化，渐渐遗弃了"日升而作、日落而息"的乡村生产生活方式："群体性质的血缘性，居住方式的聚居性，组织结构的等级性，调节手段的礼俗性，经济形式的农耕性，资源渠道的自给性，生活方式的封闭性，历史走向的稳定性"（王沪宁，1991：27），被迫习惯了城市快节奏的生产生活方式；渐渐打破了求稳怕变、封闭守旧、墨守成规、故步自封、知足常乐等传统的思维方式，慢慢形成了敢于冒险、开拓进取、竞争合作、追求效率、永不满足等现代城市人的思维方式，实现了从"大桶小桶"向"管道"①的思维方式的转变；渐渐抛弃了情理大于法理、亲情伦理至上、安土重迁、重农抑商、自然宗族和权威至上、均平公有等传统价值观念，树立了公平公正、自由平等、借助法律维护权益等现代价值观念；渐渐摆脱了依附于权威、宗族、家族的依附性人格，塑造了自主的独立人格，主体意识明显加强。尽管对农民工而言，他们不论在地理上还是在心理上都处于城市的边缘，但是这并不能阻挡城市对他们的心理状态和生活方式所产生的巨大影响，"城市"型塑着他们的人格与行为，赋予他们以现代特质，使他们形成了一

---

① 几千年来农民吃水靠的是担水，两个陶制罐子（后来改作铁桶、塑料桶），一个带钩扁担，农民认为这是最好的吃水方式，根据人与人之间的能力的不同，能力大者担一副大罐子（桶），能力小者担一副小罐子（桶），能力再小者比如小孩子，二人抬一个罐子（桶）。改革开放以后，许多乡镇为了提高农民的生活水平，以"文件"形式通知各村，要求村村通上自来水。而通自来水需要家家户户投入一大笔资金，许多农民不理解：祖祖辈辈没见过自来水，也没见哪个人渴死，担水不用花钱，不比自来水更便宜吗？但享受到自来水的方便之后，农民便慢慢认可接受了。这样的事例形象地告诉我们农民思维方式转变的困难。这就是"大桶小桶"向"管道"的转变。

套新的行为方式、心理态度和价值观念。比如一位名为"民主风暴"的农民工博主在其博客开篇语中写道：

> "我是一个生活在社会最底层的农民工，从小遭受了所有的歧视与不公，历经了人生无数痛苦与坎坷，残酷的社会现实让一个农民的儿子学会了思索，我想用文章唤醒所有同我一样的遭遇的农民工兄弟姐妹。农民工所遭受的社会不公平，一方面是社会环境所致，更重要的是几千年来统治者对我们思想意识的愚民。我们是一个没有思想的阶层。只有我们觉醒了，我们团结起来，我们才有力量获得平等和尊重的权利。这世上从来没有救世主，一切要靠我们自己！"

由这段文字可以看出，这位农民工是一个"启蒙"（而不是"启蒙了"）的人，他在城市生活的遭遇，让他看清了自己所遭受的歧视与不公不光是现实社会环境所致，同时也是由于自己没有思想，要想获得平等和尊重的权利，就必须依靠自己，依靠自己的觉醒！且不论他的这种认识是否存在偏差，仅就他能自己认识到这一点而言，他在城市生活的遭遇让他逐渐地意识到了确立自己主体性的重要，而这就是农民启蒙的明证。

时至今日，"70后"在农村务农的已是凤毛麟角，大多数"80后""90后"的农民已经不知如何从事农业生产了，因为从他们踏出校门之后就一步跨进了城市，成为新生代的农民工。与其说是"农民"工，不如说是城市工人，因为他们除了身份上还是"农民"之外，其他都像城里人一样，或者说梦想着像城里人一样。相较于在土地上辛勤耕作的"50后""60后"的父辈农民，他们已经不再将希望寄托于土地，而是寄托于城市。在当前的社会历史条件下，融入追求幸福生活中的真理追求已经逐渐形成了事实真理和价值真理的统一，直指具体真理。他们已逐渐脱离了乡土习惯，开始适应城市生活、现代生活，非农化的职业使他们在参与商品生产和流通的过程中强化了商品经济意识、消费意识，具有了市场意识、平等意识、参与意识、竞争意识、风险意识等，因与社会化大生产相联系，他们初步形成了现代的计划观念、信息观念、技术观念等。他们不再是被束缚在土地上从事农业生产的农民，而是沐浴了现代化、工业化的城市文明，经过了市场经济的洗礼，对现代化有了切身体会，逐渐习得各种有助于融入现代社会的新的行为、观念的现代人。正如阿列克斯·英克尔斯等指出的，乡村居民在城市生活中，对大众传播媒介的接触、工厂工作经历等对于促进他们的现代性增长有很大的作用。（阿列克斯·英克尔斯、戴维·H. 史密斯，1992：334～335）踏进城市的农民工就好像走出柏拉图黑暗洞穴的那些先行者，首先接受了洞穴外的阳光的普照，开始慢慢适应了用自己的眼睛看清太阳底下事物的真实面目，终于相信原来在洞穴中看到的只是事物的影像而已，他们欢呼雀跃，尽情展现自己的个性，尽管是如此的艰难。

　　就农民启蒙而言，尤其对于仍处乡村的农民来说，从大众传播媒体如广播、电视、网络、手机等所接受的现代化的信息，毕竟还是比较有距离感的，但是在城乡之间流动的农民工，自身的现代性的增长，为农民展示了现代化的方向，成为我国现阶段特有的农民现代化的中介。他们给古老的乡村注入新的活力，把城市文明、工业理念带回了家乡，开启了家乡父老现代性的培养之路，成为农村现代化的一股开拓力量。他们让资金、技术、信息、管理以及开放的视野、崭新的思想观念、独立自主的人格等"回流"到农村，把现代化的外力与家乡的内力有机结合起来，推动着农村生产力和生产关系变革的进程。他们通过流动沟通了传统和现代，使城乡之间的要素、信息、文化得以交流。他们运用乡音结合自己切身体会活灵活现地传递给家乡父老的现代化的生活景象是那么亲切、那么令人向往，他们业已养成的现代生产方式、生活方式，更新了的思维方式、价值观念、思想意识等，均对周围未离开过农村的农民起到了典型的、直观的示范作用，这种作用辐射到农民的生产和生活方式、思维方式、精神诉求、观念形态等，潜移默化地帮助当地农民打开了认识和了解外面世界的一扇窗子，埋下了一粒粒现代化的种子，直接作用于农民现代性的培养。正如有学者所指出的："农民流动的意义不仅表现为农村经济的繁荣与发展、农民收入的提高，或是农村城市化的发展，农民素质的提高等，更主要的是在农民中产生了一种社会变革不可多得的力量，即'移情'、'思变'的内生力量。这种力量促使几千年的中国农民从思想价值观念到行为举止都发生了一定的转变，最终成为中国农村社会彻底变革的巨大的内生力量，推动了中国农村实现现代化的进程。"（廖菲，2000）现在全国约有两亿多农民工，他们在城乡流动中将一粒粒现代性的种子，播撒在广大在乡农民的心田，可以预见，在不久的将来，他们必将收获沉甸甸的现代化的果实。

四 科技下乡与农民启蒙

新时期以来，农民启蒙除了农民自身的自主性提高这一内在因素之外，还更多地倚重于外部环境的推动。而在外部环境中，自20世纪80年代开始的科技下乡对于农民追求真理、实现启蒙起到了至关重要的作用。如果说上一节的内容着眼于农民群体主体性提升的探讨，那么，本节我们主要围绕着科技下乡，探讨外部环境对推动农民实现启蒙的得与失，以及农民在科技下乡中实现了怎样的启蒙。

1. 未着眼于启蒙的农民启蒙——农民科技教育

十一届三中全会以后，加快农业的发展步伐，逐步实现农业现代化，关心农民的物质利益，尽快使农民富裕起来，成为我国社会主义现代化建设的迫切任务。十一届四中全会提出："实现现代化，迫切需要用现代科学技术知识来武装我们的农村工作干部和农业技术人员，需要有大批掌握现代农业科学技术的专家，需要有一支庞大的农业科学技术队伍，需要有数量充足、质量合格的农业院校来培养农业科技人才和经营管理人才。同时要极大地提高广大农民首先是青年农民的科学技术文化水平。"（于建嵘主编，2007：1631）自此，以各种形式对农民进行的农业科技教育在全国范围内轰轰烈烈地展开了。"发展农业生产，改善农民生活，一要靠党的政策，二要靠科学技术"（崔永生，1981）在全社会范围内已经形成基本共识。据文献考证，全国"1979年参加技术学习的人数为一百五十五万人，占参加学习总人数的百分之七；1980年是二百一十三万人，占参加学习总人数的11%；1981年参加技术学习的三百一十五万人（不完全统计），占参加学习总人数的12%"（臧伯平，1982）。到1982年，黑龙江省就"办了各种文化、技术班31000多个，参加学习的有72万多人。其中各种技术班有13500多个，参加技术学习的有34万多人，比去年同期增加了23.6%"（魏恩荣，1982）。可见，在80年代的最初几年里，农民科技教育盛况空前。

但是，由于十年内乱的积重难返，用科学技术知识进行武装一开始还只能面向农村工作干部和农业技术人员，技术教育的重点对象是干部、技术骨干和在乡的知识青年，还不能辐射到全部农民，所以绝大多数的农民在实际的生产中还不能享受科技带来的实惠。在当时的有关期刊杂志中可见一些反映农民急需科技知识的小文，比如："自从农村实行各种生产责任制以后，'联产联着心，联谁谁操心'，不少社员都为自己的'责任田'、'包干土'的高产而担心，很想看些关于如何科学种田、夺取高产的科教影片。因此，社员群众呼吁有关部门多拍摄些农业科技方面的影片，以满足农民的心愿。"（段正明，1981）据黑龙江省海伦县的报告，当时全县"农村掌握一定科学技术的人口只占百分之八点三，还有百分之九十一点七的农民没有掌握一定的技术和技能，他们不适应发展农村经济的需要"（海伦县人民政府，1986）。因此，80年代中后期，全国各地开始实施对农民的全员科技培训，实行多层次、多规格、多种形式的县、乡、村三级办学，逐步形成了农民全员科技教育的网络。到80年代末期，全国形成了"千家万户亿万农民学科学、用科学"的良好局面。这一良好局面的形成，主要归因于两个方面：一是从中央到地方各级政府的积极推动，二是农民促进经济生产发展的迫切需要。

从农民启蒙的角度而言，由于农民掌握了生产经营自主权，从而极大地提高了学科学、用科学的积极性，形成了全国八亿农民学科学、用科学的热潮，无疑极大地促进了农民启蒙的历史进程。对科学的追求是农民走出传统生产生活方式、走向自由的基本前提，对此前文已作了探讨，此不赘述。我们主要围绕各级政府所推动的从农村工作干部、农业技术人员到全体农民的科学技术教育与培训，考量其对农民启蒙的作用。

中国农民几千年来一直处于一种封闭的地理文化环境中，传统农耕经济主要依靠世代传承的农业生产经验开展生产活动。新中国成立后，将科学技术运用到农业生产中虽然取得了一定的成绩，但十年内乱致使其又陷入了糟糕的境地。改革开放之后，确立了"以经济建设为中心"，农村政策的逐步调整与改变，家庭联产承包责任制的全面落实，使中国农民的思维方式和认识世界的深度和广度都发生了巨大的变化。脱贫致富的梦想激起了思想认识上解放了的农民学科学用科学的极大热情，一股前所未有的、强大的内在动力推动着亿万农民学科学、用科学热潮的翻腾。只有在经济建设的高潮到来的时候，科学技术文化建设的高潮才能到来，因为强烈的勤劳致富的愿望促进了农民对科学技术文化的渴求。显然，这股热潮背后的主要推手仍然是各级政府。若只有农民的热情，只有农民对农业科学技术的渴望，是掀不起这股热潮的，而只有政府承担起对农民进行农业科学技术教育的责任和义务，两股力量的合流才能使其成为热潮。这股热潮很快冲破了传统农业生产的模式，引导农民从传统的经验生产中走出来，乃至从传统的思维方式中走出来，走向科技生产，走向现代农业。据此而言，80年代直至90年代初期，全国各级政府推动实施的农民科学技术教育活动无形当中对于这一时期的农民启蒙起到了极大的推进作用。当时就有人撰文指出："在农村推广和普及科学文化，势必会在培养和造就一代全面发展的社会主义新型农民、提高全民族的科学文化水平、促进农村经济建设、缩小三大差别等方面，产生重大影响。8亿农民学科学、学文化，已经和必将继续促使国风和民风大大改观。"（沈澄如，1986）

　　之所以说农民科学技术教育对农民启蒙的推进是在"无形当中"，是因为对于各级地方政府而言，实施科学技术教育，主要着眼于农业生产的提高，着眼于农业现代化的实现，只是从科学技术作为生产力能够推动农业生产、推动现代社会发展的角度进行认识与实践的，而不是着眼于农民启蒙，着眼于农民主体性的确立，着眼于开发农民的理性。当全党、全国、全体人民都将现代化奉若圭臬的时候，当现代化的潮流将一切裹挟其中的时候，当物质的丰富成为现代化的基本判断标准的时候，还没有人认识到"现代化首先是人的现代化"，各级政府在落实各项农村改革政策的过程中也没有注意到农民启蒙的根本意义。三十多年之后，我们回顾那段历史，并无意于去诟病它，而是要从农民启蒙的角度反思历史提供给我们的教训。在那一时期，受历史惯性的作用，农民仍然是各级政府所要代言的对象，农民依然是一个处于依附地位的群体，"为农民"成为习惯性思维，这种思维导致很多政策的落实是强制性的植入，而未能顾及农民的主体意识。当时有人就曾撰文提出："强行注入法"是启蒙山区农民科技意识的有效途径，认为"采用'强行注入'则可以使农业科技成果在贫困山区迅速得到推广普及，可以大大缩短山区农民对科学种田的认识过程和行为过程，促进脱贫致富"（杨志永，1989）。尽管文中同时强调"强行注入法"是"强"在宣传教育上、"强"在技术培训指导上、"强"在实施措施上，但是，其目的仍然是"使农民当年得到显著的经济实惠""使农民在很短的时间内掌握农业实用技术，尝到推广科学技术的甜头"，为达此目的甚至不惜采取行政和经济的措施，比如"由集体收回承包地重新承包给科学种田好的农户"。这种强制性的"启蒙"不是启蒙而是反启蒙，因为农民的主体性地位在这一"启蒙"中反而遭到了践踏。

从农民启蒙的角度综观 20 世纪 80 年代尤其是 1985 年之前①各级政府推行的农业生产科技教育，其思维模式主要受当时整个社会所盛行的"反封建"运动的影响，或者毋宁说对农民进行农业科技教育恰恰就是在农村"反封建"的具体表现。在这样一种思想文化氛围之下，各级政府开展的农民科技教育无疑是在农村进行反封建的最为有力的措施，这一措施也直接指向农业现代化的实现。但是，从启蒙的角度而言，在现代化的指向下，各级政府对农民的科技教育只是从给农民提供科技知识以促进农业生产的层面进行的，还未能提升到农民启蒙的高度，未能重视农民主体地位的提升。80 年代学界提出的"新启蒙"也只是停留在思想文化领域，远未延及农村，启蒙尤其是农民启蒙还未能被各级政府所认识。可以说，虽然那时开展的农民科技教育活动不是从农民启蒙的角度出发的，而只是着眼于把现成的科技成果输送给农民，以促进农业生产的发展和农业现代化的实现，但农民科技教育在实践中对农民启蒙尤其是引导农民走出封建迷信确也发挥了很大的作用，这一点是应该肯定的。

2. "科技下乡"中农民启蒙的回流

1985 年之后，随着改革的重心从农村转移到城市，之前已逐渐缩小的城乡收入差距又开始扩大，1989 年到 1991 年农民收入增长基本停滞，城乡收入差距又恢复到 1978 年以前的情况（汪晖，2008：67）。如何促进农业生产增收、农民收入增加又成为亟待解决的问题。1992 年十四大报告明确提出了经济体制改革的目标，是在坚持以公有制和按劳分配为主体、其他经济成分和分配方式为补充的基础上，建立和完善社会主义市场经济体制。并且提出了科学技术是第一生产力，经济建设必须依靠科技进步和劳动者素质的提高。自此，科技下乡又成为热门话题，在全国范围内再掀高潮。然而，由于改革的重心仍然在城市，所以各级政府推动的科技下乡便呈现

---

① 根据汪晖的研究，1978 年至 1989 年的社会改革可以分为两个主要阶段，1978 年至 1984 年的农村改革阶段和 1984 年至今的城市改革阶段。1978 年至 1984 年的改革成就主要集中在农村问题上，它的核心在于局部地改变城镇居民的社会地位普遍高于农村居民的"城乡分割"的二元社会体制。参看：汪晖，2008，《去政治化的政治：短 20 世纪的终结与 90 年代》，生活·读书·新知三联书店，第 102～103 页。

出一般号召和议论多、具体落实很不够、科技人员推广成果难、农民学技术难、用技术难等不正常的现象。为了进一步推动科技下乡活动，1996 年 4 月 5 日，中宣部、农业部、新闻出版署、中国科协做出《关于在文化下乡活动中突出抓好科技下乡的通知》；1996 年 12 月 19 日，中宣部、国家科委、农业部、文化部、广电部、卫生部、国家计委、新闻出版署、团中央、中国科协等部门联合发出《关于开展文化科技卫生"三下乡"活动的通知》，决定在全国农村开展文化科技卫生"三下乡"活动。"科普之冬""科技之春""科普宣传周（月）""科普千里行""科普百乡行""少数民族科普示范工程"等各种形式的科技下乡活动从中央到地方全面展开。尽管如此，科技下乡的活动却仍然不尽人意，"热闹一两天，雨过地皮干""外甥哭妗子，想起来一阵子"等成为农民对科技下乡的常用的形容。科技下乡要沾泥、科技下乡应解农民之急、科技下乡要重实效等成为很多关注"三农"问题的有识之士的呐喊。

　　为什么会出现科技下乡难这种现象呢？从农民自身来说，随着市场经济的逐步建立，农民逐渐摆脱传统农业的种植模式，逐步扩展了农业种植项目，开始尝试各种以前从未种植过的经济作物，但相应的科技知识却跟不上，科技下乡不能满足农民的需要；20 世纪 80 年代末到 90 年代中期，一方面由于农业生产率的提高，另一方面由于城市改革的发展促进了基础建设规模的扩大，产生了对于劳动力的大量需求，农村大量剩余劳动力特别是懂科学、有技术的青壮年劳动力进入城市成为农民工，留守土地的农民多为年龄偏大的农民，致使农业新技术的推广难度增加。从各级政府来说，主要是因为科技下乡工作中形式化的现象比较严重，常常是选择农村的集日，发发资料、搞搞咨询，全是"花架子"，注重"向上看"、追求"宣传效应"，只关心是否"下"去了，而不关心农民是否获益；更为甚者，到了 90 年代中后期，江南农村的各种经营模式被当作示范在全国各地农村推广，地方基层政府为了追求政绩工程，开始强制农民种植、养殖所谓的致富项目，仍然只是强调是否形成规模，是否成为政绩，却不考虑当地的实际情况如何，从而导致农民负担加重，叫苦连天。①

---

① 曹锦清教授通过对中原农村将近一年的实地调查揭露了这种现象。参见曹锦清，2013，《黄河边的中国》（增补本），上海文艺出版社。

从农民启蒙的角度而言，相较于 20 世纪 80 年代农民科技教育引导农民冲破封建迷信，开始科学种田、自主生产，90 年代随着市场经济的逐步展开，农村商品经济的逐步形成，农民更应该获得自主生产的权利和空间，但是事实证明并非如此，农民自主的空间并不是更宽松了，而是紧缩了。正是从这个层面上，我们称其为农民启蒙的回流。

建立社会主义市场经济体制，主要是减少政府对经济的行政干预，或可俗称为"放权让利"。90 年代的"放权让利"只是削弱了中央政府在国民收入分配中的作用，对于各级地方政府而言，这种对经济的行政干预反而是加强了。"随着地方政府财权的扩大，他们以行政手段对经济生活进行干预的能力不是减弱了，而是加强了；而且这种干预比以往中央政府的干预更为直接。'放权让利'的改革方针并没有导致传统命令经济体制的消亡，而是造成了传统体制小型化。"（王绍光，1991）传统命令经济在地方政府的复活，对于农民启蒙而言无疑是一种戕害，这种戕害就是假借科技下乡之名来实施的。来自基层政府的各种强制性命令，使农民又陷入了不能自主的境地，农民被迫种植烟草、苹果、棉花、药材等经济作物，被迫负债成立乡镇企业、村办企业等，农民的收入非但没有增加，负担反而更加重了。其实从某种程度上来说，大批农民工涌进城市正是来自农业负担的加重，是农民对农业负担的一种逃离。

3. 着眼于农民自愿、自主的科技下乡——农民启蒙的自觉

21 世纪以来，随着城市改革的疾步推进、工业现代化的完成，城乡二元结构作为中国现代化的最大障碍愈益突出，如何解决"三农"问题成为 21 世纪要破解的首要难题。为了解决这一难题，中央政府自 2001 年起连续出台了多项农村制度改革政策。2001 年，农村税费改革开始铺开；2002 年修订《中华人民共和国农业法》，明确提出把农业放在发展国民经济的首位，坚持科教兴农和农业可持续发展的方针，扶持农业技术推广事业，促进先进的农业技术尽快应用于农业生产；2005 年，《"十一五"规划纲要建议》提出要按照"生产发展、生活宽裕、乡风文明、村容整洁、管理民主"的要求，扎实推进社会主义新农村建设；2006 年，全面取消农业税，与之配套的一系列惠农制度或政策也开始陆续出台，如粮食直补、低保、农机补贴、新农保、积极的城市化战略等等。在这一系列政策中，培育新型农

民、坚持农民自愿自觉、保护农民权益、提升农民主体地位等条款开始频繁出现。同时，随着科学技术的发展水平成为一个国家、一个民族是否具备强盛竞争力的根本标志，科学技术成了推动农业发展、农民增收、农村繁荣的根本力量。为此，2002 年中央出台了《中华人民共和国科普法》，明确提出科学技术知识的普及不仅仅是普及科技知识，也包括科学方法、科学思想、科学精神的普及，扭转了过去那种忽略普及科学方法、科学思想和科学精神的片面做法。自此，各地开展的科技下乡就改变了原来单纯输送科技知识的做法，开始注重对农民进行科学方法、科学思想和科学精神的普及，提高农民自身的科技水平。据报道，我国从 2005 年开始启动实施农业科技入户示范工程，选聘了 5000 多名专家和 1.5 万名基层技术指导员，针对农民的技术需求，开展一户一策的技术指导和服务，构建了"专家组—技术指导员—科技示范户—辐射带动农户"的科技成果转化应用快捷通道。"科技入户"工程实施 3 年，共培育 25 万个科技示范户，辐射带动周边 500 万农户，示范区亩均增产 10% 以上（冯华，2008）。

与此同时，21 世纪以来，继广播普遍覆盖广大农村之后，电视又在农村得到广泛的普及，为农民了解农村之外的世界提供了更加方便快捷的渠道。美国社会学家罗吉斯·伯德格指出："大众传播在某种程度上可以补偿自然形成的乡村隔绝状态。报纸、杂志、广播和电视为农民传播了现代道德，大众传播开阔了农民的视野，传播了信息，说服农民接受变迁。"（罗吉斯·伯德格，1988：333）农业技术、农业发展理念、农村发展成就、农民致富经验等等通过电视这一便捷的渠道，传播到千家万户，电视成为广大农民获取信息最直接、最实用、最有效的渠道。但是，2008 年之前，全国没有一家真正意义上从事农林科技推广的卫星频道，尽管中央电视台有科教频道，但不是针对农民的，即使之后又扩充了军事农业频道，但远远不能满足农民对农业科技知识的需求。2008 年，全国首家农林科技卫星频道——陕西农林科技卫视开播，频道覆盖北京、天津、河北、山西、内蒙古、陕西、甘肃、宁夏、青海、新疆 10 个省、直辖市、自治区的城镇和农村，满足了广大农民对农业科技知识的需求。

综上所述，科技下乡在 21 世纪以来所实现的转变，对于农民启蒙起到了非常重要的作用。尽管各项政策的制定与落实并没有谈及农民启蒙，但是，培育新型农民、坚持农民自愿自觉、保护农民权益、提升农民主体地位等在现实中的逐步实施，其实就是农民启蒙。尤其是电视这一大众媒体在农村的广泛普及，更对农民启蒙起到了积极的推动作用。

五　农民启蒙与经济理性

在新时期的历史脉络中，农民仍然被站在农民群体之外的人们视为"小农"，他们所从事的生产经营活动往往被认为是非理性的。但如果我们站在农民的立场上思考就会发现，生活在底层社会的农民既是一个基本生存的维持者，更是一个最大利润的追求者，"农民在生存困境的长久煎熬中世代积累传承下来并使其家系宗祧绵延不绝的岂只是理性，那应该称为生存的智慧"（郭于华，2002）。这种"生存智慧"正是农民的理性选择在经济生产活动中的具体体现。由此，我们提出农民的经济理性就是其根据所处社会的经济制度、生产方式、义利观念、文化背景、个体权利、道德规范、交往方式、市场范围等，在经济生产活动中综合考虑做出的，有利于自己以及家庭乃至共同体的生存安全、最大利益、最大效用的理性选择。但是，由于受落后的生产方式、人多地少的困境、"水深齐颈"的生存状态、社会经济制度的限制、农民个体政治权利的少寡、宗法共同体的心理控制、血缘亲缘地缘关系的作用、传统义利观的影响等等诸多因素的束缚和制约，农民的经济理性长期以来一直处于一种潜在和模糊的状态。换言之，在落后的生产方式、人多地少的困境、"水深齐颈"的生存状态等条件的限制下，农民的经济理性往往表现为一种生存理性，即农民在生产生活中所有的智慧选择，其首要目标是维持自身及其家系宗祧绵延不绝。于此而言，传统农民的生存理性是其经济理性的一种朴素表现方式。

新时期以来，随着社会经济政治结构的转型，农业政策的逐步调整，农民在经济、政治、文化方面的权益逐步扩大，农民逐渐从外部环境的桎梏中解放出来，生产活动范围得以拓宽、生产方式得以提高、自主生产经营得以保障，其经济理性才得以逐渐从潜在走向显在，从模糊走向明晰，全面迸发和涌现出来。正如秦晖所言："只有随着市场经济的发展，农民作为交换行为的主体摆脱了对共同体的依附，他们的理性才能摆脱集体表象的压抑而健全起来。"（秦晖，1996）从家庭承包责任制到乡镇企业，从乡镇企业到外出务工，再从外出务工到理性返乡创业，中国农民一步步地突破各种外部环境的制约和束缚，逐渐在市场经济的大潮中找准自己的定位与目标。这一过程一方面得益于外部环境的改变，另一方面也是农民勇于运用自身经济理性进行抗争的结果，"他们在寻求生存的过程中，不仅在有意无意之间改变着行为规则和制度约束，改变着资源的组合方式，而且也在不断地反观自己的行动，反省这些行动的后果"（黄平，1996）。这两方面相辅相成，共同促进了农民经济理性的解放与发展。

从启蒙的视角来看，新时期农民的经济理性从潜在走向显在、从模糊走向明晰、全面迸发涌现出来的过程正是农民启蒙的过程。由于经济生产活动在历史上受到各种外部桎梏的束缚，农民的经济理性被"蛰伏"，因而一直处于"不成熟状态"。新时期以来，农民的经济理性从"集体表象"的压抑、生产方式的制约、各种制度的束缚、传统义利观念的影响中解放出来，在不断调整的农村政策的指引下，农民开始敢于在自己的经济生产活动中运用理性进行选择，从而逐渐地走出"不成熟状态"。因此，从这个意义上而言，新时期农民在经济生产活动中逐渐趋于合理的选择的过程恰恰正是农民启蒙的过程。

1. "等意交换"——传统"生存理性"的回归

诚然，传统宗法性质的村落共同体在历史上对农民的经济、政治、文化生活形成了一定的控制，抑制着农民个体思维的发展，阻碍着农民个体理性的运用，并使农民处于"神秘"的共同参与之中。但是，村落共同体同时给予农民逃避竞争、分化、风险、动荡的"保护"，使农民对其形成了一定的依赖。这就是秦晖教授所言的宗法共同体对农民的束缚与"保护"（秦晖、金雁，2010）。新中国成立之后，在以社会主义为内容的价值取向的支配下，人民公社制度的实施，一方面将农民从原来共同体的控制中解放出来，另一方面却用集体指令替代了农民个体的理性选择，在一定程度上剥夺了农民的自主权（比如农民被限制到农业以外进行就业），农民的经济理性淹没在集体经济的专制作风之下。十一届三中全会以后，在对历史进行清算和总结的同时，以人民公社制解体为开端的农村社会改革逐步展开，家庭承包责任制的实行，平等的土地再分配，"竞争机制"的引入，相对平等、开放的城乡关系的建立，都为农民提供了一个比较自由的"社会结构"。自主生产经营权利的获得，使农民的经济理性得以复萌，他们开始灵活地自主选择多种多样的经济生产方式。虽然由于相对比较落后的生产方式，在"生存理性"的支配下，农民的生产活动不得不再次向村落共同体回归，寻找合理的生产合作方式，寻求村落共同体对其经济生产活动的保护。但是，这种回归并不是一种倒退，而应该是螺旋式的上升，是一种理性的回归，这种回归是摆脱宗法控制之后的理性选择，是一种超越式的回归。从农民启蒙的角度而言，这正是农民的经济理性在被压抑或被替代之后的重新释放。

在村落共同体范围内，为了追求生产过程中的代价最小化，人民公社制度废除的传统"搭伙""搭套""伙种"等以交换生产力内容获得农业利润的方式再次在农村社会出现，多个家庭之间展开互助合作，进行劳动力与劳动力、劳动力与畜力、畜力与畜力、畜力与农具之间的交换，代耕、帮工、伙养役畜、共同租种、共同雇工等成为改革开放之初农民耕种的主要形式。这就是所谓的"等意交换"，即传统农民在生产活动中形成的"搭伙""搭套""伙种"等，以交换生产力内容获得农业利润的交换方式。这种交换方式与经济学上的等价交换有着很大的差别，它不是根据等同的价值量进行交换，而是"文化意义很强的'等意交换'"，或谓之"道德灵魂的交换"。这种既不等时又不等量更不等价的交换，从经济利润的角度来看，当然是"不划算"的，但是就当时农村的经济社会环境而言，却正体现了农民经济理性的"狡黠"。因为"能不能，或者说会不会参与这种交换，对当事者来说，它意味着你是否能够获得合作机会和实现经济利润的合作伙伴"（释然，1996）。对于农民而言，在既有条件下备全畜力与农具是一种多余的开支，因此他们需要的是在"伙种"中创造那种需要畜力或农具时便能够借到的自信。传统的义利观念在此仍然发挥着重要的功能，要实现一户家庭之"利"只有在维护了多户家庭的合作经营之"义"中才能得到实现，舍此之"义"则无一己之"利"。因此，这一时期农民的经济理性表现为文化意义上的"等意交换"。这是传统村落共同体文化的回归与复兴，是血缘、地缘关系在农民的生产经营活动中的作用的再次发挥，这也同时证明了虽然实现了家庭承包责任制，土地的使用权归个人所有，但在生产过程中农民仍然能够理性地进行有序的组合。

虽然在村落共同体范围内进行着"等意交换"的合作生产，但是，由于经历过"饿怕了"的年代，在具体的生产过程中，农民仍然保持着齐全的耕作模式，这块地种粮，那块地植棉；坡地栽薯，山地种树；夏季收粮，秋季收豆；家家养猪，户户种菜……"穷怕了"的农民为了找回自己曾经"借不到"的尊严，小心翼翼地利用天时、地利条件，经验性地经营着自己的那几亩薄田，维系着家庭的生活、地位以及尊严（脸面）。同时，为了提高劳动生产率，农民开始尝试性地采用科学的"间种""套种"方法，选择化肥、种子、农药等先进的农业生产资料。这种"内向型"开发土地的农业生产其根本是为了达到"吃喝穿不求人"的目的。这就是所谓的农民"生存理性"（即满足家庭的基本生活消费需要）的延续，是在农民个体自主权利相对扩大、农业科技水平逐步提高的背景下"生存理性"的进一步发展。

农民的经济理性之所以得到释放，主要得益于农民、农村、农业政策的调整，这是农民运用经济理性的前提。家庭联产承包责任制的实行，正确处理了公与私的关系，原来被纳入到集体、国家的农民的"一己之私"获得了合法的身份，"交够国家的，留足集体的，剩下的都是自己的"，这极大地刺激了农民经济理性的释放。这种经济理性首先直指农民及其家庭的生存，即如何维持保障一家人的生活，这是农民经济理性的核心问题，这个问题直接关乎农民在其村落共同体范围内的地位与尊严。其次，选择何种农业生产方式以规避农业生产中可能出现的各种风险，是农民经济理性所要面对的第二个问题，这个问题直接影响着农民的生存保障。再次，如何取舍传统的义利观念，是农民经济理性所要面对的又一个抉择，甚至是比较痛苦的抉择，这个抉择对于农民实现自身的现代化转型具有非常重要的意义。在改革开放之初乃至更长的一段时间里，农民的经济理性正是在这些繁杂的问题面前进行着权衡比较，小心翼翼地走出"不成熟状态"。但是，随着农业生产工具科技化水平的提高，人多地少问题的凸显，农业生产边际报酬逐渐趋零，农民这种"内向型"向土地求生存的理性选择再次陷入困境，这就迫使农民的经济理性必须突破向土地求生存的选择，在农业生产之外寻找出路。

2. 离土不离乡：乡镇企业——传统生存理性的首次突围

乡镇企业是农民为了能够在"弄够口粮之外能有闲钱"所寻找的第一个出路。乡镇企业的"异军突起"在当时的理论界引起了巨大的讨论热情，很多人认为中国农村由此找到了现代化的独特模式，认为乡镇企业"为华夏民族从农业社会转向工业社会提供了可以依托的微观社会组织基础"（甘阳，2007），既体现了现代市场经济的竞争原则，又符合中国的社会制度以及共同富裕的奋斗目标，而且继承了传统家族文化的精髓，体现了中国"群社会"的本质，是真正体现中国特色的社会发展之路（王颖，1996：内容提要）。对于这种高调评价乡镇企业的论点，也有学者提出了不同的观点，认为这些论点由于急切地试图提出"非西方的现代化道路"，都存在明显地把个别案例普遍化和理想化的倾向（汪晖，2008：78），"离土不离乡"在本质上是一个"等级身份制"问题，而身份制下"乡镇企业"内部的地缘关系、宗法关系、依附关系更阻碍了现代企业文明的形成（秦晖，1994）。关于这场争论，我们无须再多着墨，历史已经给予了雄辩的回答。我们认为，如果允许我们去意识形态地从农民自身来分析乡镇企业的异军突起，可以说乡镇企业是农民在改革开放获得了相对自由的空间之后，在经济理性层面的一次突围。

农业的过密化始终是制约农民的历史问题。就地兴办乡镇企业，是农民在改革开放获得了弃农务工经商自由之后进行的反农业过密化的理性新选择，这种选择是农民做出的不得已而为之的"并非最次"的选择，"不过是农民在原有城乡格局和工农体制下迫不得已的创造"（黄平，1996）。在人多地少、农业边际报酬逐渐趋零的现实制约下，为了挣得一些现金以补生活之急，创办乡镇企业是在离土不离乡的基础上"为扩大乡亲们的就业机会"和"为本乡本土增加福利"，而不是追求利润的最大化。而这也充分说明了农民创办乡镇企业，仍然是将传统的功义观念置于首要的地位。

"重农轻商""重本抑末"是中国历史上形成的重要观念。"士农工商"的等级排序使农民形成了牢不可破的"农本"思想和"轻工""轻商"的观念，在这种观念的支配下，农民的择业视野非常狭窄，基本上不愿也不能从事种植业以外的行业，副业也只有少数精明的农民在小心翼翼地从事，当然就不会明白比较收益的问题。改革开放以来，经济社会的转型，为农民弃农务工经商创造了宽松的外部环境，头脑灵活的农民很快意识到"种田不划算"，于是突破重本抑末观念的束缚，大胆从农业生产转向务工、经商，在乡村的土地上创办了属于自己的乡镇企业。这是农民经济理性对传统"重农轻商""重本抑末"观念的突破。

"父母在，不远游，游必有方"的古训使农民形成了重土安迁的生活习惯，《汉书·元帝纪》记载："安土重迁，黎民之性；骨肉相附，人情所愿也。"对中国农民而言，但凡有生路，谁愿舍弃自己家乡故土安静平稳的生活背井离乡？但是，一方面要执守安土重迁观念，另一方面又要突破农业过密化的现实困境。为了合理解决这一矛盾，农民的经济理性再次发挥了其创造性——就地创办乡镇企业。"离土不离乡"的乡镇企业既实现了农民弃农务工经商的追求，又满足了农民安土重迁的习惯。因此，乡镇企业的异军突起是农民面对安土重迁与农业过密化的两难困境所进行的一次伟大创造。

乡镇企业的本土性以及"为扩大乡亲们的就业机会"和"为本乡本土增加福利"的目标，注定了其建立、发展和生产、运营必然具有先天的血缘、亲缘、地缘关系的特性，而这与现代企业管理模式必然会产生冲突与矛盾。乡镇企业在先天的血缘、亲缘、地缘关系与后天的市场经济关系里寻找动态的平衡，冀图实现血缘、亲缘、地缘关系规则与市场规则的交融。应该说，对传统血缘、亲缘、地缘关系的注重，是这一时期农民经济理性选择的又一特色。然而，乡镇企业在运营过程中却未能意识到保护生态环境和自然资源的重要性，这也充分证明了这一时期农民经济理性存在很大的局限性。

由此可见，乡镇企业的异军突起既不是出自政治领袖的意志，也非来自经济学家的顶层设计，只不过是乡土中国的现实生存困境迫使农民经济理性对传统的一次突围而已。从农民启蒙的角度而言，农民经济理性的发挥一方面是为了在经济生产活动中寻求更大的空间，但另一方面，经济理性地运用又会受到来自传统观念的阻挠，比如重农轻商观念、安土重迁观念，在既有的条件下，农民的经济理性不可能一下子实现大的飞跃，往往会在这两者之间寻求妥协，乡镇企业的创办就是这种妥协的结果。也正因如此，乡镇企业的命运必然多舛。20 世纪 80 年代末 90 年代初，当东部地区的乡镇企业纷纷遭遇如何优化配置资金、技术、劳动力和资源，如何减少或降低污染、保护自然资源和生态环境，如何参与更激烈的市场竞争等难题时，中西部地区的农民在失败的痛苦中惊醒，他们的经济理性再次实现突围，放弃"离土不离乡"的诱惑，勇敢地涌向城市，在全国范围内形成了一支浩浩荡荡的进城务工队伍。

3. 离土又离乡：进城务工——传统生存理性的再次突围

我国经济体制转轨、社会结构转型和工业化、城市化的迅猛发展，为农民向城市流动转移创造了体制条件和就业条件；城乡壁垒的松动，使农民走出土地进城务工成为可能。20世纪90年代至今，农民尤其是内陆和西南、西北地区的农民很快从"离土不离乡"演变为"离土又离乡"，经历了从"农民工"到"盲流"再到"进城务工人员"几重身份的转换，形成了我国经济社会转型时期的特殊群体。我们认为，从农民自身的角度而言，"离土又离乡"是农民经济理性对传统生存理性的再次突围。

伴随着市场经济的逐渐建立和完善，商品流通领域的逐渐扩大，农民物质生活资料的获取和满足渐渐从原来的依靠土地转向依赖市场。但是，由于工农产品价格剪刀差还没有完全去除，农业的比较效益明显低于工业，这就必然导致农民在有限的土地上靠农业生产所能够获得的"现钱"是有限的，"种田不划算"成为所有农民的真切感受。虽然政府也在积极推动农业产业的升级换代，推广新品种、扶持新项目等等，但是由于农产品生产周期长，往往容易陷入蛛网循环①之中，这就给农民引进新品种带来了极大的风险，而与之相对，这种风险在无所谓生产周期的劳动力市场上却不存在。既然进城务工能够获得比单纯农业生产更高的比较效益，农民当然选择放弃风险更大的农业生产而进城务工。对于农民尤其是青年农民来说，与其守着土地、家庭、父母过贫苦的日子，不如抛弃土地、放开手脚进城寻找新的希望，从而过上和城里人一样的幸福生活。如果说"离土不离乡"就地进入乡镇企业务工还受到传统重本抑末、安土重迁观念的影响和束缚，那么，"离土又离乡"的进城务工则意味着传统重本抑末、安土重迁观念的坍塌。

根据相关学者的研究，20世纪90年代，农民负担总体呈上升趋势，年均增长幅度超过了同期农民收入增长幅度。再加上农村经济体制改革不彻底，财政体制、管理与监督体制不完善等原因，地方政府借机乱摊派、乱收费，日益加重了农民负担，导致农民不堪重负。② 一方面是日益加重的各种税费负担，另一方面是日益降低的农民收入，当农民依靠土地增收致富

---

① 所谓蛛网循环是指农业产品市场的周期性波动。由于农产品生产周期长，其决策依据现时销售价格刺激下产生的预期，而实际市场价格却取决于前一周期的生产规模。

② 曹锦清通过对中原地区农民的调查，在《黄河边的中国（增补本）》一书中翔实地记录了当时中原农民负担加重的状况。参见曹锦清，2013，《黄河边的中国》（增补本），上海文艺出版社。

无望的时候，身边通过进城务工经商致富的农民给他们提供了又一条"离土又离乡"的致富路径——进城务工。因此，从这个意义上来说，选择进城务工既是农民对繁重的税费负担的一次反抗，同时又是农民实现增收致富的又一次理性选择。

农民进城务工并不像有些学者所担心的那样，他们普遍认为农民进城务工是盲目的、无序的，甚至是可怕的。实际上，就农民自身而言，为了提高进城务工的安全感和降低失败的风险，他们的进城是有其自身的运作机制和规律的，即"亲戚带亲戚，老乡带老乡"。有研究指出，亲缘、地缘关系网络是农民传递信息的渠道和进行流动决策的依据，在这种人际关系连带型的流动中，农民几乎不用等待就能够很快在新环境中找到工作安顿下来，并在新的环境中形成共同生活的亲缘、地缘关系群体，成为他们持续流动、改善生存境遇的重要依托。这样，"以亲缘和地缘为主的人际关系所形成的网络支持了整个的流动过程，从而使流动的不确定性和流动者的不安全感大大降低"（郭于华，1996）。这种在农民进城务工过程中形成的"关系型网络"，也是农民的理性选择，是将传统农业社会中对家族群体的依赖关系搬迁至进城务工之后的新生产生活环境，从而将自己进城务工的代价和风险降到最低。就此观之，农民进城务工既是对传统的突围，同时又是对传统的继承和延伸。

从农民启蒙的角度而言，正是由于农业生产相对效益低下、税费负担日益加重，刺激了农民经济理性的再次突围。这次突围同时还得益于农民对现代化都市生活的向往与追求，以及对传统重本抑末、安土重迁观念的舍弃。农民启蒙是在现代性与传统的紧张中不断推向前进的，但我们也应该注意到，传统对农民经济理性的影响是深远而持久的，农民启蒙正是在对传统的突围和继承中发展着。

4. 商品生产——市场理性的崛起

在大批农民背井离乡进城务工的同时，仍有部分农民坚守在土地上，从事着传统经验农业的耕作，维持着中国农业的发展。在这一历史进程中，这些在土地上劳作的农民，其经济理性在社会主义市场经济的刺激下，也发生了变化与转型，逐渐从传统自给自足的生产转向商品生产，突破了传统狭隘的市场意识、商品意识和消费观念。这是坚守土地的农民经济理性的巨大转型，是新时期以来坚守土地的农民最具革命性的变化。

如果说 20 世纪 80 年代，农民在土地上的劳作还是在生存理性的支配下进行的保障家庭温饱的自给自足的农业生产，那么，从 90 年代开始，随着社会主义市场经济在农村的逐渐建立，坚守在土地上的农民逐渐打消了"饿肚子"的顾虑，开始从原来家家户户"少而全"的生产模式转向"多而精"的生产模式，从为保障自家生活的种植模式转向为迎合市场生产的商品种植模式，有些头脑灵活的农民甚至放弃了传统的农业耕作，开始从事养殖业，以赚取更高的经济利润。在市场里寻求更大的利润成为坚守土地的农民的首要目标，这是农民的经济理性艰难地突破传统义利观念之后的抉择。传统的小农意识和小生产意识逐渐退出历史舞台，市场意识和商品意识逐渐在农民心里萌发、成长并茁壮起来，农民的消费观念也从"节衣缩食、精于仓储、守财如命"渐渐转向追求财富增长与生活水平改善。

与此同时，在改革开放之初颇为兴盛的传统"搭伙""搭套""伙种"等生产方式已逐渐失去踪影，多户家庭一起生产劳作的劳动景象已成为历史记忆，那种既不等时又不等量更不等价的交换被一切以金钱来衡量的等价交换所代替。传统血缘、亲缘、地缘关系也逐渐褪色，父子之间、兄弟之间、亲戚之间、邻舍之间的那种脉脉的亲情、人情、友情，逐渐被冰冷的金钱、利益所取代，传统"义以为上"的"等意交换"在 80 年代回归了一段时间之后又再次消失。市场力量持续冲击着村落共同体，农民的经营生产对于村落共同体的依赖大大减弱，即使轰轰烈烈的新农村建设运动也很难再将农民凝聚在村集体周围，只顾自家埋头致富使村落共同体文化一步步走向萧条。"过去一个播种机全村都借用，现在每家都有。人不求人，没有了老味道。过去人看得长远，现在人不求人一般高，相互之间就讲利益。"农民的心里话道出了其中的酸甜苦辣。

农民启蒙首先指向现代性，在现代性的指引下，农民的生产、生活方式发生了巨大的变革，这种变革是伴随着农民文化价值观念的转变而逐渐实现的。市场经济的推进将竞争、进取、冒险等现代文化价值观念熔铸进农民的文化心理，但同时又对传统的价值观念形成冲蚀，"义以为上"的义利观、村落共同体文化、亲情友情人情等本应该保留的传统也消失殆尽。正如贺雪峰所言："现代性不仅在器物层面，而且在观念（灵魂）和逻辑层面，在根本的行为动力和人生目标上面改造和重塑中国农村。现代化这一次不只是粗疏地掠过传统，而是细密地改造和改变传统，是彻底地消灭传统。"① 农民经济理性的现代性走向带来了新的希望，但同时又带来了新的困惑；传统的流失促进了农民的进步，但同时又让农民感到了些许失落。在中国农民经济理性变迁的过程中，现代的逼近、传统的流失究竟是中国农民、农村之幸还是不幸？

5. 返乡创业——经济理性的成熟趋向

2006 年农业税的全面取消、2008 年的金融危机、经济结构的调整、土地流转制度的实施、农村产业结构的升级等一系列的因素，影响着进城务工的农民开始大批地离城返乡，形成了所谓的农民工"返乡潮"。如果说 90 年代农民大批进城务工经商形成的所谓"民工潮"是农民依据经济理性做出的选择，是对生存理性的突围，那么，今天的"返乡潮"也是农民的经济理性选择，是农民"对自己所拥有的资本、对城市和乡村的再认识以及对生活的满意度等各种经济因素和非经济因素"（周霞，2005）进行理性比较分析的结果，是农民经济理性趋于成熟的表现。

在城乡二元体制下，户籍制度永远是进城务工农民心头隐隐的痛，绝大多数农民的"城市梦"都将因为现行的户籍制度而破碎。但城市的务工生活使农民具有了观察、分析与预测市场的能力，并培养了他们在技术上的一技之长，使农民获得了文化资本；辛勤的劳动与节俭的生活使农民有了微薄的积蓄，他们从而获得了经济资本；血缘、亲缘、地缘和私人等关系使农民在城市的务工生活里逐渐形成了社会关系网络，他们由此获得了社会资本。当他们由于年龄原因在城市的工作空间日显狭仄，"城市的过客"心理使他们对城市的认同感以及城市生活的满意度逐渐降低，而这些资本的拥有给予了他们再回到乡村生产生活的一定的自信。由此可见，一边是城市工作生活空间的狭仄和城市梦的破碎，另一边是相对安逸的农村生活以及自身所积累的资本，在这种理性权衡比较下，逐渐年老的农民开始理性地返回家乡生活，运用自己在城市所积累的资本在家乡创业。正是从这个意义上说，进城务工农民的返乡创业是他们在对城市生存空间、乡

---

① 贺雪峰，2007，《最近十年农民的理性化进程》，http://www.snzg.cn/article/2007/0904/article_6850.html。

村生活满意度以及自身资本进行比较分析的基础上做出的理性选择，尽管这种选择带着一种无奈的酸楚，但它毕竟是一种不得已而为之的并非最次的选择。

进城务工农民返乡创业的这种理性选择，其实也在一定程度上契合了未来中国农村社会的发展趋向。中国社会科学院杨团认为，农村的各种社会问题现在已经基本"见底"，农村大量的留守老人、留守儿童已经成为普遍现象，农村人口的社会结构造成了农村的必然衰落，农村现有的生产力跟整个中国的经济社会发展越来越脱节，这是中国历史上从未出现过的现象。亟待改观的农村形势必然使中国在未来的五到十年形成一个返乡的高潮，而其中最主要的人群是生于农村长于农村的第一代农民工，他们在城市务工二十余年，对社会发展耳濡目染，成为农村骨干的可能性最大，他们的返乡会带动农村社会、经济、文化力量的回升。从这个层面上来说，进城务工农民返乡创业正顺应了中国农村社会的发展趋势。农业技术推广、金融供销、农村教育、农村养老、妇女权益和社区文化等为他们的创业提供了广阔的选择空间。

进城务工农民的"返乡潮"给予我们一定的警醒，我们应该以一种全新的视角重新审视农民启蒙的终极指向，也许让农民回归土地才是农民启蒙的目的。当然这种回归不是简单的回归，而应该是经现代性启蒙之后的超越式回归。回归之后的农民将会以一种全新的方式生活，将会创造一种全新的文明样态。

讨 论

以上我们从新时期农民如何运用理性突破封建迷信的迷雾、追求事实真理和价值真理、科技下乡对农民理性启蒙的影响以及农民经济理性的觉醒等几个方面，呈现了农民理性启蒙的演变及其内在的规律，同时也发现了当前存在的问题与危机。20 世纪 90 年代以来，随着市场经济在农村的长驱直入、现代农业科学技术在农村的横冲直撞，与现代化的生产、生活方式相伴而至的物欲主义和价值虚无主义在广大农村甚嚣尘上，仁义礼智信的传统核心价值观被迫退场，导致尊老爱幼、勤俭持家、邻里互助、自强奋斗、勤劳质朴、诚实守信、善良淳朴等传统美德在广大农村迅速流失，严重影响和制约了农民的生产和生活，农民仿佛被现代文明和传统道德同时抛弃。现代化的生产、生活方式与缺位的主体意识、社会意识、公民意识、规则意识、权责意识等现代化的思维方式之间的巨大紧张使广大农民不知所措，他们一方面对传统田园诗生活的流失感到失落，另一方面又迷失于现代化狂想曲的萦绕之中；一方面心痛地留恋传统的祥和，另一方面又狂热地痴迷现代的富强。如果说现代化过程中出现了现代性危机，那么这种危机在农民中间则表现为价值观的危机。应对这一危机，可能需要从以下几个方面着手。

1. 以社会主义核心价值观规约自身经济理性的生长

就农民启蒙的内在推动力而言，新时期农民经济理性的变迁是农民突破自身走出"不成熟状态"的懒惰和怯懦的过程。因此，从某种意义上说，新时期农民经济理性的变迁其实就是一个农民运用理性发现自身的过程。他们不再做既定规约下的义务工具，不再在既定的规约中寻找自己存在的意义，开始挣脱既定规约勇敢追求自身的幸福生活，开始从自身去寻找生存的价值和意义。

但与此同时，随着社会的急速转型，农民在经济理性觉醒的过程中，由于过分强调经济利益的追求，经济理性在摆脱传统规约的同时，开始逸出道德和法律规范，在一定程度上走向了启蒙的歧路。根据贺雪峰教授在河南汝南县三里店乡宋庄村的调查，21世纪以来村里人际矛盾少了，但并非亲密了，而可能是更加淡漠了。村民之间不再合用小四轮，"过去一个播种机全村都借用，现在每家都有。人不求人，没有了老味道。过去人看得长远，现在人不求人一般高，相互之间就讲利益"；兄弟之间越来越各顾各了，甚至在夏季为了能早一点给庄稼浇上水，出现了兄弟之间大打出手的场面；子女与父母之间也演变成为按五保户标准给父母提供生活费，越来越少关心父母的生活质量，更别说给父母以足够的精神慰藉了；更有甚者，夫妻之间也越来越多个人的打算，"眼皮短了，看得短了，感情短了"。① 农民越来越在乎当下的打算，在乎眼前的利益，人际矛盾看似减少了，但本该

---

① 贺雪峰，2007，《最近十年农民的理性化进程》，具体参见：http://ncwt.net/Article_Show.asp? ArticleID＝423。

有的亲密的人际关系却反而疏远了。这是农民经济理性觉醒中应该重视的问题之一。其二，在经济理性觉醒的过程中，由于文化惯性和政治功能的延续性，农民的价值标准与行为选择往往滞后于农村的社会变革，致使农民的价值观念日趋多元化、异质化。在农民对物质财富追求的欲望日盛之时，其分享改革开放成果的能力、与主流价值观念契合的能力却都非常有限，这就导致了农民的传统本体性价值解构，生命意义追求虚化；社会性价值紊乱，精神世界内核缺失；思维逻辑中的公私界限模糊，行为逻辑中的交易理性与关系理性交织；等等。而这些都表明，农民在对物质层面富强强烈追求的同时，忽视了对精神层面富强的追求。比如农村在丧事上的风俗仪式，原本是表达对亡人的追思和祭奠，但现在却不同程度地演变为某种重形式轻内容的"热闹"活动（吴春梅、刘可，2016）。其三，在经济理性觉醒的过程中，为了维护自身经济权益，农民中出现了群体性对抗甚至违反法律的现象。根据温铁军教授的调查，在调查样本中有70%的农户对目前的社会经济生活存在某种不满（其中征地补偿不公、土地征用不合法是造成不满的主要原因），已经有10%的农户因此而参与了人数在100以上的大规模冲突，如"集体围堵""械斗"等（温铁军、郎晓娟、郑风田，2011）。这也是农民经济理性觉醒过程中应该重视的问题之一。因为农民的这种群体性冲突常常具有较强的"辐射"效应，有可能造成其他地区农民的模仿，带来冲突的"扩散"，如凤翔"血铅"事件经新闻媒体报道后，湖北仙桃、福建上杭、广东清远、江苏大丰等地先后爆发了由于铅污染引发的群体性事件。这类事件在直接造成社会不安定的同时，也对农民的政治认知和社会心理等方面产生了负面影响，不利于农村社会的稳定。

就此而言，虽然新时期"中国农民一步一步地通过自己有目的的行为，逐渐地改变着行为规则和制度约束，改变着资源的组合方式"（黄平，1996），小农经济的"盲目性"逐渐弱化，市场经济理性日趋成熟，农民理所当然地将现代化作为追求的目标，"希望过上城里人一样的生活"，这原本无可厚非，但是，对于农民而言，传统的蜕变是一个比较痛苦的选择过程，现代化的负面影响导致不该流失的传统流失，在新时期农村社会变迁过程中引发了一系列的问题，比如道德的滑坡、亲情的淡漠、义以为上的沦丧、互助的淡化等等，这些都是在未来的农民启蒙中应该重视的问题。启蒙之于传统"不是去破除那些普遍的成见，而是运用他们的睿智来发现贯彻于其中的隐藏的智慧"（詹姆斯·施密特编，2005：17）。而从新时期农民经济理性的变迁，我们可以看出，中国农民启蒙一方面应该运用理性对隐藏在传统（成见）中的智慧进行发现，并且让这些传统（成见）以及其中所涉及的理性延续下来；另一方面，对那些建立在迷信基础上的传统则要通过启蒙加以消除。当前，中国正处于历史的拐点，传统文化经过一百年的萎缩在今天的真正崛起，给中国、给农民、给启蒙以新的希望与使命。

因此，农民启蒙、农民经济理性的成熟必须与农民的价值提升相联系，必须依托国家、集体与个人的有机协作，以推动农民的个人价值追求、集体的和谐有序与全社会的凝心聚力的有机统一。在农村社会转型、农民价值追求转型的关键时期，传统价值追求受到冲击，农民价值追求多元化、盲目化甚至虚无化，都亟须农民针对自身的价值困惑和价值追求的局限继续塑造其主体性，整合与日常生活息息相关的地方性共识，培育价值共识和价值实现能力。而这一切都必须置于社会主义核心价值观的框架之内。应该说，社会主义核心价值观为农民启蒙提供了价值标准，为当前经济理性觉醒过程中陷入价值观迷茫之中的农民提供了一盏明灯。

在全社会掀起的培育和弘扬社会主义核心价值观的高潮，呈现出欲将弥漫的价值虚无主义强力击退之势。这是因为，锻铸社会主义核心价值体系、凝练社会主义核心价值观、培育和弘扬社会主义核心价值观，是这些年马克思主义对中国传统文化进行变革、融合、制约的结果，这一结果展示了中国共产党对于中华优秀传统文化的时代价值越来越广的视角、越来越深刻的理解。中华优秀传统文化是中华民族的文化基因，是培植社会主义核心价值观丰厚的文化土壤，是涵养社会主义核心价值观的源头活水；社会主义核心价值观是中华优秀传统文化在现代社会的延续，是中华优秀传统文化的精神传承和当代升华。这些观点和论述已经形成共识，推动着学界对社会主义核心价值观与中华优秀传统文化关系的多视角、全方位的深入研究，推动着社会主义核心价值观在全社会的培育和弘扬。

然而，农民如何能够将这些重要的认识植入自己的头脑，如何运用社会主义核心价值观真正清除思想中的迷雾，尤其是价值观念上的冲突，这就需要在具体实践中践行社会主义核心价值观，将社会主义核心价值观融入自身的生产生活中。当前，围绕着习近平总书记关于传统文化的重要论述展开的，以中华优秀传统文化涵养社会主义核心价值观的研究，则为农民启蒙提供了重要的理论基础和思想来源。在新的时代条件下发扬中华优秀传统文化的作用,创造性地转化与创新性的发展研究只是发扬优秀传统文化的第一步,第二步则需通过世俗化的途径赢得当代人们真诚的情感认同。而不容否认的是,传统文化对农民具有更强的亲和力,利用传统文化进行农民启蒙更容易获得农民的理解、支持和共鸣。因此,农民应该针对当前农村出现的颠倒的对错、是非、美丑观念,垮塌的乡村自治的道德底线,以社会主义核心价值观为指导,从启蒙的视角在生产生活中重新树立起优秀的传统价值观念,比如重塑传统教化体系、重温传统礼仪、回归传统习俗等,从而重构乡村的价值和信仰体系,重建乡村的文化生态和乡土文明。

2. 在社会主义核心价值观的引领下继续坚定追求真理的征程

农民在经济理性崛起过程中出现的为满足物质财富逸出道德法律规范的现象,在破除迷信、追求真理方面就表现为事实真理与价值真理之间的某种紧张,即对善的追求往往与对真的追求不能契合,致使其放弃了对事实真理的执着,而又开始从鬼神、宗教的迷信中寻找寄托。当农民走出迷信迷雾,以事实真理为引导追求幸福生活不能得到满足的时候,他们便本能地又转向对天命的诉求(包括民间信仰、宗教信仰)。

根据郑风田教授的调查,中国居民的信仰结构正在发生着巨大的变化,宗教信仰的比重迅速上升而无神论者的比重迅速下降,1990 年无神论者所占比重是信教者所占比重的 9 倍,2001 年则下降为 2 倍,2005 年信教者比重已经超过了无神论者比重(郑风田、阮荣平、刘力,2010)。在信教群体中,农村居民所占比例尤为突出,一些农村地区出现了不同程度的"宗教热",根据我们对华北 S 省 T 县农村的田野调查,60% 以上的农村都有教会活动场所,甚至个别村庄的教堂规模非常宏大,即使在没有教会的村庄也几乎都修建了城隍庙、土地庙、财神庙等,并且调查还发现,在信教人群中生活相对贫苦的农民所占比例最高,达到 72%;其他研究者的调查也是类似的结果,比如杜景珍对苏北某村庄的调查显示,该村有一半以上的家庭有人信教,教徒中有 80% 以上是妇女,教徒及其家人普遍相信"一人靠主,全家得福",宗教祷告、宗教集会成为农民日常生活的重要内容,传教者的影响力有时甚至超过村乡一级干部对村民的号召力(杜景珍,2004);

根据甘满堂的调查，福建民间信仰也非常发达，几乎每个村庄都有民间信仰活动场所，尤其在闽侯县将近29.2%的农民是教徒（甘满堂，2007）；张忠成在市场经济高度发达的温州调查也发现，当地基督徒密度竟居全国首位（教会人口占总人口的11%），几乎每一个乡镇都有3～4座教堂，有很多村镇还出现了基督教的"福音村"现象，信教基督徒户数占全村总户数的95%以上（张忠成，2011）。

　　虽说农村的信仰存在地域差异、年龄区别的现象，也有研究认为，宗教信仰对农村居民主观效用——幸福感的影响并不大，但对于农村居民来讲，宗教在某种程度上具有降低生产风险、拓宽就业信息以及激励工作努力的功能，大多数农民信仰宗教是一种基于功利主义的、追求自身效益最大化的行为，并且宗教信仰有可能是通过发挥其工具性功能（社会保障、就业服务、努力激励等）来影响农村居民的。所以，农民信仰宗教除了有价值需求外，在很大程度上是一种目的导向的基于工具理性的需求。只要针对性地使用政策工具来替代宗教的某些工具性功能并提高农民收入，农村"宗教热"现象就必然降温（乐君杰、叶晗，2012）。我们且不谈如何降低农民的"信教热"，仅从我们的论域来看，鬼神、宗教信仰热所折射的恰恰是农民在追求真理之路上出现的事实真理和价值真理之间的某种紧张。这种紧张有一种将农民从破除迷信、追求真理的征途上拉回来的趋势。这是农民启蒙所应该重视的。

　　正如前文所述，新时期农民从破除迷信、确立理性开始，踏上了自主地追求真理的征程：从事实真理（20世纪80年代到90年代）到价值真理（90年代到21世纪初）再到具体真理（21世纪初到今天）。但是，就农民启蒙而言，这其中的每一个阶段都不是"完成时"而是"进行时"，并且在相当长的一段时间内仍将处在"进行时"。因为追求真理之路总是充满坎坷、布满荆棘的，不是一帆风顺的。求真与求善本来就是一种辩证关系，既不能使求真服从求善，也不能以求善代替求真。一方面，对真理的追求不应该受到价值的束缚与捆绑；另一方面，对真理的追求又应该纳入到求善之中。而当前农民在追求真理过程中出现的事实真理与价值真理之间的紧张，正说明农民对真理的追求受到了价值的束缚和捆绑。于此而言，农民启蒙还要经历一段相当长的时间，在这段时间内，农民仍然需要不断拨开笼罩在事实之上的迷信迷雾，在真的支配下不断完成对自己价值目标的追求，从而实现自身的幸福生活。而拨开迷信迷雾所要依靠的，仍然是社会主义核心价值观这盏明灯。

诚然，培育和弘扬社会主义核心价值观必须立足于中华优秀传统文化，必须使中华优秀传统文化成为涵养社会主义核心价值观的重要源泉。但是，中华传统文化是一个整体，其优秀的营养因子与落后的"魔魅"成分并不是泾渭分明、截然分开的，而是浑然一体的。同时，社会主义核心价值观毕竟与中国传统价值观有着时代差异性，这就决定了社会主义核心价值观必然是变革中国传统价值观的产物。没有这样的变革，社会主义核心价值观无法在当前中国发挥作用。农民之所以在追求事实真理与价值真理之间出现紧张，从而倒向鬼神崇拜和宗教信仰，恰恰就是传统"魔魅"在作祟。

启蒙与祛魅有着天然的关系，或者说，祛魅就是启蒙的根本内容。马克斯·韦伯曾将启蒙运动史上的重要进展称为"对世界的祛魅"，甚而将"祛魅"上升到哲学思辨的高度来统摄启蒙。近代以来中国的启蒙运动也经历过一个人与自然脱魅祛魔的过程，这个过程伴随着中国社会从传统向现代的转型。在这个转型过程中并没有出现阿多诺所批判的理性祛除了神话自己却坐上了神话的位子，恰恰相反，中国启蒙的祛魅任务远未完成，"魔魅"往往假借启蒙的名义改头换面重新粉墨登场。"启蒙名词后面暗藏的已经不是我们所要引进的因子，而是传统文化中最需要清理和扫除的因子，专制的魔鬼可能会披上民主的外衣继续登台，这就是启蒙与传统在变革的社会中呈现的最大吊诡之处。"（尹奇岭，2009）当前，在享受着科学理性带来物质便利和享乐快感的同时，我们似乎已经祛魅，但是这种越过现代启蒙的祛魅和物欲主义结合在一起，往往让我们对于社会上出现的各种扭曲关系无从发现或者视而不见。

因此，当前农民在追求真理的征程上就应该坚持培育和弘扬社会主义核心价值观，通过启蒙摆脱"魔魅"对他们的控制，将"魔魅"（尤其是传统文化中的"魔魅"）彻底从其思想观念中根除，从而培养大胆运用理性的能力，确立自身的主体地位，真正树立民主、自由、平等、公正、法治等价值观。毕竟，自由、平等、公正、法治等价值观由于中国传统社会性质的制约和发展阶段的局限，无法形成更不可能实践，即使是与传统文化有着直接或间接联系的富强、民主、文明、和谐、爱国、敬业、诚信、友善等价值观，也必须实现与现代文明的接轨。换言之，农民应该自觉发挥社会主义核心价值观对"魅魅"的过滤作用，即通过祛魅过滤掉头脑中固守的糟粕的东西，进一步树立起现代的价值观念。

农民启蒙任重而道远。但幸运的是，农民在新时期以来的近四十年的时间里逐渐确立了理性自主，这为农民启蒙奠定了前提条件。因为，理性是一种力量（就人类而言），是一种能力（就个体而言），树立了理性就拥有了这种力量和能力，就能引导农民、激发农民不断地从迷信走向启蒙、从谬误走向真理、从贫穷走向幸福。未来的农民启蒙应该继续秉承怀疑和批判的精神，逐渐培育和弘扬社会主义核心价值观，在正确的价值观的指引下拨开笼罩在真理上的物欲主义、虚无主义的迷雾，不断推进认识世界、追求真理的进程。

3. 坚持"以得自农民之道还之农民"的基本原则

如果说上述两条意见是立足于农民、从农民自身着眼，强调发挥当前农民启蒙的内生性动力，那么，政府的主导、社会精英尤其是知识分子的推动则是农民启蒙的外在动力。通过深入分析 20 世纪 90 年代科技下乡对农民启蒙的作用，我们认为，各级政府在科技下乡活动中要想充分发挥农民启蒙的作用，其中最为重要的一点是要从农民出发，为农民着想，而不能流于面子工程、政绩工程。这就要求各级政府尤其是农业科技人员能够坚持唯实不唯上，坚持对农民负责而不是对上级负责，深入农村生产、生活实际，了解农民的所思所想、所需所求，掌握农民生产、生活乃至思想的实际情况，从农民实际出发开展科技下乡，有针对性地为农民提供科技服务，引导农民科学种养，只有这样的科技下乡才能够达到促进农民增收、农业增产的目的。而这恰恰也就是农民启蒙所要遵守的"以得自农民之道还之农民"的原则。

"以得自农民之道还之农民"的基本原则是我们借鉴冯契先生的"以得自现实之道还治现实"的理论提出的。冯契先生在金岳霖提出的"以经验之所得还治经验"的基础上，沿着马克思主义认识论的逻辑路径，在实践的基础上对人的认识过程进行了动态的考察，指出认识运动就表现为"认识世界和认识自我的相互促进的过程，也就是现实之道与心性交互作用的过程"（冯契，1996a：36~37）。冯契先生认为，这一过程就是"以得自现实之道还治现实"，是人认识世界和认识自己必须接受和遵守的总则。人在认识客观世界的过程中，逐步把握现实之"道"，同时也在此过程中认识自己，也就是以得自所与者还治所与，用判断将事实与思想结合起来。随着认识的发展，自我的提高，"以得自现实之道还治现实"就转化为科学方法，即"化理论为方法"，以客观现实和认识过程的辩证法还治客观现实和认识的过程。人认识世界的最终目的是要改造世界，培养以真善美为理想和信念的自由人格，从而实现人的自由全面发展。这样，"以得自现实之道还治现实"就进一步转化为"化理论为德性"，即在实践和认识的反复过程中，从现实生活中吸取理想，又促使理想化为现实，成就自由德性的人格，"理想化为信念、成为德性，就是精神成了具有自由的人格"。冯契先生提出的"以得自现实之道还治现实"尽管是从认识论的角度提出的，但它在农民启蒙的过程中，对于防止启蒙者"过度企图"启蒙农民而使启蒙走向反启蒙具有重要的借鉴意义。由此，我们就提出在农民启蒙的过程中外力的推动应该坚持"以得自农民之道还之农民"的基本原则。

农民启蒙的主体（外力推动者）必须认识到，他们的作用只是触发农民理性能力的自学习、自反馈、自生长的过程，启蒙主体只是"缘"（次要原因），而不是"因"（根本原因），"因"在于农民自身具有的理性潜能。农民启蒙的实质或者说最终指向是让农民成长为自启蒙者，即大胆地运用自己理性的人。就这个意义而言，农民启蒙是一个凭借外在的理性启发农民内在的理性的过程。这就是以得自农民之道（自身的理性端倪）还之农民（自身的理性能力），在这种自反馈的循环中，农民的理性能力不断得到提升。这样，农民启蒙的主体就需要有两重意义上的谦卑意识。其一，作为农民启蒙的"缘"，启蒙主体一开始就需要有随时退出的姿态，否则，启蒙主体的理性反而会变成农民理性能力自然生发的阻碍力量。喻而言之，启蒙主体的作用仅在于砸碎农民的"脚梏"，但并不代替农民行走。在砸碎农民的"脚梏"之后，要随时做好撒手的准备，以使其学会独立行走。在中国近代以来的农民启蒙过程中，以农民启蒙主体自居的政治精英、智者学人等正是因为缺少了这种随时退出的谦卑意识，结果反而在某种程度上成了农民启蒙的阻碍。从某种意义上来说，农民启蒙就是农民自身主体性的培养与提高，农民未来的理想生活是要靠自身去勇敢追求的，而不是靠别人来设置的，这应该是农民启蒙的本义。其二，启蒙主体在农民启蒙的过程中决不能把自身"神圣化"，居高临下地自居于农民之上，要消除那种理性代言人的心态，要有一种清醒的自我批判意识，要有一种向农民学习的谦卑姿态，要能够认识到自己也可以从农民身上学到很多东西。这就是晏阳初先生提出的"要化农民必先农民化"。也如毛泽东在《在延安文艺座谈会上的讲话》中所指出的那样，"一切革命的文学家艺术家只有联系群众，表现群众，把自己当作群众的忠实的代言人，他们的工作才有意义。只有代表群众才能教育群众，只有做群众的学生才能做群众的先生。如果把自己看作群众的主人，看作高踞于'下等人'头上的贵族，那末，不管他们有多大的才能，也是群众所不需要的，他们的工作是没有前途的"（《毛泽东选集》第 3 卷，1991：864）。这就要求，农民启蒙的主体要深入农民、农村的生产、生活实际，从政治、经济、文化、社会等方面理性掌握农民所习惯而不知的终古常存状态的历史形成、未来出路等。在这个过程中，启蒙主体要反复运用启蒙的概念对农民的现实进行摹写与规范，用判断把农民实际与启蒙思想结合起来，不断调整自己对农民启蒙的认识，从而在启蒙农民中启蒙自己。"理性以得自自然过程之道还治自然过程，好比大禹行水，'行其所无事'而并不强加干预。"（冯契，1986）在认识农民中以自然过程之"理"还治自然过程之身，其所形成的思想理论便顺理成章地成了农民启蒙的工具或方法，正好实现农民启蒙的目的。

　　"以得自农民之道还之农民"在农民启蒙过程中具体展开为两个方面。一方面是得自所与（农民），即启蒙先觉者通过深入农民、农村的生产、生活实际，理性掌握农民的所思所想、所需所求、所企所盼，再将启蒙思想与农民实际结合起来，形成自己对农民的认识，即"事中求理"。另一方面就是还治所与（农民），就是在实践中将自己对农民的认识具体运用到农民生产生活实际中，即施之于农民之身，在这一过程中验证对农民认识的科学性和真理性，即"理中求事"。因为运用从农民实际中抽象出的概念对现实农民进行摹写和规范所形成的判断和认识难免具有片面性，只有在具体实践中对其进行检验，然后才能得以不断地丰富和完善。因此，"得自农民"与"还之农民"辩证地统一于认识农民的过程之中。在这一过程中，以得自农民之道还之农民，摹写与规范反复循环，启蒙主体对农民的认识越来越深入到农民实际的本质中，而农民的实际也越来越因经过整理、抽象而秩序井然。这就是理论与事实、主观和客观相互促进的运动，正是通过这种循环往复的运动，理论和实践、主观和客观达到了具体的历史的统一，发展成为系统的关于农民的理论，形成农民启蒙之道。

掌握了农民启蒙之道，启蒙主体在农民启蒙实践中的"以得自农民之道还之农民"具体展开为两个层次，第一个层次为化理论为方法，第二个层次为化理论为德性。"化理论为方法"质言之就是以发现自然律为目标，又以引用自然律为工具，即以现实过程之道还治现实之身。具体到农民启蒙，就是要将得自农民之"道"转化为方法运用到农民启蒙之中，即在农民启蒙实践过程中根据农民之"道"选择切合农民实际的路径与方法，将现代主体意识、社会意识、公民意识、规则意识、权责意识、价值观念、审美态度等输送给农民，让农民能够勇敢地运用理性战胜懒惰和怯懦，摆脱已然习惯的"脚桎"的束缚，走出"黑暗"的状态。同时，应该强调农民启蒙的方法和农民启蒙之道是同一的，而并非外加于农民启蒙的干预或强制，这就在方法论上避免了"过度企图"启蒙农民的困扰。在农民启蒙实践中，"以得自农民之道还治农民"的第二个层次"化理论为德性"，相较于"化理论为方法"则进入到更高的层次，涉及农民启蒙的价值旨归和价值期待。农民启蒙对于启蒙先觉者而言，只是完成将现代的意识、思想、精神输送给农民，给予农民运用理性的决心和勇气，营造农民运用理性的氛围，并不是代替农民运用理性。当农民拥有了现代的意识、思想、精神以及运用自身理性的决心和勇气，他们便会在改造世界中改造自己，在创造自己的幸福生活的过程中造就自己的德性人格，实现"转识成智"，这才是农民启蒙的最终价值旨归。这也就在目的论上避免了"过度企图"启蒙农民的困扰。

然而，遗憾的是，"以得自农民之道还之农民"的原则至今还未被农民启蒙的外在推动力量重视甚或说还未被认识。比如，在当前开展的新型职业农民培育工程中，由于教育培训的内容很大程度上未能以农民的需求为导向、未能关照教育对象的特殊性、未能注意培训时间的合理性、未能重视培育方式的有效性等问题，出现了新型职业农民培育参加人数稀少、"台上讲得热闹、台下一片漠然"的惨淡结果，导致教育培训夭折在距成功"一步之遥"的距离。我们认为，导致这种结果的根本原因在于，新型职业农民培育没有深入农民、农村的生产、生活实际，没有针对性地围绕培训内容进行实地调研，没有真正切实了解农民的所思所想、所需所求、所企所盼，当然也就无法掌握农民在生产、生活过程中所遭遇的实际困难，无法科学合理、因地制宜地设计能够满足不同层次农民农业生产和科技文化实际需求的培训内容。质言之，新型职业农民培育未能坚持"以得自农民之道还之农民"的基本原则。

因此，在未来农民启蒙的过程中，作为外力推动的各项惠农政策措施要想真正发挥积极的推动作用，就必须深入农村生产、生活实际，了解农民的所思所想、所需所求，必须从实际中探求农民之"道"，从而针对农民的需求，将农民切实急需的服务"还之农民"，只有这样，科技下乡才能在促进农民增收、农业增产目的的同时，实现农民启蒙的目的。各级政府、社会精英尤其是知识分子，要能够扮演好推动农民启蒙的角色，在农民启蒙的过程中决不能居高临下地自居于农民之上，要消除那种农民代言人的心态，要有一种清醒的自我批判意识，要真正深入到农村农民的生产、生活，切实了解掌握农民的所思所想、所需所求，要重视农民自身主体性的培养，否则会把自身"神圣化"甚至"妖魔化"，直至走向农民启蒙的反面。

新时期以来，当理性之光照亮了迷信的迷雾，农民启蒙紧接着就要面临政治、道德和审美的挑战了。

第二章　新时期农民启蒙的政治突围与
主体崛起

农民启蒙主要表现为农民主体性的确立，主体性确立的前提是敢于运用自身的理性而不是墨守成规、恪守成见。新时期以来，伴随着外部环境的宽松，中国农民逐渐突破封建迷信和已有成见的桎梏，开始自主地思考自己的生产生活，这首先表现在经济生产中，经济理性逐渐从潜在走向显在、从模糊走向明晰，全面迸发涌现出来。经济理性的全面迸发必然促进农民对政治权利的追求，因为，只有拥有相应的政治权利才能保证经济上的利益获得。因此，新时期以来，农民对政治权利的追求过程就表现为农民的政治启蒙。换言之，农民的政治启蒙就是在农民拥有了主体性之后，为了获得自身的经济利益而理性追求政治权利的过程。由于传统农民的依附性身份，中国农民的政治启蒙就突出地表现为打破各种政治权威的过程、政治权威主义在农村逐渐坍塌的过程。

围绕着新时期农民（政治）主体性确立与传统政治权威主义之间的张力，我们无疑需要思考，何谓农民政治启蒙？农民为什么离开土地？为什么农民政治主体性成熟的标志是回归土地？进而通过梳理新时期农民政治主体性崛起的时代变迁历程，以及分析新时期文学艺术作品中所描述的农民政治启蒙等，呈现新时期农民启蒙的政治面相。

一　何谓农民政治启蒙？

如果将政治启蒙界定为从传统政治文化向现代政治文化的转变，那么中国的政治启蒙的关键前提就在于厘清中国传统政治文化的内容。

关于中国传统政治文化的研究，学界从 20 世纪 80 年代就已经展开，徐大同、高建指出，中国政治文化是封建社会独有的特征：在国家最高所有权支配下的小农经济、以专制王权为核心的庞大官僚体系和以血缘关系为纽带的宗法关系的基础上，形成了务实的、重民的和伦常的政治文化，这种政治文化必然造成"个人自主性的丧失，君父权力的无限扩大"（徐大同、高建，1987）。此后，一些学者开始从不同角度研究中国传统政治文化。如马庆钰就认为，中国传统政治文化中家长本位必然造就国人普遍的"权威主义人格特征"，体现在政治生活的序列中就是人们由上而下拥有绝对权利而无相应义务，由下而上只有绝对义务而无相应权利（马庆钰，1998）。值得一提的是，马克斯·韦伯关于政治合法性的理论被引进中国之后，成为国内很多学者研究中国传统政治文化的一个工具。任剑涛依据韦伯关于政治合法性的三种理想类型的划分提出，中国传统政治是一种在伦理和道德之间确立其合法性根据的"德化的统治"的政治形态，主要表现为传统性统治；从政治运行状态看，中国传统政治则表现为将伦理榜样和政治权威合二为一的魅力型统治（任剑涛，2005）。但是，在中国传统政治文化的研究领域中，直至20世纪结束，农民也未能成为关注的焦点。之所以会出现这种现象，一方面是因为中国传统政治研究主要关注自上而下的统治，农民自然不会进入研究中国传统政治文化学者们的法眼；另一方面是因为在历史上关于农民的记载与素材实在太少，二十五史皆为正史，农民难以入驻。

21世纪以来，一些学者开始关注农民在传统政治文化中形成的政治心理。例如，冯祥武、蒋彩娟认为，传统农民的政治心理主要表现为对皇权既崇拜又疏远的二元政治情感、对政权既逆来顺受又官逼民反的矛盾政治心态、对财富既有平均理想又有特权观念的双重人格（冯祥武、蒋彩娟，2005）。贺雪峰认为，在中国传统社会，国家权力无法直达乡村社会。为解决与农民生产、生活和娱乐密切相关的公共事务，乡村社会创造了在家庭以上的功能性组织，从而形成了一个双重的认同与行动单位，其中的第一重是家庭，第二重是超出家庭的宗族或者以宗族为基础的村庄认同（贺雪峰，2006）。这些研究在一定程度上指出了中国农民传统政治心理的某些方面或特征，并试图用一些概念来揭示农民传统政治心理的内涵，如小农意识、农民政治心理、农民政治价值观、农民政治意识等等，然而这些概念大多都未能阐明农民政治文化的实质内容。

根据政治文化的功能分类，以深层的社会结构和政治结构为基础，政治文化可以区分为统治政治文化和大众政治文化。统治政治文化是一个政治体系中政治领导阶层对政治现象、政治体系、政治活动、政治治理、政治关系、政治原则（政治对象）的认知、情感、价值取向和态度。大众政治文化是政治体系中的一般成员对政治的认知、情感、价值取向和态度。而农民作为中国传统政治体系中的一般成员，其政治文化应该属于大众政治文化。因此，要想为农民的政治启蒙廓清一个理论脉络，我们应该在大众政治文化的框架内，围绕着农民主体性确立这一核心，对农民在中国传统政治文化中的政治心理、政治观念、政治参与等进行梳理和界定。①

1. 传统村民、臣民政治心理转向现代公民政治心理

阿尔蒙德和维巴在《公民文化》一书中，运用人类学、社会学、心理学的概念框架和研究方法，将政治文化界定为"被内化（internalized）于该社会成员的认知、情感和评价体系之中的政治体系"（加布里埃尔·A. 阿尔蒙德、西德尼·维巴，2014：13），并将政治文化分为村民型政治文化（The Parochial Political Culture）、臣民型政治文化（The Subject Political Culture）和参与型政治文化（The Participant Political Culture）。"村民型"政治文化中的民众并不指望政治体系给自己带来什么改变，或者并不期望从政治体系中得到什么；"臣民型"政治文化中的民众意识到专门化的政府权威，在感情上取向于它：或对它感到骄傲，或不喜欢它；"参与型"政治文化中的民众对各种政治对象的态度可以是赞成或者不赞成，往往取向于作为积极参与者角色的自我。同时，分属三种类型的民众其政治取向并不是截然分裂的，因为"一个参与型政体中的公民不仅倾向于积极地参与政治，并且也臣服于法律和权威，同时又是更松散的初级群体的成员"（加布里埃尔·A. 阿尔蒙德、西德尼·维巴，2014：19）。

---

① 由于心理、意识、思维、观念、思想、认识、精神等概念一直是比较难以厘清的，所以在探究传统农民的政治文化时，往往会出现一些不同的概念，比如农民的政治心理、农民的政治观念、农民的政治意识等，它们既存在联系又相互区别，不能明晰呈现农民的政治文化。我们主要从政治心理、政治观念、政治参与三个层面来探究传统农民政治文化。这三个层面之间是层层递进的关系，在中国传统政治文化的熏陶下，传统中国农民首先产生了特殊的政治心理，在政治心理的基础上形成了政治观念，政治观念进而又对农民的政治参与进行支配。

根据这种分类，我们认为中国传统的政治文化（大众政治文化）属于"村民型"与"臣民型"混合的政治文化。这是由中国传统型和魅力型复合的皇权、父权政治（统治政治文化）所决定的。在两千多年的所谓封建社会中，家庭是以私有制为基础的自然经济生产的基本单元，家庭成员的生产生活乃至地位、荣辱都依附于家庭。而家庭依附于家族，家族依附于宗族，从而形成了以血缘关系为基础的宗法关系，成为维系社会秩序的基本纽带。这样伦理道德就自然上升为政治的核心内容，道德与政治紧密联系在一起，成为道德化的政治。由此，道德伦常关系中的权威就与政治的权威合二为一了，在家庭中家长就成为最高的政治权威，在宗族中族长就成为最高的政治权威。一切由权威负责，一切必须听命于权威，家庭成员的自主性自然无法确立，仅能寄望于家庭、家族、宗族的繁荣兴旺，以提高自己的地位。"如果一个人把自己家庭的利益当作唯一的追求目标，或者以家庭关系来考虑他在政治体系中的角色，他就是一个村民，而不是一个公民。"（加布里埃尔·A. 阿尔蒙德、西德尼·维巴，2014：124~125）在这样的政治体系中，社会个体就自然而然地形成了一种依附的政治心理。

进而言之，传统自给自足的小农经济性质决定了作为生产单元的家庭之间的联系是比较少的，缺乏自生的社会凝聚力，社会单元之间的经济纽带极为脆弱，这就需要完全脱离社会而独立的世袭王权（外在的行政力量）进行社会的整合和规范。正如马克思所指出的，小农的"生产方式不是使他们互相交往，而是使他们互相隔离""他们不能代表自己，一定要别人来代表他们。他们的代表一定要同时是他们的主宰，是高高站在他们上面的权威，是不受限制的政府权力，这种权力保护他们不受其他阶级侵犯，并从上面赐给他们雨水和阳光。"（《马克思恩格斯选集》第1卷，1995：678）恩格斯也指出："在这种普遍的混乱状态中，王权是进步的因素，这一点是十分清楚的。"（《马克思恩格斯全集》第21卷，1965：453）实际上，中国的王（皇）权仍是奠基于宗法等级关系之上的，或者说，以血缘关系为纽带的宗法关系构成了专制王（皇）权的社会基础。家被看作是国的基础，国被看作是家的扩大；皇帝不仅是政治上的统治者，还是全国最高的家长。宗法关系在此不仅得到了继承与巩固，而且伦理纲常原则还赋予了它"天理""天命"的权威。这样社会个体在面对出自皇帝旨意的"王法"时，只能顺从，以求得保护。"如果一个人认为他与国家的全部关系就是他扮演臣民的角色，那他就是一个臣民，而不是一个公民。"（加布里埃尔·A. 阿尔蒙德、西德尼·维巴，2014：124～125）在这种皇权至上的政治结构中，社会个体就必然形成一种顺从的政治心理。

而对居于社会最底层的农民而言，这种依附和顺从的政治心理则更为强烈。那是因为中国封建社会的土地私有制度使农民在土地的使用上不得不依附于地主，不得不顺从于对土地拥有最高支配权的皇权。"中国封建社会专制王权和庞大的官僚系统的长期存在，固然有奴隶社会的传统及其他多种原因，但在国家最高所有权支配下的小农经济不能不是根本的原因。"（徐大同、高建，1987）在这种强烈的依附和顺从的政治心理的支配下，中国农民自然就失去了主体意识，成为毫无自主性的个体，根本不知自由、平等为何物。

近代以来，随着西方现代政治文明的引进，睁眼看世界的志士先贤开始按照西方的政治框架来理解近代中国的政治处境和历史命运，并试图建设一个基于科学与民主的现代民族国家，但由于深受中国传统政治文化的影响，这一过程无疑是艰难而曲折的。而在这一过程中亦步亦趋的中国农民显然是茫然无知的，直至新中国成立甚至到改革开放之前他们仍保持着传统的依附与顺从的政治心理。改革开放之前，农民普遍存在着等、靠、要、依赖集体、怕竞争、怕风险、怕负责的政治心理，主体参与意识严重缺乏。按照阿尔蒙德和维巴的解释，有效的民主政治有赖于个人在本地方积极的政治参与。只有当公民个人对政治事务拥有当家做主的感觉，真正的公民心理才能形成。易言之，只有农民在当家做主的自豪感下积极地参与村庄、社区的公共事务，农民的政治心理才算真正转变为公民的政治心理，这也是民主制度所要求的。"令人满意的民主制度的一个基本要素是，应当有相当多的人具有积极参与小型自治团体的经验，无论是有关地方政府、工会、合作社或是其他形式的活动。"（Bryce James，1921：132）新时期以来，随着社会主义民主政治建设的逐步推进，政治民主化氛围不断地孕育、催生、激活着农民的主体意识，农民的自择性、自主性、自己支配自己命运的心理日益强化，中国农民开始在村民、臣民的政治心理之中慢慢融入公民的政治心理。但由于受到传统村民、臣民消极政治心理的影响，加上农民对自由、平等、民主、法治的认知不清，他们的现代公民政治心理仍然未能确立起来。于此而言，新时期中国农民的政治启蒙，就是要加强农民的现代公民政治心理使他们能够积极参与政治生活。

2. 从绝对义务的政治观念到权利与义务对等的政治观念

由于依附、顺从的村民、臣民政治心理作祟，中国传统农民的主体性几乎完全丧失，而君父权力的无限扩大，造成了中国传统农民的权威主义人格（将伦理榜样和政治权威合二为一）。根据发展心理学的研究，一个人的权威主义人格的形成，与其早期所感受到的家庭结构和所接受的家庭教育有着密切的关系。在这种家庭中，父母大多对孩子施加了极严厉的管教和强制，只有当孩子的表现被父母所认可时才会得到关心、爱护乃至酬赏，父母总是强调支配与顺从地位的区别和差异，并严厉地制止孩子的敌意表现，不允许他们对父母或其他家人尤其是长辈流露出不满和不顺从的情绪。如果我们将这段话中的"孩子"换作"农民"，将"父母"换作"君父"，那么就可以清晰地看到中国传统农民权威主义人格形成的原因所在。由此，权威主义人格的显著特征在中国传统农民身上得以充分的体现：顺从个体所归属群体的道德权威，以权威和地位作为自己行动的依据，认同于强有力的他人。这种权威主义人格体现在政治生活中，就是人们由上而下拥有绝对权利而无相应义务，由下而上只有绝对义务而无相应权利。而处于社会最底层的农民，自然就形成了自己"只有绝对义务而无相应权利"的政治观念。

在现代民主政治中，公民的权利与义务是对等的，具有一致性。每个公民既是享受权利的主体，又是履行义务的主体。但是，在中国传统政治体制中，"个人的存在不是表现为内在地聚集着的社会力量的主体性存在，而只能表现为对于社会国家的一种消极性服从与依附"（万斌、张燕，2011），处于社会最底层的农民毫无权利观念可言，只能是无意识地顺从，履行自身在家庭、宗族、社会中的强制性义务，以获得可怜的价值认同。也就是说，中国传统农民不是通过追求自身权利而是通过履行应尽义务来实现自我价值的家庭、社会认同。人类政治文明的发展史表明，自由始终是政治发展的目标，是公民参与政治的根本价值，是约束政治权力的根本方向，是权利的核心内容。但是，传统中国农民几乎没有"自由"的观念，当然更谈不上追求权利以保障自由。那是因为，在封建土地所有制和小农经济基础之上的专制王权的控制下，丧失了主体性的农民，其利益完全是依附于家庭和皇权的,自身未能成为独立的利益主体。

新时期以来,当封建土地所有制和小农经济结构完全崩溃之后,在社会主义市场经济中逐渐确立起利益主体地位的农民,追求自由的意识从萌芽、成长到逐渐爆发,开始在履行应尽义务的同时追求相应的权利,以保护自己的"自由":他们自由地生产生活,自由地获得自己应得的利益。"权利意识是公民依据正义原则和法律规定,对公民身份应该享有的利益和自由的主观体认,包括对权利体系的认知、理解,以及对权利的主张,当权利受到侵犯时为维护权利而斗争的精神,民主权利意识、私权维护意识和自由意识都是权利意识的体现。"(章秀英,2013)值得一提的是,当农民自身的利益遭到侵害的时候,他们的权利观念反而会有所增长。"当农民作为独立的利益主体与其他利益主体、自治组织和政府部门发生互动和冲突的时候,他们的利益主体意识就会进一步清晰化,逐渐萌生出权利意识和对自身利益的保护意识,并不断得到强化。"(周韬,2005)当自由成为参与政治的目标,当权利观念逐渐牢固,传统政治文化中形成的一切权威主义便开始受到挑战,权威主义的人格也会逐渐被农民所遗弃。这就是农民政治启蒙结出的硕果。

3. 从政治冷漠到积极的政治参与

阿尔蒙德和维巴曾指出,"民主的特征就在于以下的事实:重大权威性决策的权力分散于人民之中。普通人被期望积极地参与政府事务,了解决策是如何制定的,并公开讲出他的观点。""只有在民主制度中,普通人作为本国事务参与者角色才显得有意义。""个人确实能够参与的社会——也就是民主社会,恐怕是个人相信他们应该参与的社会。同样,它恐怕也是个人认为他们能够参与,并且知道如何参与的社会。"(加布里埃尔·A.阿尔蒙德、西德尼·维巴,2014:123、122、140)在此基础上,他们甚至将政治参与定义为公民的义务,即参与的义务。他们认为,社会的普通成员积极地参与政治正是社会迈向民主制度的标志。但是,在中国传统的政治体制中,高度集权的政治结构无法包含政治参与的普及化,从而严重限制了普通成员的政治参与程度和水平,政治参与的机构呈倒金字塔型。处于社会最底层的农民因为远离权力中心当然不可能参与政治,中央集权的政治制度也不可能为农民提供政治参与的规范与渠道。

就农民自身而言，受依附和顺从的政治心理，以及"只有绝对义务而无相应权利"的政治观念的影响，崇拜权威和依附权力是农民"政治参与"的主要形式，或者说，他们将自身的政治参与交付给了"明君清官"，希望他们能够代表自己的利益、保护自己的利益。这种对"明君清官"的政治托付"使得庶民百姓对社会政治理想的憧憬或期盼从抽象、模糊变得具体真切，几乎触手可及。只要有清官忠臣在，人生就总是有希望的"（刘泽华主编，2000：232）。但在现实社会中，"明君""清官"总是时代难遇的，"青天"之所以成为世代农民的历史呼唤，就充分证明了这一点。在这种残酷的现实面前，农民只能退而求其次地将政治参与交付给上天、神灵，希望他们能够福佑苍生。"传统中国自古以来就是强凌弱、富欺贫、贵压贱，小民处于社会底层，他们最孱弱、最无助，常把生的希望寄予神灵。"（葛荃，2006：209）

当"明君清官""上天神灵"福佑无望时，走投无路的农民往往被迫铤而走险、揭竿而起，发动大规模的起义或暴动，冀图表达、实现自身的利益诉求。如果这可以算作是传统农民"被迫的"政治参与，那么这也是一种体制外的政治参与，是农民自身开拓的参与渠道和参与规范。但遗憾的是，这种体制外的政治参与的目标不是为了实现和扩大自身的政治参与，而是为了"让他们自认为是德贤之君取代所谓的'昏君'，以及换一批他们自认为是清正廉洁的'清官'，结果是封建王权再造，自身重归顺民角色"（万斌、张燕，2011）。

综上所述，中国传统政治结构中的农民既没有政治参与的渠道和规范，也没有政治参与的意识，当然更谈不上政治参与的能力和兴趣。在"臣民"角色的自身定位下，他们只能被动地依附于现实权威，寄望于"明君清官"，乞怜于"上天神灵"。阿尔蒙德和维巴指出："臣民不参与制定规则，他的参与（体制内参与——引者注）也不涉及运用政治影响力。他的参与是在政策业已确定并进入执行阶段的时候。臣民能力大多只是了解在既定规则下他有什么权利，而不是参与制定这些规则。"（加布里埃尔·A. 阿尔蒙德、西德尼·维巴，2014：175）而中国农民作为"臣民"，更是只能了解在皇权统治之下他应该履行什么义务，根本谈不到追求权利。除了揭竿而起的暴动起义，他们几乎长期处于"政治冷漠"之中。所谓政治冷漠，是与政治参与相对应的一个概念，简单来说就是政治不参与，是一个国家的公民对政治活动不感兴趣，不愿花时间和精力参与某项政治活动，即对政治活动的"心理卷入"程度较低。目前，我国的学术界对政治冷漠的定义尚不统一，但大多都将其界定在公民政治参与的框架内，我们认为政治冷漠恰恰能够概括中国传统农民作为"臣民"角色的政治参与状况。从农民政治参与的角度而言，农民政治启蒙的目标，就是农民在民主制度的框架内能够积极地参与到政策的制定中来，在制定政策的过程中扮演有影响力的角色。

新时期以来，随着村民自治成为党在农村工作中的一项基本政策，成为中国农村的一项基本社会管理制度，传统的倒金字塔型的政治参与结构有所改观，农民参与政治拥有了通畅的渠道和完善的规范；农民自身也开始从权威主义人格向主体性人格转变，逐渐意识到了政治参与对于维护自身主体权益的重要意义，政治效能感增强，他们开始饶有兴趣地投身到村民选举当中，投出自己神圣的一票。但是，受传统政治文化的影响，当自身的权益遭到侵害或者自己的政治主张未能实现之时，农民往往会诉诸一些过激的体制外的政治参与方式，比如集体上访、暴力抗法等，这是因为农民已经习惯了传统的体制外政治参与。而这正是农民政治启蒙中亟待消除的因子，切不可将这种表现误认为是农民政治参与热情的高涨。

根据民主政治领域中的"理性—积极性"模式（rationality-activist model）的观点，成功的民主制度要求公民参与政治，在政治中表现积极，政治信息灵通，并且能够发挥其影响力。因此，从政治参与的角度而言，农民政治启蒙就是农民从传统消极的政治冷漠中跳出来，提高政治参与意识，增强政治效能感，积极参与到村民自治当中，发挥自己当家做主的角色影响力，真正实现从臣民到公民角色的转变。

二 新时期农民政治主体性的崛起

改革开放之后，随着政治环境的改善，处于社会底层的农民开始有意无意地挑战不利于社会公平的相关政策制度，一点点突破不合理的政策制度对于经济生产的束缚和限制，农民的政治主体性从萌芽到成长，逐渐壮大起来。

关于改革开放以来农民政治主体性发育的逻辑，国内学界有一个基本共识，即以家庭联产承包责任制确立为标志的农村经济体制改革的推进，促进了农民经济自主性的确立，而以村民自治制度确立为标志的农村政治体制改革的推进，促进了农民政治自主性的确立。唐贤兴将改革开放以来的这一发展进程概括为农村民主发展的两次制度创新。但是，村民自治制度的确立并不意味着农村政治民主的成熟或巩固，因为"以扩大经济民主来解放生产力的任务依然是后十年改革和今后相当长的时间里的主要任务，经过十年试验的村民委员会直接选举也只是迈出了基层政治民主建设的第一步，农村改革发展的下一步，就是加快推进基层民主政治建设，以政治民主来保障经济民主的进一步发展"（唐贤兴，1999）。事实上，在90年代以来的村民自治实践中存在着许多问题，尤其是随着我国城镇化水平的不断提高，农村剩余劳动力向城市的转移使得农民的经济与政治处境更加复杂化。在这种背景下，农民政治主体性的发育突破了原先单一的农村地域，农民（工）的社会抗争呈现出多样化的趋势。于建嵘从社会抗争的理论视角出发，将改革开放以来农民（工）的社会抗争行为逻辑总结为三个阶段，即生存伦理、依势博弈和边界冲突。生存伦理是指离开农村的进城务工人员由于在就业、社会福利等诸多方面受到歧视，为了求得生存而进行社会抗争的意识和行为。生存伦理促使农民（工）的权利意识得以发育，即"主导民众行为的已经不再是人们的生存愿望，而有了更高层次的追求，即益于自身权利的重视"（于建嵘，2010：9）。由此，生存愿望与权利意识共同构成了农民（工）社会抗争行为的出发点。依势博弈是农民（工）社会抗争的行为方式不断理性化的表现，例如利用对弱者的社会认知来获得同情，从而在平等的法律面前争得社会道义上的支持。边界冲突意味着市场经济条件下农民（工）的利益是社会多元化利益的组成部分，在这种背景下，农民（工）的社会抗争行为和其他社会群体的利益表达行为一样，本身应当有一个边界，以规范政府权力与个人权利、群体利益之间的关系，而抗争行为一旦越出这一边界就可能构成对国家权力和法律的挑战。

正因如此，我们认为，对新时期农民政治主体性发育和发展的考察可以通过两种视角进行，第一种视角是制度视角，即通过考察农村经济制度和政治制度来剖析制度与农民政治主体性之间的关系。第二种视角是行为视角，即通过考察农民（工）在不同时期表达自身利益、维护自身权利所依据的行为逻辑，来挖掘农民政治主体性发育和发展的规律。

1. 家庭联产承包责任制与政治主体性

随着中国经济社会的变迁，改革开放之后实行的家庭联产承包责任制，到今天逐渐暴露出它的局限性。当前在学界越来越多的学者对此展开了分析和批评，甚至提出"所谓家庭承包制，本质上就是在中国历史上盛行了2000年之久的小农经济。然而，小农经济由于缺乏必要的规模和必要的组织，并未引导传统中国走向现代化，同样，家庭承包制这种组织结构也无法把我们引向现代化的农业与工业"（王剑锋、邓宏图，2014）。我们无意于深究今天农业经济发展应该以何种组织结构进行改革，而更想侧重于从农民政治主体性的角度探讨家庭联产承包责任制的实行。从已掌握的文献资料看，对于家庭联产承包责任制的研究，学界从一开始就更多地将其界定为农民对农村经济体制改革的探索，认为是农民在农村掀起了经济体制改革的浪潮，我们也已从农民经济理性的角度探究了家庭联产承包责任制（参看第一章），但是，正如有学者所提出的，"家庭承包责任制是我国广大农民发扬社会主义民主和自主精神的产物"（戴安林，2001）。因此，我们认为，也应该从农民政治启蒙的角度，对家庭联产承包责任制的实行进行深入的分析。

作为人民公社运动中造就的国家"政治公民"，当革命的热情逐渐被现实残酷的冷水浇灭之后，农民开始冷静地思考如何吃饱肚子的现实问题，开始对一波又一波的政治运动表示怀疑和抗争。但是，现实中集体化的生产体制却成为农民吃饱肚子的"拦路虎"。为了铲除这一"拦路虎"，农民冒着生命危险按下血手印，开始在私底下打破集体化生产的束缚，"借地生产""多分猪饲料地"等充分体现农民智慧的做法在农村偷偷地展开，尽管这一过程在文学艺术作品尤其是在电视剧中被刺激而紧张地展现出来时，是那样的令人啼笑皆非，但是，这一行为最终上升为国家意志，在全国普遍实行，真正打破了人民公社化的限制。尽管这一时期的农民还谈不上公民主体性的成熟，因为就农民自身而言，这种抗争不是一种有意识的政治行为，或者说这种抗争根本不是从政治主体的角度进行的，而仅仅是从满足自身生活（吃饱肚子）的角度提出来的，因此我们仅能勉强称之为主体性的觉醒。然而无论如何，农民的这种无意识的抗争行为，却推动了中国经济体制的改革，农民在这场改革中获得了土地权利，获得了在土地上自由生产的权利。

　　之所以说这种在现实中表现为公民不服从的抗争行为不是农民政治主体性的成熟，而仅仅是其政治主体性的觉醒，那是因为，除了为吃饱肚子而抗争之外，农民还没有充分意识到自己作为国家公民的地位和应享有的权利，他们对于其他来自国家意志的政策仍然持一种"臣民"的服从心理。比如，对于"大檐帽"的恐惧心理在这一时期仍然弥漫在广大农民中间。对于身穿制服、头戴大檐帽，上门催交公粮、计划生育罚款、乡助款等各种款项的工作人员，农民往往有一种恐惧心理，要么是战战兢兢地顺从缴费，要么就采取一种非暴力的公民不服从——大门紧锁，以至于当时的农村流传着"人没熟狗熟了"的笑谈。这种中国农民式的公民不服从尽管还不是真正政治学意义上的公民不服从，但是，对于大檐帽式的权威，中国农民已经采取了一种消极的抗争。这种消极的抗争在某种程度上意味着农民从国家"政治公民"或臣民向现代公民的转变，这一转变也充分体现了农民政治主体性的觉醒。

　　值得一提的是，在全国推行家庭联产承包责任制的过程中，也有一些村庄比如南街村、华西村等因坚持走集体化经营的道路，而红极一时，在一段时间内成为全国农村争相考察、模仿的对象。但是，批评的声音也不绝于耳，甚至有学者提出，中国农村的出路还需探索，但可以肯定的是，南街村并非一个理想的模式。单从农民政治主体性的角度而言，南街村的民主集中化模式不可能从根本上解决农民的政治启蒙问题。当所有的村务都没有村民参与其中的时候，当所有的事务都是靠"有良心"的领导替农民做主的时候，农民的民主意识和民主能力是不可能得到提高的。正如曹锦清教授在未能"入场"地参观南街村之后所感慨的那样："一个真正的'替民作主'者理应真心实意培育广大村民自我作主精神，一旦村民学会自我作主，便无需再替他们作主了。恰如一个小孩成熟到已会自己走路，何必再由父母抱着走呢？所以判断村民能否'自我代表'，最好的方法是让他们在村范围内行使他们的民主权利，通过村级公共事务的管理，培养他们所缺乏的合作协商的能力，然后逐级向上扩大。"（曹锦清，2013：74）让农民学会自己走路，这就是农民启蒙。让农民学会自我做主、充分自主地行使他们的民主权利，这才是农民政治启蒙的根本要义。因为，民主的最大目的"不是在公民都合格后才实现民主，相反，民主是塑造合格公民的最好的方式"（浦兴祖、洪涛主编，2004：37）。

需要注意的是，在实行家庭联产承包责任制的过程中，中国农民式的抗争行为还表现为对传统政治权威的崇拜转移。人民公社化时期，农村的权威主要集中在村干部层面，因为他们直接掌控着"不服从者不得食"的政治权力，而当包干到户之后，这些原有的政治权威的光辉逐渐在农民头脑中消失了，农民的权威崇拜转向了致富能手，《平凡的世界》中孙少安的话就揭示了这一转变，"我能带领他们发家致富，所以他们才听我的话！"从对传统政治权威（村干部）的崇拜到对致富能手的信服，从俯首听命于政治权威到挣脱政治权威的束缚而自主判断，说明农民的政治主体意识开始从政治权威主义的束缚中解放出来，开始对政治有了自主的判断。同时，也表明了政治权威主义在农民政治观念中的逐渐衰落。这种政治权威主义的衰落恰恰体现了农民政治主体性的觉醒。

如果按照前文所述的行为视角来看，在家庭联产承包责任制的试验与推广过程中，农民的抗争行为表征着农民从"政治公民"向现代公民的转变，表征着农民政治主体意识的觉醒。那么，这种觉醒便具有以下特点。第一，"为吃饱肚子"而采取的抗争行为开启了农民政治动机利益化的先河。尽管"吃饱肚子"还只能算作是农民最基本的经济利益，尽管农民此时还未能作为真正的经济主体登场，而当市场经济疯狂席卷农村的时候，农民追求政治权利的动机便凸显为对自身经济利益的追求和保护。第二，对原有政治权威的抛弃松动了农民对政治威权主义的盲目崇拜。第三，农民政治主体性的觉醒使农民陷于乡村传统秩序与现代法律程序的尴尬境地，农村现实生活中的"秋菊"和"山杠爷"正遭受着这种煎熬。第四，在农民政治主体性的觉醒阶段，农民对政治的理解仍然处于"臣民"的状态，对皇权依赖的意识、希望政府能够替民做主的观念仍然占据主导地位，希望政府能够为自己讨个说法充分地说明了农民对现代政治的自由精神、民主参与、法治信仰等还未能有一个清晰的了解和认知。

但是如果从制度视角来看，家庭联产承包责任制的确立对农民政治主体性的培育具有重大意义，需要从两方面来认识。一方面，正如有学者指出的那样，"家庭联产承包责任制作为一种'双层经营'的产权制度，乡村公共建设、产前产后等集体层对承包的个体层来说更为重要，农户在为乡村公共财政缴纳费税时必然会产生政治参与的要求"（唐贤兴，1999）。家庭联产承包责任制确立了农民对土地的产权，而"农民由于确立了财产权的概念，就开始由对国家权力的恐惧和崇拜转向对自身权利的渴求和维护，从而唤醒和激发了他们长期处于压抑和沉睡中的法律和民主的要求"（张旭光，2001）。需要注意的是，一方面，经济上的民主并不必然导致政治上的民主，家庭联产承包责任制也并非是村民自治制度的充分条件，村民自治制度的确立是多种因素综合作用的结果，但是，不可否认的是，家庭联产承包责任制的确立为农村政治民主的发育和发展提供了基础性条件。另一方面，家庭联产承包责任制将市场逻辑引入农村，又可能导致农民专注于经济利益的获取，对村级公共事务的态度却相对冷淡（刘伟、王子宽等，1999）。因此，农村政治民主的成长依然需要培育农民的公民意识，塑造适应于民主政治的主体政治文化，如多元民主的政治认知观念、积极参与的政治心态和政治权利意识、法治理性的政治价值取向和独立自主的政治人格特征等。

2. 村民自治与政治主体性

"村民自治"近些年来在学界一直是一个热点话题，绝大多数学者站在政府的立场，从政治学的角度探讨了如何更好地推进村民自治，涉及农民政治素质与村民自治、农民民主能力与村民自治、传统宗族家族势力与村民自治、宗教与村民自治、传统地方自治与村民自治等。对这些问题热烈而深入的探究，极大地促进了现实中村民自治的推行与实施。但是，正如管爱华所言，"中国农村民主政治建设是自上而下的建构，然而，这种建构能否得到落实并不取决于建构者的愿望。整个社会的政治结构是乡村民主政治得以实施的前提和基础，而农民自身的政治价值观、政治需求和政治理性则是乡村民主政治能否实现的直接因素"（管爱华，2005）。因此，站在农民的立场上，从农民政治启蒙的角度探讨村民自治的推进，应该是研究村民自治的另一个主要方面，并且是一个不可或缺的方面，它直接决定着村民自治能否真正得以落实。我们认为，村民自治与农民政治主体性的提高是相互促进、相辅相成的关系：一方面，村民自治的实施促进了农民政治主体性的提高；另一方面，农民政治主体性的提高又进一步推进了村民自治的具体落实。

自 20 世纪 80 年代初全国各地农民自发组织村民委员会，至 1988 年试行《村民委员会组织法》，再到 1998 年正式颁布实施《村民委员会组织法

（修订稿）》，村民自治作为农村实行家庭联产承包责任制后政治生活的最大变化，经历了从民主原则到公民行为的巨大历史跨越。1988～1998年这十年，从农民政治启蒙的角度而言，是外部环境发挥作用的十年，或者说是为农民直接行使民主权利创造有利环境的十年。农民启蒙是一个凭借外在的理性启发农民内在的理性的过程，需要以得自农民之道（自身的理性端倪）还之农民（自身的理性能力）。因此，这十年可以说是农民启蒙的主体对普遍政治理性的认知和探索的过程，也是启蒙的主体启发、扩展农民自身的理性端倪，从而提升农民勇于运用自身理性、追求自身政治权利的过程。在这个过程中，随着农民运用理性能力的提升，农民开始打破传统的臣民心理和依附观念，对现代政治的自由、平等、民主、法治有所认知，对自身所享有的政治权利的认识也从模糊变得清晰起来。权利与义务对等意识的确立，使农民的政治主体性逐渐成长起来。

如果说1988年至1998年是《村民委员会组织法》逐渐修订与完善的阶段，是村民自治逐渐探索与试验的阶段，是"草根民主"在神州大地生根、发芽的阶段，那么，自1998年《村民委员会组织法（修订稿）》颁布之后，村民自治正式进入全国推广实施阶段，"草根民主"终于在神州大地上开花、结果，成为"黄土地上的政治革命"（周作翰、张英洪，2005）；以此类推，如果说前十年是开发农民政治理性端倪、引导农民大胆运用政治理性、培植农民政治主体性的过程，那么，自1998年开始，农民政治启蒙进入到农民自身运用理性开展村民自治的过程，农民的政治主体性开始真正得以彰显。同时，随着统筹城乡发展、区域发展、一体化建设等政策的推出，农民启蒙的外部政治环境进一步宽松，农民的政治主体性得以茁壮成长，开始从"明君清官"为民做主的政治心理向自己当家做主转变。尽管这一转变过程是漫长而艰辛的，但毕竟是"雄关漫道真如铁，而今迈步从头越"的第一步。因为村民自治明确地规定，全面推进村级民主选举，把干部的选任权交给村民；全面推进村级民主决策，把重大村务的决定权交给村民；全面推进村级民主管理，把日常村务的参与权交给村民；全面推进村级民主监督，把对村干部的评议权和村务的知情权交给村民。这是农民直接行使民主权利，依法办理自己的事情，创造自己的幸福生活，实行自我管理、自我教育、自我服务的开始。但是，从拥有了民主的权利到真正实现当家做主，还必须经过民主能力提高的过程，即农民政治参与能力的提高过程，"而这样的能力，大抵取决于以下几个方面：首先，传统的价值观念是否会阻碍民主制度的推行；其次，农民作为群体是否有能力认识到自我的利益；第三，传统的思维习惯和行为方式会不会阻碍民主的落实。那么，当代中国农民就整体而言，是否具备了实行乡村民主的能力和素质了呢？"（管爱华，2005）

就农民方面而言，虽然传统"臣民"政治心理和观念使村民自治在实践中一定程度上受到了阻碍和制约，但我们不得不承认，村民自治的逐步推进，在相当大的程度上促进了农民从传统臣民政治心理和观念向现代的转变，这就是农民政治启蒙的外部推动作用，或者说是农民政治启蒙的梯子。通过这架梯子，农民能够攀升到现代民主政治的高峰，并自由地欣赏民主政治的美景。这一攀升过程是曲折而艰辛的，受传统皇权政治观念的影响，村民自治中农民的政治参与往往会逸出既定的范围，表现为体制内参与和体制外参与的对抗。

在村民自治的实施过程中，体制内政治参与主要指政府自上而下推动的乡村民主选举、民主决策、民主管理、民主监督。这是农民按照乡镇政府依据中央制定的法律和政策提供的地方法规，运用法律赋予的权利把自身的个体利益整合为村级集体利益，通过博弈使其与国家和地方利益达成一致，从而得到最有利于自身的经济政治利益，实现自治。但是，随着农村经济社会的发展，一方面农民对自由经济的需求不断加强，另一方面，地方政府所摊派给农民的各种负担不断加重，造成了农民与地方政府之间矛盾加剧的趋势；再加上在民主选举、决策、管理、监督过程中各种不合规则的运行和操作，造成村民自治呈现出既远离地方政府的初衷，更远离农民经济利益和政治意图的尴尬局面，严重挫伤了农民体制内政治参与的信心与热情，使农民不得不转向群体上访、暴力抗争等体制外的政治参与。有学者将这种体制外政治参与的原因归结为：村民制度外政治参与行为的社会文化背景，宗族势力重新抬头日益猖獗，政治运动造成的农村社会族群分裂的中远期影响，法律不完善、制度不健全、落实不得力，文化素质较低、政治素质不高，法治观念淡薄，部分村干部作风不正、为政不廉，地方恶势力兴风作浪等几个方面的原因，并认为这种体制外的政治参与是反时代、反组织、反社会、反经济的行为，应该采取各种对策对其进行消解（孙德厚，2002）。我们认为，这一观点是值得商榷的。

"体制外政治参与，即农民自发的以国家的基本制度为依据，来对抗地方政府潜规则的实际运行和操作。其参与政治的方式是社会正常渠道之外的非制度性政治参与，包括群体上访，成立非法组织，暴力抗争等等形式。"（管爱华，2005）当在现实政治参与中遭受不公正待遇时，农民便会想到依赖更高一级的政府替自己做主，或者是采取传统小农的暴力抗争等。当前农民的体制外政治参与往往着眼于直接的经济利益，并在争取经济利益的过程中，逐渐强化了对政治权利与经济利益之间关系的认知。

但是，我们也应该意识到，农民应该是真正向往民主与自由的群体，这种体制外的政治参与作为消极的政治参与，是农民对村民自治所持的消极和冷漠态度的表现，是传统惯常的从体制外寻找维护自身权益的方式。虽然这种方式在某种程度上彰显了农民政治主体性的提高，但这种方式也恰恰证明了农民政治主体性还未完全成熟，还需要在村民自治的践行中继续加以提升，才能够真正按照现代民主政治的方式，以国家公民的身份参与到政治事务中。

总之，从村民自治的探索与试验到村民自治的推广与实施，中国农民的政治主体性进一步茁壮成长，不论是体制内的政治参与还是体制外的政治参与，都在这一过程中见证了农民政治主体性的成长。这一过程具有以下特点。第一，农民政治参与动机的经济利益化进一步增强，农民越来越清晰地认识到政治权利与自身经济利益之间的关系，开始将现实中自身经济利益所遭受的侵害诉诸政治的维权，希望通过政治上的抗争维护自身的经济权益。第二，由于体制内政治参与渠道不畅、缺乏利益协调机制，以及受传统政治观念的影响，农民的政治维权往往逸出了体制内政治参与的渠道，开始流向体制外政治参与。第三，从传统只履行绝对义务的极端走向了只追求政治权利而不履行责任和义务的另一个极端，是农民政治主体性成长过程中出现的不和谐的声音，亟须纠正。第四，虽然农民政治主体性进一步茁壮成长，农民对现代民主政治所倡导的自由、平等、民主、法治等逐渐有了认知和了解，但还未能深刻理解和真正把握，当农民背井离乡逃离土地进城务工时，通过对比城乡的差别，他们对自由、平等、民主、法治等进一步加深了认识和理解，政治主体性才进一步得到提高。当然，这一时期与村民自治时期在一定程度上存在重合。

3. 进城务工与政治主体性

农民工现象不仅是中国特殊社会时期出现的社会现象、经济现象，同时也是一种政治现象。从"盲流"到"农民工"再到"进城务工人员"，名称的转变不仅表征了中国政治体制的转型，而且彰显了农民逃离土地进城务工之后政治身份以及权利的转变。因此，从政治启蒙的角度审视农民进城务工这一现象，可以从一个侧面看出农民政治主体性的崛起。

当前，学界主要围绕农民工尤其是新生代农民工"政治参与不足""政治参与障碍"等问题展开调查和研究。一方面，这些研究主要探讨了农民工在融入城市生活的过程中政治参与不足的问题及其对策，认为由于农民工的特殊身份，其政治素质不高，对政治的认识模糊，对民主与法制的认识不够，对自身应有的政治权利缺乏了解，对政治参与的内容和途径更是知之甚少，导致其在城市生活中政治参与热情不高、政治参与水平较低；由于城乡二元结构，农民工在城市生活中政治参与渠道不畅、组织依托缺失，政治参与平台偏少，致使农民工实际上处于一种城乡两不靠的"边缘化"状态；由于与政治参与相关的具体操作层面的法律制度滞后，已有的法律、法规难以得到切实的贯彻和执行，不能适应像农民工这样的新社会阶层作为政治权利主体的新需要、新诉求；由于决策机制不完善，政治参与权利得不到应有的尊重，致使处在社会分工底层的新生代农民工利益诉求无法上达，即使传到政府精英决策层也很有可能不被采纳，等等。因此，应该建立、健全农民工融入社会的相关制度，创建农民工政治利益表达机制，将农民工纳入既有的政治体系，有针对性地为他们的有序政治参与提供制度保障，大力提高农民工自身的政治素质和政治参与能力，为农民工创造更多的有效政治参与的平台和利益表达的渠道等。① 另一方面，这些研究主要探讨了由于农民工流入城市，不能积极及时地参与到村民自治中给村民自治带来的困难，他们认为农民工的政治参与是村民自治深化和提高

---

① 这方面的研究主要参见：钟枢，2013，《新生代农民工政治参与面临的主要问题及其对策》，《探索与争鸣》第 9 期；吴琦，2013，《农民工政治参与：制度化与非制度化方式的偏好和选择》，《广西社会科学》第 8 期；邓秀华，2010，《"新生代"农民工的政治参与问题研究》，《华南师范大学学报》（社会科学版）第 1 期；张胜利、孙良，2008，《农民工政治参与的现状及对社会稳定的挑战》，《中国青年研究》第 7 期。

质量的积极因素，但农民工政治参与的障碍影响了村民自治的有效进行，因此，应该彻底破除城乡二元体制，努力建立和完善城乡一体化的政治、经济和社会体制；提高维护农民工政治参与的认识；推进政治体制改革，使农民工政治参与制度化、程序化；提高农民工政治参与的组织化程度；培养、提高农民工的政治参与意识和政治参与能力（何晓红，2009）。上述这些调查、研究主要站在农民工的立场之外来探讨其政治参与的现状，及其如何从政府和自身两个方面促进农民工政治参与的程度，主要着眼于推进现代政治体制改革和村民自治两个方面的问题。可以说，这些研究已颇富成效，不论在理论上还是在实践中都发挥了重要的作用。我们无意于狗尾续貂，而是想站在农民（工）自身的立场上，探究他们在踏入城市生活的过程中，自身政治视野的扩大，政治认识的提高，政治素质和能力的提升，政治参与的积极性的增加，从而确证在这一过程中农民（工）政治主体性的再次崛起。正如有学者所言，随着经济和社会的发展，农民工的政治参与尽管存在诸多问题和不足，但其自身素质的提高，使得农民工的政治参与正在经历从自发走向自觉的转变，即从无意识参与走向有意识参与、从个体化参与走向组织化参与、从非制度化参与走向制度化参与、从政治参与的边缘走向政治参与的中心（汪勇，2008）。"从自发走向自觉"正表征着农民（工）政治主体性的崛起。以下，我们就沿着这样的思路进行探讨。

第一，挣脱身份束缚、逃离土地、进城务工的农民进一步扩展了自己的政治视野。原来局限在农村社会范围内的农民，随着经济、政治体制的转型，逐渐突破了传统的臣民观念，增强了自身的政治意识、政治效能感以及政治参与的主动性，但这毕竟还是在农村社会范围内，还只是在进行了纵向比较的基础上的一种主体性的崛起，而在横向的层面上农民对同时期的城市人的政治态度的认识还是比较遥远而模糊的，或者说，还未能真切地体会到在城乡二元体制下农民自身享受政治权利的不平等。当农民进入城市，在艰难地融入城市生活的过程中才充分地体会到了身份、户籍制度等带给自己的政治上的不平等，"过上城里人一样的日子"，不仅是农民追求自身经济物质生活提高的一个目标，其实还包含了追求与城市人一样的政治权益的呐喊，比如他们渴望享受与城市人一样的失业保险、工伤保险、医疗保险、子女教育等社会保障服务。这一切都得益于农民进入城市之后工作环境的改变、社会关系的扩大、合作机会的增加等，这使他们跳出了传统的"熟人社会"的限制，扩大了自身的政治视野。可以说，进城务工"把居民从偏僻的、落后的、被历史遗忘的穷乡僻壤拉出来，卷入现代社会生活的漩涡中。它提高居民的文化程度及觉悟，使他们养成文明的习惯和需要"（《列宁全集》第3卷，1984：530）。

　　第二，伴随着对城市工作、生活了解的加深，进城务工农民对于现代民主政治的认识进一步走向深入。自由、平等、民主、法治等这些现代民主政治的内容对于传统农民而言是陌生的，虽然随着农村社会的转型，农民开始接触和了解这些内容，但限于农村社会的闭塞环境，这种接触和了解只能是肤浅的，还远远未能达到真正理解其中真义的程度。随着农民踏入城市，他们工作、生活的范围和环境发生了改变，在对比城市人的工作、生活状态的过程中，他们逐渐挣脱传统政治观念的束缚，开始加深对自由、平等、民主、法治等现代民主政治观念的认识，比如对"大檐帽"的恐惧心理的淡化乃至消退，正是基于他们对现代民主政治的深化认识。实际上，"大檐帽"恐惧心理就源自传统专制政治的高压，源自农民对自身所应享有的自由权的无知，源自他们对自身长期所处的不平等地位的固化认知等，而当他们逐渐将自由、平等作为他们政治追求的目标时，他们才意识到"大檐帽"不仅仅可以对他们进行管理，还应该为他们服务，维护他们的经济政治权益。从对"大檐帽"恐惧到对"大草帽"亲近的转变，证明了进城务工的农民对现代民主政治认知的深化。虽然有学者经调查指出，相当一部分农民工在政治规则的取向方面缺乏正确的认识，在城市遇到困难时，通常会向"朋友、熟人"、"同乡"和"家人、亲戚"求助，占比依次为57.2%、47.9%和40.4%，而选择求助法律的仅占10.4%（徐增阳、黄辉祥，2002）。但是，反向观之，我们看到毕竟还有占10.4%的农民工能够求助于法律，这恰恰是他们政治认知深化的结果。

　　第三，随着进城务工农民政治视野的扩大和政治认知的加深，他们的政治素质和能力得到了很大的提高。阿尔蒙德和维巴在《公民文化》中指出："民主的能力，与拥有关于政治问题和政治过程的有效信息，与运用这些信息分析问题并提出影响决策看法的能力，有着密切的关系。"（加布里埃尔·A.阿尔蒙德、西德尼·维巴，2014：60）他们认为个体的职业阶层越高，在工作领域中参与意见的机会越多，其主观政治能力就越高。农民进城务工之后，他们便成了没有工人身份的"工人"，虽然他们的身份依然是农民，但是他们已从原来的农业生产转向了工业生产，在工作当中参与意见的机会相比原来在农村时要多得多，从而获得了比在农村时更多的"关于政治问题和政治过程的有效信息"，并在参与公共事务的过程中提高了自身运用这些政治信息分析问题、提出意见的能力。从 2008 年 3 位农民工人大代表进入人民大会堂代表农民（工）建言献策，到 2013 年 31 位农民工人大代表的认真履职，一方面说明了政府对农民工的政治权利的重视，另一方面也说明了农民工政治素质和能力的提高——能够参加全国人民代表大会并认真提交议案正是他们政治素质和能力提高的证明。当农民作为一个"臣民"，他不会影响政府的决策，只是希望在决策制定后自己能够得到适当的待遇；当农民作为一个"臣民"，他只知道法律是必须遵守的，如果说他有能力，那也是指他知道法律、知道自己必须做什么的能力。但当农民在具有"臣民"美德（遵守法律、忠诚于国家）之后，还能明确意识到自己应该参与政策的制定并能够参与政策的制定，那他就从"臣民"转变为现代政治公民了。

第四，随着进城务工农民政治能力和素质的提高，他们开始变得更加积极关心政治、讨论政治，开始对自己积极地参与政治抱有信心，并对自己作为政策参与者的角色感到满意。"在许多方面，对自己的能力有信心是一个关键性的政治态度。有自信的公民往往是民主的公民。他不仅认为自己能够参与，也认为其他人应当参与。而且，他不仅认为自己有能力参与政治，他还会比其他人更积极。也许最重要的是，有自信的公民往往也是更满意和更忠诚的公民。"（加布里埃尔·A. 阿尔蒙德、西德尼·维巴，2014：211）除了有农民工代表参与政府的决策之外，进城务工的农民也开始在自己所在的工作单位和社区积极地参与公共事务的决策，虽然有调查数据表明，相对于城市工人，农民工仍表现出较低的社会参与性和较高的权威服从（李培林、李炜，2007），只有 9.8% 的人认为自己给街道社区提意见是有效的，44.8% 的人认为"作用不大"。在政治输入输出取向方面，"想当，并会积极争取"当工作地所在社区的居委会干部的农民工只占 26.7%（邓秀华，2009）。但是，如果我们反向观之，就会高兴地看到已经有一部分进城务工的农民能够给自己所在街道社区提出意见，这就表明他们已经开始积极地参与到现实政治实践中了。同时，还有大量的进城务工农民自身权益遭到侵害时，能够依据法律积极地进行维权活动。当然，在现阶段，进城务工农民的政治参与还存在大量的溢出制度之外的现象（非制度性参与），这一方面是因为他们在参与政治的过程中对现代政治文化认知的滞后与短缺，以及在中国城乡发展的特殊逻辑下他们对自身身份的模糊认同；另一方面则在于中国城市的现代化发展的本位主义意识形态对农民工的抗拒，但我们相信，这种非制度性的参与只是农民向现代政治公民转变过程中的一个阶段而已。

另外，虽然农民进城务工的外出流动在客观上造成了其对农村选举和村民自治事务缺乏关心，表现为消极抵制性的政治参与，不利于其所在乡村的村民自治，比如有学者曾撰文指出，进城务工农民"更多地将回乡参与村民自治和村民委员会选举等农村政治事务视为一种负担，并且对这些事物表现出一种冷漠"，但是，我们也应该看到，在现实中也曾多次出现进城务工农民集体包机回乡参加村委会选举的事例，这就说明有一部分进城务工农民的政治参与意识已经有了很大的提高，已经将回乡参加选举、行使自身政治权利和履行参与义务置于返乡误工导致的经济利益损失之上，这是农民向公民转变的重要进步。因为按照阿尔蒙德的观点，"公民是指能够参与管理他所在政治体系的人"，农民回乡参加选举就是其参与到村民自治的体系中的表现。同时，更为重要的是，这些进城务工农民回乡参加选举以及在年节时回乡，他们的已经逐渐开阔的政治视野、加深的政治认识、提高的政治素质和能力，以及参与政治的积极性都会感染到所在乡村的农民，从而对当地农民政治主体性的提高产生积极的影响。

以上，我们主要讨论了进城务工农民在进入城市工作生活之后，其政治主体性提升的诸多表现，但是我们又不得不承认，他们还没能成长为现代民主政治中的有声话筒，还未能真正站在国家的政治舞台上。因此，一方面，"只有彻底改革户籍制度等一系列歧视性制度和政策，加速农民工市民化，推进农民工的城市融入，建立和完善农民工政治参与的相关法律制度和法规，才能将农民工从土地的羁绊中解脱出来，让农民工享有与城里人平等的政治民主权利，真正拥有当家做主的政治地位，才能让农民工站在国家政治舞台上，发出自己阶层的声音，在不断的制度突破中实现他们的平等国民待遇"（邓秀华，2012）；另一方面，还亟须推动农民政治启蒙，提高他们的政治效能感、政治素质和能力，以及他们参与政治的积极性，从而提升农民的政治主体性。只有从内外两方面共同努力，才能最终实现农民当家做主的政治目标。

三　农民为什么离开土地？

农民为什么离开土地？这一时代之问，曾被朱启臻、赵晨鸣冠作书名，该书以访谈的形式描述了中国农民与农业的关系，在论述农业的重要性及其特点的基础上，通过鲜活的案例和事实反映了农民生活的艰辛，对土地态度的代际变化，中国农村人口离开土地的趋势及其对农业的影响。离开农村和农业的理由很多：农业生产的不确定性（既面临自然风险，又有市场风险），农村生活的艰辛与贫困，农业收入低且农业劳动辛苦，农村日常生活的枯燥……除此之外，离开土地，走入城市，不仅意味着相对稳定和相较农村更为丰厚的收入，还意味着更优越的生活条件和教育环境。这种诱惑像振动波，一圈圈扩散向更多的农民。

因此，"离开农村"就成了几乎所有农民的共识和努力的方向，父母对孩子讲得最多的是"好好学习，否则就只能当农民"；教师教育学生会说"考不上大学，没出息，就只能当农民"；社会也为农民树立了一个又一个成功离开农村的典型。这些，都使越来越多的农民尤其是年轻一代的农民拥有了强烈的愿望——"离开农村""逃离土地"，逃离那些毫无定数的祈愿，到另一片天空下追寻自己认为的只要努力工作就可以做主的生活方式。这种"逃离"除了为了增加收入、摆脱艰辛但无定数的农业生产、享受更为丰富的生活之外，还有一个更深层的原因，那就是要活得有尊严、要提升自身的地位，其实就是对政治权利的追求。当然，农民没有这种理性自知，他们只是简单地认为，只要进入城市就能享受在农村享受不到的生活，就能够活得体面一点。但农民进入城市就能够活得体面吗？

1. 从社会结构板结化说起

"板结化"本来是农学中的一个术语，是指土壤因缺乏有机质而结块变硬的状况。近些年来，很多社会学者借"板结化"这一概念来比喻社会阶层垂直流动困难的现象，称之为"社会结构板结化"。从社会运行机制的角度看，社会需要横向的流动，但更需要纵向的互动。横向的流动可以改变生活，纵向的互动能够改变人生。横向的流动让生活充满动力，纵向的互动让社会充满活力。两千多年的所谓封建社会之所以能够绵延不息，其中一个重要的原因，就是其设置的科举制度给社会底层的农民提供了一个"鲤鱼跃龙门"的通道，指明了一条重要的奋斗路径，点燃了他们的人生追求和希望，才会出现"趋府弟联兄，看君此去荣。春随千里道，河带万家城"。同时，官场的险恶又让"朱雀桥边野草花，乌衣巷口夕阳斜。旧时王谢堂前燕，飞入寻常百姓家"时时上演。这种上下互动的机制保证了社会阶层结构不至板结凝固。

然而，近一段时间以来，"富二代""官二代""垄二代""农二代"等新词汇在各种媒体上热闹蔓延。"二代"现象是我国当前复杂的社会问题的一个侧面，是社会结构板结化的外在显现，也是社会矛盾显性化的折射。甚至有学者指出，"当前中国的隐性世袭现象其实已经普遍存在于各个层面、各种类型的公共部门"（张雪忠，2010），"一些地区公共职位的隐性世袭已成了'不能说的秘密'，这种现象在经济落后地区尤为明显"（段林鹏，2011）。且不谈这种说法是否有夸大之嫌，单就这种现象来说，中国确实出现了社会结构板结化的趋势。这种趋势对于处于城乡二元结构中的农民而言，无疑是雪上加霜。

新中国成立以来形成的城乡二元结构，实行城乡有别的治理体制，造成了城乡居民在就业机会和社会福利水平事实上的严重不对等；城乡分割的市场体系，使农民在商品市场、要素市场、货币市场和资本市场中处于完全的劣势；城乡分离的工业化模式，使农民难以分享农产品的加工增值收益，乡镇企业也因独立于治理体制之外，发展空间受到明显制约，直接影响了农民分享工业化的成果；城乡有别的投入机制，使资金、技术、人才等生产要素集中投向城市，依靠农业积累支持城市工业发展的政策取向，致使城乡在基础设施和公共服务设施等方面的差距不断扩大；最为严重的是，城乡之间筑起的户籍壁垒，限制了农村人口流向城市，将城乡两部分居民分成了两种不同的社会身份，决定了农民不平等的社会地位，他们也无法像城市人一样享受到各类社会保障（养老、医疗、失业、救济、补助等）。西方学者研究发现，工作领域的权威结构与公民信心和政治效能感发展具有正相关关系，职业阶层越高，在工作领域中参与意见的机会越多，主观政治能力越高（加布里埃尔·A.阿尔蒙德、西德尼·维巴，2014：324～330）。而农民由于受制于城乡二元结构，所以，他们的公民信心和政治效能感不会很强，主观政治能力也不会很高。

尽管如此，农民仍然拥有跻身城市、转变身份、提高地位的狭窄通道——通过考学摆脱掉农民的身份，有学者形象地将其称为"书包翻身"，"翻身"一词形象地揭示了农民在社会地位、政治权利等方面的严重不平等。但是，社会结构板结化趋势的出现，使农民丧失了这唯一的"翻身"机会。对于身处社会最底层的农民而言，无疑是致命的打击。如果让占社会绝大多数的农民看不到改变身份的希望，那么随之而来的就是他们对现实社会的绝望，绝望之后要么是远离社会，要么就是暴力抗争。因此，从政治启蒙的角度而言，应该让处于社会最底层的农民看到希望，给他们哪怕是非常小的"翻身"的机会，让他们确信通过努力一定能改变身份，提高自身的政治地位。

可喜的是，随着经济社会的快速发展，一方面政府层面已经开始注意到城乡二元结构对中国经济社会尤其是农村经济社会的严重制约；另一方面，随着社会主义市场经济在农村的逐步发展与成熟，农民的市场主体意识逐渐觉醒，他们也在强烈地表达自己对于身份、地位不平等的不满，尤其是实施村民自治以来，他们的政治权利意识更加强烈，开始努力追求与城市人一样的生活。"过上城里人一样的生活"喊出了农民的心声，其中也潜藏着他们对平等政治权利的追求，尽管他们可能还没有这种自觉。

2. "书包翻身"的梦想破灭之后

"知识改变命运！""学好数理化，走遍天下都不怕！"，改革开放以来，这样的话语曾经激励着一批又一批的寒门学子十年寒窗苦读，以求"鲤鱼跃龙门"。尽管这条路是如此的艰难与漫长，但怀揣希望就能实现"用十八年就可以和你一起喝咖啡"的梦想。20世纪80年代至90年代末，"书包翻身"一度成为一个农村家庭全部的追求和希望。"砸锅卖铁也要让孩子读书"成为那时农民普遍的观念。

但是，21世纪以来，这种"书包翻身"的观念正在悄然发生变化，很多人尤其是农民越来越感觉到知识不一定能改变命运。生于农村，考上名校，进而改变身份，提高地位，这种故事已成神话。由于城乡二元结构的限制，绝大多数优质的公共教育资源集中在城市，农村的教学质量本来就跟城市有很大的差别，再加上高校招生偏向城市，使得大多数农村孩子即使考上大学也只是很一般的大学。北京大学教育学院刘云杉统计了1978～2005年间北大学生的家庭出身，结果显示，1978～1998年来自农村的北大学子比例约占三成，20世纪90年代中期此比例开始下滑，2000年至今，考上北大的农村子弟只占一成左右（刘云杉、王志明、杨晓芳，2009）。清华大学人文学院社科2010级王斯敏等几位本科生在清华2010级学生中做的抽样调查显示，农村生源仅占总人数的17%，而那年的高考考场里，全国农村考生的比例是62%。① 不仅仅是北大清华，教育学者杨东平主持的"我国高等教育公平问题的研究"项目的调研结果显示，中国国家重点大学里的农村学生比例自20世纪90年代开始不断滑落。即便是以农学为主的中国农业大学，1999年至2001年，农村新生比例均在39%左右，但至2007年已跌至31%。教育资源的严重不均衡、高考名校招生对城市学生的过度青睐，使得以往靠"书包翻身"进而改变命运的农村学生越来越看不到希望。

尤为甚者，由于社会结构的板结化，大多数农村大学生毕业之后面临的失业压力要比城市大学生大得多。"麦可思——中国2009届大学毕业生求职与工作能力调查"结果显示，以毕业后半年为界，农民与农民工子女有35%的毕业生未能就业，而管理阶层子女未就业的只有15%。"学好数理化，走遍天下都不怕！"如今已被"学好数理化，不如有个好爸爸！"所替换。《我奋斗了18年，才和你坐在一起喝咖啡》的励志短文在网上被追捧了仅仅三年之后，就被另一篇《我奋斗了18年，也不能和你坐在一起喝咖啡》无奈的命运之叹所替代。苏海南指出："近几年社会底层特别是农民以及农民工家庭的子女，通过教育实现向上流动的动力越来越小，成本越来越高，渠道有变窄的趋势。"2010年9月16日《人民日报》发表了长篇通讯《社会底层人群向上流动面临困难》，提出一个疑问：穷会成为穷的原因，富会成为富的原因吗？文章感叹，贫富差距加大的趋势日趋严重，"阶层固化"所导致的严峻社会现实已经摆在我们面前，再不可漠视。

基于这种现实，越来越多的农村子弟无奈选择外出打工和学习手艺而放弃了学费和门槛都相对较高的大学。尽管学者们开始呼吁：我们应当努力营造一个有利于向上流动的社会环境和氛围，让所有人都能够怀有一个"中国梦"，即只要是中国公民，只要努力向上，不论是偏远地区农民的子

---

① 参见《重庆晚报》，2011，《研究称中国重点大学农村学生比例持续滑落》，8月6日。

女还是城市居民的子女，每个人都有平等的机会和上升的空间，都可以凭借自身的才华和拼搏，改变命运。尽管近几年来国家出台扶贫定向招生计划，要求重点高等学府在自主招生中向农村生源倾斜，积极致力于推进高考公平和招生公平的改革、公共教育资源的合理配置，比如从 2012 年起，北大农村生比例逐渐回升，2012 年为 12.5%，2013 年为 14.2%，2014 年为 18.5%。但是否有效，还有待时间的检验。

3. "进城务工"能够实现农民的梦想吗？

在"90 后"新一代农民工眼里，进城务工并没有如他们所愿，也很难改变他们的命运。21 世纪以来，进城务工农民已经不再像他们的父辈那样，把进城务工看作是一件时髦而又自豪的事情。随着商品经济的迅速发展、产业的扩展升级，那种单纯依靠出卖廉价劳动力的工作岗位渐渐被高科技、高素质的工种所取代，农民工由于理论知识缺乏、专业技术缺失而逐渐被排挤到城市的角落，沦落为城市里的弱势群体，漂泊城市奋斗多年到头来才发现"自己始终是一个外人，无法融入眼前摩天大楼林立的大都市"，他们的医疗、卫生、子女教育等切身利益同样很难得到强有力的支持和保障。但在城市的另一头，在他们出生的乡村里却大面积出现了新楼空置、田地抛荒、蒿草狂长的"荒村"景象，"阡陌交通、鸡犬相闻"的世外桃源如今已是"空巢老人""留守儿童""乡间怨妇"充斥的地方。几千年来"男耕女织、黄发垂髫并怡然自乐"的田园诗，被现代化摧枯拉朽般地毁灭，取而代之的是"黄发垂髫"相守孤独的惨景，"童孙未解供耕织，也傍桑阴学种瓜"不再温馨浪漫，而成为一种难以言说的苦涩之味。

这种惨淡的境况证明了外出务工这条路并没有改变农民的身份，也不可能提高农民的地位。但是，外出务工却使农民接触到了在农村不可能接触到的现代政治文化。进城务工的经历，扩展了农民的现代民主政治知识，培育了农民自由、平等的观念，强化了农民独立自主的人格，提升了农民利益主体和权益维护的意识，提高了农民的政治效能感和政治参与的积极性，同时，进一步增强了农民对国家的认同感和公共责任感。总之，进城务工在一定程度上提升了农民的现代民主政治素质，然而，实现了职业转移的农民却因为身份的问题，仍未能获得与城市居民同等的公民权利，当然也无法获得更多地参与公共事务的机会和权利，参与政治决策的话语权更是无从谈起。进城务工一途并未能解决农民的身份地位、政治权利问题。

张英洪提出，"农民问题实质上是权利问题"（张英洪，2005）。诚哉斯言！不论是"书包翻身"的梦想，还是进城务工的无奈，农民之所以千方百计要逃离土地，其根本目的在于，摆脱掉农民身份，享受更多的政治权利，从而保障自身应有的经济利益、社会地位、文化权益等。农民，作为身份象征的农民，在城乡二元结构的社会里，就意味着无法享受到同等的政治权利，从而也享受不到应有的经济权益，享受不到现代化的文明成果。农民问题的症结在于二元社会结构，在于城乡二元结构中农民基本权利的缺失：城乡户籍制度限制和剥夺了农民的居住和迁徙自由权；歧视农民的就业制度将农民挡在党政机关、国有企业的大门之外，即使进城务工的农民仍然获得不了工人的身份，当然就谈不上基本的劳动保障权利，等等。这一系列城乡二元的政策制度安排，人为地限制了农民作为共和国公民的宪法权利，人为地造成了城乡不平等现象。所以，农民才会想尽各种办法冀图实现龙门一跃，从而能够拥有城市人所拥有的一切权益！

所以，逃离土地并不是农民追求政治权利的正确途径。根本的途径，还在于彻底打破城乡二元结构，让农民重新回归土地，在土地上行使当家做主的政治权利。只有当农民不再是一种低下身份的象征，只有当农民拥有平等的权利，在属于自己的土地上自由地进行劳动生产，行使自己当家做主的权利，农民的政治启蒙才能真正得以完成。正如胡德平所说："我希望'自由'二字在政治上永远不要成为一个避讳的字眼。自由作为人类一种特有的主观能动性和主观劳动力，一直都为人类自身的发展和解放开辟道路，政府、社会和劳动者都要不断为实现自由创造条件。""农村改革的胜利，农业生产力发展的胜利，同时也就是农民劳动自由的一次重大胜利。"

四　农民政治启蒙的价值取向

农民逃离土地，冀图拥有与城里人相同的权益，但残酷的现实给予了兴致勃勃的农民沉痛的一击，进城务工并不是当前农民追求政治权利的希望之途。农民要想真正行使自身的政治权利，或者说农民政治启蒙的价值取向应该是农民作为国家主人的现代政治人格的发育、成熟乃至挺立。

从政治上说，农民已经成为国家和社会的主人，充分享有宪法和法律规定的广泛权利。《中华人民共和国宪法》规定，我国的国体是人民民主专政的社会主义国家，我国的政体是全国人民代表大会制度，这从法律上充分肯定了人民是国家的主人。在现实社会里，人民尤其是农民离真正承担起作为国家主人的权利和义务还有相当的差距。这是因为，农民还没有充分认识到自己是国家主人的这一事实，当然也就不可能行使当家做主的权利和履行当家做主的义务。"农民能否认同自己的主人身份，是评估和考量农民是否具有公民意识的微观基础。"（李兰芬、华冬萍，2011）

农民作为国家主人的现代政治人格的挺立，需要政府和农民两方面的努力。一方面，政府应该尽快从根本上打破城乡二元体制，取消城乡户籍差异，赋予农民应有的权利，为农民提供相同的社会保障，引导农民正确认识和对待自身国家主人的角色，从外力上促进农民的政治启蒙，对此，我们已欣幸地看到政府逐步加快的步伐。新时期以来，从家庭联产承包责任制的实行、进城务工的自由流动，到社会主义新农村建设、全面取消农业税，再到城乡一体化、小城镇建设，这些都充分地表明了政府在增加农民收入、改善农民生活、提高农民权益等方面健步迈进的努力，也无疑都为农民的政治启蒙、为农民现代政治人格的发育、成熟、挺立创造了极为宽松的外部环境，这是值得肯定的。但是，在这一进程中，不应该再以传统的政治视角看待农民，不应该将农民作为统治、治理的对象来对待，应该转变施政方式和施政理念，应该及早确立从思想上平等对待农民的认识，这是作为政府应该努力做出的改变。

另一方面，从农民自身而言，还是应该着力于其主体性尤其是政治主体性的建设。如果说"从历时视角考察，理性和主体性的冲突与和解构成了现代性理论的核心论域，理性和主体性的互为援手实现了现代性'前现代'的脱域，理性和主体性的共谋完成了现代性的自我确证，理性对主体性的遮蔽揭橥了后现代性的自反话语"（赵红灿，2009），那么，当前农民要逐渐挺立作为国家主人的现代政治人格，就必须使其理性和主体性互为援手，只有这样才能使自身从"前现代"的境遇中摆脱出来，走向现代性。至于像有学者所批评的那样，理性的过分高扬会导致其对主体性的遮蔽，这还不能成为解决"农民"问题的首要关注。要解决"农民"问题，当前最主要的工作是思考如何能够使农民大胆运用理性认识世界和认识自我，从而尽快确立其主体性。当然在此过程中应该注意规避理性对主体性的遮蔽风险，但这一规避应该是在理性与主体性互谋的过程中完成的。换言之，当前农民首先应该实现的是对传统的"脱域"，成就农民的"理性主体人"地位。只有农民的主体性真正得以确立，才能在理性的支配下实现国家认同，掌握自由、平等、民主、法治的现代精神，履行自身作为公民的权利和义务，从而真正挺立作为国家主人的现代政治人格。

关于上文提到的第一方面，在学界已有太多情系农民的学者进行了多角度、多层面的思考和研究，并正在努力推动着政府关于农民问题的诸项改革。然而，从农民自身的角度，或者说站在农民自身的立场上进行的思考和研究还鲜能看到。我们的研究正是站在农民的立场上，着眼于农民自身，从确立农民作为"理性主体人"的角度进入的。

1. 农民的国家（政治）认同

国家认同问题自从 20 世纪 70 年代进入政治学研究领域以后，很快成为学者普遍关注的与现代民主制度建设过程密切相关的一个关键问题。现代民主国家的公民只有具有了国家认同感，才能将自己与国家紧密联系在一起，也才能拥有参与民主政治的积极性，才能履行法律赋予他的权利和义务。因此，提高公民的国家认同感一直是政治学领域的一个重要话题。然而，中国政治学领域中的民族国家认同研究，却一直纠结于历史文化共同体认同与政治共同体认同的困境之中。正如有学者指出的，民族国家究竟是一个政治共同体，还是历史文化共同体？公民对其认同的基础是政治法律制度，是公共的政治文化，还是历史传统遗留下来的文化、语言或道德、宗教？现代民族国家本身就是一个文化与政治的结合，是在民族的基础上形成的国家共同体。不仅要有基于民族本身的历史、宗教、语言的文化认同，也要有对法律和政治制度的政治认同。由此，我们认为中国农民的国家认同主要是在对中国传统文化认同（文化共同体认同）的基础上，再融入对法律和政治制度的认同（政治共同体认同）。而当前农民所亟须增强的恰恰就是对代表国家的法律和政治制度的政治认同。

大量的研究成果表明，中国农民的政治认同曾经出现过两次高峰，一次是在新中国成立初期，另一次是在 1978 年改革开放之初的农村改革时期，其主要表现是农民对党和国家政策的政治热情、对农业生产的积极性、对政治领袖的尊崇或乡村政治秩序的优化。但在这两次高峰之后，农民的政治认同都出现了不同程度的下降和波动，尤其是从 20 世纪 90 年代开始，随着国家对乡村社会的高强度控制开始减弱，国家权力逐步从乡村社会撤出，代表国家的基层政府在与农民接触的过程中，发生了很多矛盾与冲突，导致农民的国家认同感下降。一般认为，公民对国家的认同是基于对国家与公民之间关系的深刻认识，基于对政治共同体功能的理性以及经验认识的，而从这一时期开始，农民的这种经验性认识主要来自对其与作为国家形象代言人的基层政府之间关系的认识：既包含着农民对基层政府形象的事实判断，又体现着农民对基层政府形象的价值期待。就本质而言，国家认同彰显着农民与基层政府之间的认同关系，我们只有通过分析农民对其所在的基层政府形象的表述和感悟，才能合理解读特定国家、特定地域、特定时期的农民的"国家观念"。所以，基层政府的有效作为以及农民对政府作为的殷切希冀构筑了农民国家认同的信仰支撑。

21 世纪以来，随着大众媒介对农民接受信息渠道的扩通，随着农民的权利意识、民主意识、参与意识的提高，农民逐渐意识到现实中自身权利所遭受的侵害主要来自基层政府的暴力行政，而国家宏观层面上的方针政策、法律法规则成为他们进行维权的主要依据。在农民自觉进行的日常抵抗、依法抗争和依法维权的过程中，农民开始在宪法的框架内对不受约束而侵害公民基本权利和自由的公共权力说"不"。这一方面充分体现了中国农民从臣民意识到现代公民意识的转变，折射了中国农民权利意识的觉醒和社会文明进步的趋势；另一方面也充分体现了中国农民的国家认同的再次攀升，政治主体性的再次抬升。正如有学者所言："20 世纪 80 年代以知识分子为主流的民主诉求被边缘化后，90 年代以来以农民为主体的维权活动在接过中国民主火炬的同时明显改变了中国民主化的激进路向，这种来自底层民众自发性的维权活动，或许是民主在中国本土化的崭新起点。"（周作翰、张英洪，2005）

但是，我们还应该看到，虽然农民的国家认同有了显著的增强，然而，农民的这种国家认同是建构于与基层政府的暴力行政的对抗当中的，尤其是那些体制外的政治参与，仍然带有浓厚的农民暴力反抗的色彩，而不是基于农民个体对自身与国家关系的清醒认知。因此，从激发农民的政治参与热情、实现传统臣民向现代公民的转变、提升农民的民主素质和民主能力的角度提出的农民国家认同，要能够进一步得到提高，就有赖于农民政治启蒙，有赖于每个农民都能充分地彰显自己的政治主体性，都能够以国家主人翁的态度去认同国家，处理自身与国家的关系，积极地参与到民主政治当中，在自身参与制定的国家政策、法规的框架内行使自身的权利，履行自己的责任和义务。这些都要建基于农民的政治主体性真正确立的前提下，因此，当前最为主要的任务仍然是在启蒙中提升农民的政治主体性。

2. 农民对自由、民主、法治等现代精神的认同

党的十八大以来，尤其是十八届四中全会提出全面推进依法治国以来，关于自由、平等、民主、法治的讨论再次升温，由于这些自西方移植而来的概念在进入中国语境的过程中产生了不同的甚至是错误的理解，导致在现实政治中出现了很多窘迫的困境。因此，厘清自由、平等、民主、法治之间的关系便成为我们要解决的首要问题。万斌、吴坚的研究，比较清晰地论述了自由、平等、民主、法治之间的关系："自由乃是人自觉自主的活动，是人达到支配对象事物和自身命运从而不断实现自身特质的过程。民主是实现自由并调节自由与平等紧张关系的一种政治机制。法治是人基于清醒的理性对自由和民主做出的制度安排，以保障人的自由合理释放。自由是民主和法治的规范基础，是民主和法治发展的基本动力。民主和法治是自由之车前行的两翼，民主使自由得以确立，法治使自由更加规范真实。自由表现的是人之为人的本性之美，民主表明的是一种制度之善，法治表明的是一种制度之真。自由、民主、法治只有面对必然性并不断适应、彼此协调，才能逐渐达到社会政治生活的真善美的统一。"（万斌、吴坚，2011）

我们在肯定和欣赏上述观点的同时，其实暗含着一种深深的悲哀，一种对中国启蒙现状的悲哀；同时又有一种急迫，一种希望快速推进中国启蒙的急迫。虽然我们常常看到诸如"文明的进程就是一部人类不断争取自由和平等的历史""自由，一面引领人类文明前进的旗帜"等宣言，但是，对自由、平等、民主、法治的误读，致使我们在追求自由平等的过程中走了很多的弯路。然而，值得庆幸的是，启蒙是一个不断探索的历史过程，它不但是对人类自身的不成熟提出反驳并予以超越，更重要的是，它是一种自由生活的气质和批判的态度。因此，当前中国启蒙最为紧要的问题仍然是塑造理性精神，然后在理性的平台上深化我们对自由、平等的理解，创造能够自由思想、平等相处的环境，追求实现自由、平等的制度之善——民主，以及实现自由、平等的制度之真——法治。因为，理性与自由、平等、民主、法治的关系，不是我们通常理解的手段与目的的关系，究其实质，它们是同一个东西。自由、平等可以说是理性主义精神的产物，其体现在政治领域中就是民主与法治。换言之，在政治运作过程中的自由就体现为民主与法治，在民主与法治之外去寻找所谓自由、平等，即使找到了，也只是抽象的、空洞的，没有任何实际意义的；同样，离开了个人的自由精神去追求所谓的民主与法治，都只能是无本之木、无源之水，根本不是真正的民主与法治。我们甚至可以说，没有了个体自由的精神，没有了理性主义的精神作为文化底蕴的自由与平等意识、权利与义务观念，任何民主制度、依法治国都是根本不可能推进的。

于此而言，政治启蒙就是要农民明白：自由不是靠别人给你的，而是自己天赋的人权；平等不是被给予的，而是为了维护自己的自由权而去追求的；民主与法治不是别人强加的，而是维护自由与平等的制度保障，对自由和平等的追求就是对民主与法治的诉求；民主选举、民主决策、民主管理、民主监督是为保障自身的自由、平等所必须参与的，而你所参与制定的法律法规就是你所必须遵守的，包括行使权利和履行义务，等等。只有在理论上澄清这些启蒙基本概念的应然含义，我们才可能真正推动启蒙的实然发展。于农民启蒙尤其是政治启蒙而言，更是如此。这些理论上的澄清是农民启蒙的逻辑前提：只有树立了理性精神，并在理性的平台上真正认知了自由、平等、民主与法治，农民才能在现实的政治实践中确立自己的政治主体性；只有树立了自由的精神、平等的观念，农民才能在现实政治中积极主动参与，并依法追求、维护自身的权利；只有确立了民主意识、法治观念，农民才能够不断对传统政治文化进行批判与超越，突破"臣民"观念的束缚与钳制，确立现代公民观念。只有这样，农民才能够真正实现政治启蒙。

当前，现实中存在的不平等、不公正因素是造成农民不自由或自由权利得不到平等实现的主要原因。这一方面是强大的外在必然性因素造成的，或者说是城乡二元体制的不合理造成的；另一方面，也可以说是农民的能力的局限性造成的，即农民自身的政治观念、政治素质和政治能力的局限性造成的：因为受传统臣民观念的影响，农民蜷缩在民主政治的角落，对政治的冷漠导致其政治素质和政治能力不足，无法自觉追求和维护自身的权益，有时还会从自身对自由与平等的狭隘理解出发，做出一些无节制和不理性的举动（即体制外参与、非制度性维权的暴力抗争行为）。这两方面的问题都需要依靠中国开启真正的启蒙尤其是农民启蒙进行破解。令人欣喜的是，近年来农民在朦胧的自由精神、平等观念的支撑下，逐渐培养起民主意识、法治观念，开始积极主动参与现实政治，并依法追求、维护自身的权利，政治主体性进一步崛起，正从传统的"臣民"向现代的"公民"转变。

现代公民观念的确立，在一定程度上促进了农民的国家认同，他们开始意识到国家不是自己所依附的皇权，而是自身的自由与平等的保障，是他们追求自由与平等所诉诸的民主与法治的依托。农民自己是国家的主人，只有积极地行使国家主人的权利、履行国家主人的义务，才能够维护他们的自由与平等。当然，当前这些仅仅是美好的愿望，这个愿望的实现还有很长的路要走，目前最紧要的是让农民成为土地的主人，让农民在自己的土地上积极主动地参与到政治中，在民主与法治的框架内追求自己的自由与平等，感受到作为土地主人的优越与幸福，从而进一步提高其国家（政治）认同，尤其是作为国家主人的政治认同。还是那句话，"不是在公民都合格后才实现民主，相反，民主是塑造合格公民的最好的方式"，农民正是要在积极的民主参与中把自己塑造成合格的公民，实现政治启蒙。

3. 农民对主人翁地位的认同

近年来，因农村征地问题所引发的农民暴力维权的群体性事件屡有发生，除了地方政府的暴力行政、土地交易过程中的贪污腐败等原因之外，还有一个更为主要的原因，即由于土地所有权界定不清，农民对于土地的财产性收益无法得到有效的保障。当维权意识增强的农民与暴力行政的政府各执一词时，往往就会发生农民暴力维权的群体性事件。有鉴于此，党的十八大报告提出改革征地制度，提高农民在土地增值收益中的分配比例；十八届三中全会指出，要建立公平开放透明的市场规则，完善主要由市场决定价格的机制，建立城乡统一的建设用地市场，赋予农民更多财产权利，推进城乡要素平等交换和公共资源均衡配置，完善城镇化健康发展体制；2014 年的中央一号文件明确提出，稳定农村土地承包关系并保持长久不变，在坚持和完善最严格的耕地保护制度前提下，赋予农民对承包地占有、使用、收益、流转及承包经营权抵押、担保权能。在落实农村土地集体所有权的基础上，稳定农户承包权、放活土地经营权，允许承包土地的经营权向金融机构抵押融资。一连串的国家政策的顶层设计，开启了中国新一轮的农村土地确权运动。

只有让农民拥有支配自己土地的权利，才能真正保证其在土地增值中的收益。如果说提高征地补偿标准是让农民做土地主人的开始，那么，为给征地补偿提供依据和前提的农村集体土地所有权"确权发证"则是让农民成为土地的主人。因为，仅仅提高征地补偿数额显然并未触及土地制度改革的核心，核心应该是对农村集体土地进行确权，让土地有明确的产权归属。只有在确权的基础之上，农民才能真正成为在市场中有议价能力的谈判主体，才能真正保障自身的权益。关于土地确权，国土资源部有关负责人指出，从短期而言，农村集体土地确权可以有效解决农村集体土地权属纠纷，在城镇化、工业化和农业现代化进程中切实维护农民权益；从长期而言，则有助于依法确认和保障农民的土地物权，形成产权清晰、权能明确、权益保障、流转顺畅、分配合理的农村集体土地产权制度。

然而，"让农民成为土地的主人"与"农民成为土地的主人"虽只有一字之差，但其中差别何止万千。如果说土地确权为让农民成为土地的主人提供了政策支持和法律保障，那么，农民要想真正成为土地的主人，则还需要他们从观念上有一个明确的转变。因为，农民对土地的认知逻辑，不仅仅单向度来自于国家土地政策的改变，同时还受传统乡土社会所塑造的祖业观念、生存伦理等的共同影响，或者说，这些观念对农民的土地认知有着明显的束缚和制约作用。最近国土资源部在加快推进农村集体土地确权登记发证的新闻发布会上指出，中国搞农村土地所有权确权发证工作已历时十余年，但仍然没有搞完，其拖延的主要原因就是农民不懂这个权利，甚至不知道怎么去申请。因此，在进行土地确权之后，还要从思想观念上重塑农民对土地的认知，使其真正感觉到他们才是土地的主人，享有对土地的所有、承包、经营、流转、收益和处置等权利；他们可以在自家的那"一亩三分地"日出而作、日落而息，从土地的生产中获得收益，维持基本的生存，也可以在自愿的基础上以市场主体的角色，从土地的财产权益上获得收益，从而改变自己的生产、生活方式，提高自己的收益和生活质量。

对于农民而言，真正成为土地的主人的过程，其实就是塑造农民的现代国家公民的素质和能力的过程。当农民对于土地的认知发生了转变，明确了自身对于土地所享有的权利，并能够在现实的土地承包、流转过程中依法维护自身的权益，其作为土地主人的观念才能够一步步得到强化并最终确立。成为土地的主人，一方面是农民对传统土地认知观念的打破，另一方面也是农民以主人身份对各种政治权威（传统的与现实的）的挑战，比如在土地流转中与地方基层政府的抗争在某种程度上即是对政治权威的抗争，在这一过程中农民学会了作为主人如何行使自身的权利，作为土地主人的认同得以强化。这种对自身作为土地主人的认同将积极影响农民作为国家主人的现代政治人格的发育与成熟。因此，在这个意义上，我们认为农民成为土地的主人，是其现代政治人格发育、成熟的重要的第一步。这一步为农民挺立作为国家主人的现代政治人格奠定了坚实的基础。当然，这一步是从当前正在开展的土地确权开始的。

对于当前正在开展的土地确权，学界也有不同的声音，有些学者认为这样的土地确权是无事找事、毫无意义的。比如贺雪峰就认为，当前的土地承包期是到 2018 年结束，现在调整只会进一步降低农民对土地的权利意识；对于种地农民而言，更大的土地权利没有意义，并不能增加农民的农业收入，反而会造成地方政府征地的巨大麻烦；对于国家和农民两方面而言，通过确权将每户的土地面积丈量清楚都不重要，因为"土地二调"的数据早就清清楚楚，在村社熟人社会中土地经营权的"四至"① 也不存在不清的问题。因此，在当前承包土地的农户与耕种土地的农户越来越发生分立的情况下，承包土地农户对具体地块的土地权力越大，耕种土地农户要整合细碎地块以便于耕作的难度就越大，土地就越是无法被有效耕种（贺雪峰，2014b）。当然，作为"三农"问题的专家，贺雪峰教授的质疑有一定的道理，当前的土地确权确实会给耕种土地的农民进行规模化的土地生产经营带来一定的阻碍。但是，从中国农民群体整体发展的角度而言，就中国农民、农村、农业未来的发展而言，这却是一个利好的长远之计，因为农民离开土地进城务工无非还是为了能够提升生活质量，过上像城里人一样的生活，包括经济生活、政治生活和精神生活，当农民通过享有土地权益能够在土地上提升他们的生活质量之后，他们当然会回归土地，毕竟进城务

---

① 所谓四至，就是一宗地的四边界限，即该宗土地东西南北各与谁交界。

工并不是农民的唯一出路和归宿，城市需要农民工，但农村更离不开农民。现代农业作为"实体经济"也离不开"人"，离不开农民，如果越来越多的农民舍家抛地、进城务工，未来规模化农业的希望由谁来承担呢？正如邹先荣所言："解决农村空心化的问题，关键是要让土地活起来，让农业生产成为一个吸引人的行业。"土地确权应该说是吸引农民坚守土地、回乡创业的首要举措，在此基础上，加强农村基础设施建设，提高农民的政治地位，使农民能够拥有与城市一样的物质生活、政治生活、文化生活，农村、土地、农业自然就能够留住农民，中国农民、农村、农业的未来也才有希望。

我们认为，贺雪峰教授的担心是基于农民的政治素质还停留在原有水平的判断而产生的，他没有意识到通过土地确权，在让农民成为土地主人的过程中，农民的政治素质乃至整体素质都能够得到大幅度的提高，当他们以土地主人的身份、以市场主体的身份，自主自愿地行使自己土地主人的权利时，土地确权只会促进土地耕种的规模化，而不是反之。因为只有农民作为土地的主人，拥有对土地自由流转的权利，从经济收益的角度去考虑进行怎样的土地经营，才能让市场起作用，有效配置土地资源。也唯有如此，农民才会出于对土地的独特感情，积极认真地保护属于自己的耕地，同时也就保住了国家的耕地红线。

因此，进行土地确权，让农民享有土地的所有权、承包权、经营权、流转权、处置权、财产收益权等，是从外部为农民成为土地主人提供了政策和法律保障，在这一过程中也从外部促进了农民的政治启蒙，促使农民真正成为土地的主人。同时在这一过程中，作为主体的人，农民在理性精神的支撑下，逐渐转变思想观念，确立公民地位和身份，开始从认知上树立自己作为土地主人的观念，及至在现实中行使土地主人的权利，这是农民自己主导的启蒙。在这条道路上，农民将从成为土地主人开始，逐渐挺立自己作为国家主人的现代政治人格。

讨　论

纵观新时期农民政治主体性崛起的过程，可以看出，中国农民的政治主体性已经有了很大的提高，由个体农民（公民）转向社会农民（公民），进而走向参与农民（公民），中国农民政治启蒙已经有了良好的开端。但是，现实状况表明，农民的政治主体性离现代公民的标准还有相当大的差距，农民政治启蒙还有很长的路要走。康德认为："然而公众应该启蒙自己，却是很可能的；实际上只要他们被赋予自由，这几乎是无可避免的了。"（康德，2005：62）之所以公众启蒙自己是很可能的，其根本原因在于他们拥有自身的理性。但他们之所以没有决心和勇气运用自己的理性，就是因为他们没有被赋予自由。由此而言，农民启蒙自己当然是很可能的，因为他们都拥有自己的理性；但他们之所以还处在"不成熟"的状态，那是因为政府还没有赋予他们充分的自由，他们还没有勇气和决心运用自己的理性。因此，当前推动农民政治启蒙应该从两方面着手：一方面，政府应该从政策和法律法规的层面赋予农民更多的自由权利，从而引导农民敢于运用自己的理性；另一方面，农民在被赋予了自由之后，应该大胆运用自己的理性，突破传统桎梏的束缚，确立自己的主体地位，维护自身的自由。

1. 政府主导，多方筹措，优化农民政治启蒙的外部环境

当前，从国家层面而言，在着力解决"三农"问题的过程中，逐步推进的新农村建设、城乡一体化建设、小城镇建设、户籍制度改革、土地确权等举措，赋予了农民更多的自由权，无疑对推动农民政治启蒙有着极为重要的作用和意义。但是，在各级地方政府贯彻落实这些政策措施的过程中，却由于还在某种程度上执守着传统的官老爷意识，因而阻碍了各项惠农政策措施的落实，也妨害了农民政治启蒙的推进。比如，在土地确权过程中，有些地方政府担心土地确权登记发证后，农民的维权意识也会逐渐加强，会更加懂得维护自己的合法权益，将导致政府的征地工作不能如愿进行。这种心态的存在，致使土地确权工作不能正常地顺利进行，农民的权利也就不能如期地获得。因此，各级地方政府转变思想观念，完善农民参政议政的体制、机制，拓宽农民参政议政以及合法维权的渠道，创设良好的社会政治环境，将成为推动农民政治启蒙、使农民真正挺立作为国家主人的现代政治人格亟须解决的问题。我们的具体建议如下。

第一，以推进"农村社区协商"为抓手，拓宽农民政治参与的渠道。近来，继中共中央印发《关于加强社会主义协商民主建设的意见》之后，中共中央办公厅、国务院办公厅又印发了《关于加强城乡社区协商的意见》，明确提出，加强城乡社区协商，有利于解决群众的实际困难和问题，化解矛盾纠纷,维护社会和谐稳定;有利于在基层群众中宣传党和政府的方针政策,努力形成共识,汇聚力量,推动各项政策落实;有利于找到群众意愿和要求的最大公约数,促进基层民主健康发展。因此,应当积极明确协商内容、确定协商主体、拓展协商形式、规范协商程序、运用协商成果,到 2020 年基本形成协商主体广泛、内容丰富、形式多样、程序科学、制度健全、成效显著的城乡社区协商新局面。近些年来,农村地区时常爆发群体性抗争事件,重要的原因之一就是农民维护自身权益的渠道不畅,当农民的权益受到损害时,由于缺失正常的合法解决渠道,再加上受到一些别有用心的人的蛊惑,正常的维权行为便常常演化为群体性事件,给社会造成了很大的不稳定因素。而建设农村协商民主恰恰为农民正当维护合法权益拓宽了渠道,同时也解决了农民政治参与不足的弊病。"相对于以选举和投票为主的选举民主,协商民主在提升普通公民的政治参与热情上具有明显的优势:第一,对公共政策的公开讨论能培养出健康民主所需要的具有公共理性的公民;第二,广泛参与、公开决策能够形成集体责任感与对公共事务的参与热情;第三,在多元文化共存的社会中,协商民主有助于促进不同文化之间的理解。"(罗洪、刘纯明,2016)从某种程度上而言,农村协商民主是对村民自治制度中选举民主、管理民主、监督民主的补充。

就此而言,当前应该健全并协调多层次、全方位的协商民主制度以扩大农民政治参与的渠道,优化农村民主协商引入村民自治的制度机制;应建构一套相对完善的"恳谈式协商"机制(包括平等机制、对话机制、互动机制和接受机制);应补位拓展协商组织资源(主要包括公共协商空间、公共传媒、社团组织等基本要素),为农民提供参与协商民主的平台;应制定促进农民参与民主协商的各项公共政策,保障农民交流和参与的权利;应发展参与型政治文化以营造农民政治参与的良好氛围,培育农村民间组织以提高农民政治参与的社会化水平;应去除官本位文化在协商中的影响,在民主协商实践中训练农民的政治能力;等等。所以,要想在农村发展协商民主,显然需要政府赋权社会,释放尽可能大的政治空间,将已经存在的各种形式的社会组织,包括村民经济合作组织、文化组织正式化、规范化,重新树立村级自治组织的主体性及其在村级公共事务决策中的主导性,为协商民主实现提供足够的社会场域(戴玉琴,2016)。"要使公民协商真正成为公民手中的政治资源,就必须让公民明晰地了解基层社会有几种公民协商机制可以运用，各种公民协商机制的功能分别是什么。明晰了这些，也就明晰了公民在基层民主中的地位和拥有的政治资源，从而也就明晰了公民进行有序参与的空间、渠道和可能的影响力。"（林尚立，2007）因此，当前应该以推进农村协商民主建设为契机，积极拓宽农民参政的渠道，积极推动农民政治启蒙。

第二，以土地确权为契机，明确农民的各项政治权利。如前文所述，进行土地确权，明确农民享有土地的各项权益，是从外部为农民成为土地主人提供政策和法律保障，也是从外部促进农民政治启蒙的一种方式。当前在全国范围内全面开展的农村土地确权登记颁证工作，往往着眼于健全农村土地承包经营权登记制度，强化对农村耕地、林地等各类土地承包经营权的物权保护；着眼于加快推进农村征地制度改革，依法提高农民在土地增值收益中的分配比例；着眼于加强农村集体"三资"管理，积极探索集体经济的多种有效实现形式，不断壮大集体经济实力等。其实，农村土地确权最重大的意义在于从法律上明确农民对土地的权利，从而推动农民依法维护自身权利，实现政治启蒙。当前农民政治参与不足的一个重要原因在于农民对自身所拥有的政治权利不清楚、不明确甚至不知情，当然也就无法谈及依法维权了。因此，应该正确认识农村土地确权的重大意义，以农村土地确权为突破口，采取积极有效的形式、方法对农民进行政治权利的宣传教育，让农民明确自身所拥有的权利。只有如此，农民才能具备积极参与政治的热情，他们的政治主体地位才能提高，由维权引发的社会群体性事件才能得以避免。

第三，以培育新型职业农民为突破口，努力打破板结化的社会结构，给农民以自由流动的社会空间。如前文所述，如果社会阶层的流动渠道持续狭窄，不同的社会阶层缺乏必要的交汇和流通，社会结构就会出现板结化的趋势，社会矛盾就有进一步激化的可能。就农民政治启蒙而言，当前社会结构板结化的趋势，正在有形无形地影响着农民的价值观念、思维方式和生存方式，影响着农民参与政治的热情，甚至引发一系列的不稳定的因素。因此，从推动农民政治启蒙的角度而言，打破社会结构板结化无疑是亟须解决的问题。打破板结化的社会结构，实现良性的社会阶层流动，必须建设一个高度开放的社会、经济活跃的社会、教育公平的社会、分配消费公正的社会。这就要求，政府在促进社会阶层合理流动的过程中，所制定的政策、制度必须公正合理，并能够给予社会弱势群体比如农民以更多的倾斜，只有这样，才能维持社会成员的公平竞争，才能防止农民被锁定在社会底层。其中尤以合理公正的教育体制和健全完善的公务员考录制度最为重要。只有公正合理的教育体制才能重塑农民"书包翻身"的梦想，也才能真正发挥教育在社会阶层流动中的重要作用，促进社会下层向社会中上层的流动；只有健全完善的公务员考录制度，才能杜绝"萝卜招聘"的不公平现象，也才能真正使公务员制度成为社会阶层流动的新途径，使寒门子弟能够看到"鱼跃龙门"的希望。

除此之外，打破社会结构的板结化，我们还可以采取逆向思维，即不断提高农民阶层的社会地位，使农民成为社会成员所热衷从事甚而追捧的"新型职业"。在中国历史上从来没有过"职业农民"，只有"身份"农民，并且是"世袭"的身份。"农民"是"一种社会等级、一种身份、一种生存状态、一种社会组织方式、一种文化乃至一种心理状态"（邓聿文，2003），是不能从事其他任何职业的社会成员迫不得已的最终归宿，因此这种身份是低下的、卑贱的、不被尊重的。"农民"之所以在当前不能像公务员、教师、工人、警察、军人等成为一种职业，其根本原因在于：对于戴着"农民"这顶帽子的人而言，做"农民"是不得已而为之的无奈选择，具有强制性、不可选择性，不能像其他职业的从业者那样，可以自由变换自己的职业选择，当然也就根本谈不上对"农民"拥有职业兴趣。当前实施的新型职业农民培育工程正在努力改变这一状态，以使"农民"真正成为一种职业，一种社会成员所向往的"新型职业"，从而推动现代农业的发展。因此，可以以新型职业农民培育为突破口，改变农民的社会地位、生存状态，以逆向回流的方式努力打破社会结构的板结化，为农民政治启蒙创设公平公正的社会环境。

第四，严格约束大众传媒，为农民政治启蒙营造良好的舆论环境。启蒙尤其是农民启蒙与大众传媒有着密切的关系。大众传媒是现代化的"催化剂"，是否能有效利用大众传媒直接关系到农民启蒙的范围与效果。新时期以来，大众传媒从原来的广播、报纸、电视已经发展到今天的互联网时代的众多新媒体，相对于原来闭塞的信息环境，今天的农民已经很容易获取到外部的各种信息尤其是政治方面的政策、法规信息。当前的农民通过电视、网络、新媒体了解的各种维权事件，与自己所掌握的政策信息的碰撞，必将促进其政治启蒙，提升其政治主体性。然而，当前大众传媒所传播的各种信息往往是泥沙俱下的，各种负面的、恶俗的、暴力的、色情的内容，会严重污染农民原有的精神世界，尤其是就政治启蒙而言，由于农民处理所获得信息的能力不足，很多信息会误导农民走向体制外参与、非制度性参与，甚而引发暴力抗法事件。同时，大众传媒所传播的大众文化在当前社会尤其是农村社会逐渐形成了一种话语霸权，呈现出一种大众文化的话语控制趋势，这在农民启蒙的过程中又将使农民从对传统的依附转向对大众文化的依附，农民刚刚确立的主体性又再次遭到破坏，失去了说话与表达的能力，甚至导致自我本质的丧失，只能将自身的前途和命运，拱手交于媒介掌控者的手中。因此，在农民政治启蒙的过程中一定要注意大众传媒尤其是主流媒体的作用，一方面应发挥其在农民政治启蒙中的积极促进作用，通过报道农民现实生活中的案例，引导农民树立法治观念、权利意识，激发农民积极参与政治的热情，从而塑造农民的政治主体性；另一方面要规避其所可能产生的负面作用，净化大众传媒所传递的信息，严格控制各种对农民造成不良影响的内容的传播，在媒体的宣传中，应多关注农民理性维权的实践，而不只是报道匍匐在镜头前对政府感恩涕零的农民形象，从而为农民政治启蒙营造良好的舆论环境。

徐勇教授认为，改革开放以来，中国农民基本上解决了温饱问题，他们的生存理性已由第一个层面向第二个层面跃迁。他们面临的主要是相对贫困、权利匮乏、城乡差距、期望和能力的冲突等，由此滋生出不满情绪。……由此就为执政党和政府提出了新的要求——不仅要使农民免于对物质匮乏的恐惧，更要着力建构一个公平正义的社会，使他们能够获得平等的国民待遇，从而建构农民新的政治认同（徐勇，2010）。因此，政府应该着力建构一个公平正义的社会，赋予农民平等的国民待遇，从而使农民能够获得在生活、社会意义上的生存，提高农民的生存质量。因为"当农民能够作为一个平等的国民存在，他们更多的是对国家的认同而不是一味地反抗"。

2. 着眼于提高自身政治主体性，打造农民政治启蒙的内在动力

一段时间以来，已有很多学者开始关注和研究农民的政治观念、政治心理、政治参与等，有学者认为中国农民自改革开放以来，政治主体意识进一步发展、政治效能感进一步增强、政治参与意识进一步提高、政治动机利益化趋向进一步明显、政治心态由保守走向变革开放、政治信任感和认同感明显增强（冯祥武、蒋彩娟，2005）；也有学者认为，"农民个体的经济自由度和政治自主度大大提高，不再是传统的受制于乡村政治体制约束的群体，其人性价值中的开放、独立、进取、民权等内涵不断释放，'现代农民'的身份已经成形，'政治农民'的形象逐步树立"（彭澎，2013）。但是，由于传统农民政治文化的历史惯性影响，农民的现代政治心理尚处于发展阶段，其政治心理、观念中传统消极的因素仍然在作祟，政治依附心理依然存在，政治参与意识和行为易受情绪影响，法律观念相对淡薄，导致他们在政治参与中出现过激行为乃至违法的非政治参与现象。因此，从打造农民政治启蒙的内在动力而言，当前农民在政治参与过程中应该注意以下几个方面的问题。

第一，积极培育自由、民主、法治等社会主义政治观念，扎实提升自身政治素养。徐勇教授的调查发现，如果设定政治素质的最高分为1，全国农民政治素质得分为0.5867，整体处于中等水平（徐勇等，2014a：643）。因此，就农民政治启蒙的当前状况而言，农民的首要任务便是自觉地树立社会主义民主政治观念，提升自身的政治素质。农民应该自觉地打破依附、顺从权威的政治心理、人格，以自由为核心维护自己作为人的权利并履行相应的义务，积极主动地参与村民自治、社区协商，坚持依法维权。不可否认的是，中国传统政治文化对农民的影响还根深蒂固地存在着，尤其是农民在现实政治生活中受到不公正待遇时，这种影响便会沉渣泛起，阻碍农民的政治启蒙。

因此，当前中国农民的政治启蒙，首先仍应着眼于农民个体理性的觉醒，即使农民确立自己的主体性人格，走出传统政治形态下那种个性被放逐、主体性丧失的状态，然后才能真正确立自由、平等、民主、法治的精神，从而真正从传统的村民、臣民政治心理走向现代的公民政治心理，从依附、顺从、只尽绝对义务而无相应权利的政治观念走向追求自由、平等、权利与义务对等的政治观念，从消极的政治冷漠走向积极的政治参与。社会主义民主政治制度要想在乡村真正确立，农民就必须扫除任何宗教的或传统的、与民主直接对立的价值观念对民主制度的阻碍，必须具有基本的民主、自由、公平和法治观念，必须知道自己的利益和权利所在，从而主动参与政治生活。如果没有理性的觉醒作为基础，农民的政治启蒙就不可能内化为人性中必然的层次，反而会异化为物欲横流的肇端。正如费孝通先生明确指出的："现行的司法制度在乡间发生了很特殊的副作用，它破坏了原有的礼治秩序，但并不能有效地建立起法治秩序。法治秩序的建立不能单靠制定若干法律条文和设立若干法庭，重要的还得看人民怎样去应用这些设备。更进一步，在社会结构和思想观念上还得先有一番改革。如果在这些方面不加以改革，单把法律和法庭推行下乡，结果法治秩序的好处未得，而破坏礼治秩序的弊病却已先发生了。"（费孝通，2008：72）

第二，走出"利益参与"怪圈，积极参与村民自治、社区协商。学界对当前农民政治参与动机的研究表明，农民参与政治生活的基本动机在于经济层面，即为了寻求经济利益的保护。换言之，对于大多数农民而言，参与政治生活的目的是希望获得最大限度的利益。《中国选举状况的报告》指出，"民主选举与农民素质和文化没有直接的关系，只有利益才是决定选举的动力"（陈晓莉，2007：111）。华中师范大学中国农村研究院2011年的一份调查显示，在参与调查的农民中，"有一半的农民没有参加过村民会议，在参加村民会议的农民中，有69.9%的农民从没有提过意见或建议，当农民对国家政策有意见时，会试向政府有关部门提出建议的比例就更低了，为34.6%"（徐勇等，2012）。这就说明，农民的政治参与更多的呈现为一种为保护自身利益而进行的问题性的参与，而不是有强烈的参与意愿的，把参与合法而理性的公共决策当成自己的权利和义务的自觉性的参与。大部分农民给自己的定位是"投票机器"，即只在乡村两级民主政治投票日参加投票的"机器"。这种"投票机器"的自我定位，表明农民对民主政治仅限于形式上的认知，也反映了农民在乡村政治参与上的被动和无奈。

就此而言，当前农民应该正视自己参与村民自治、社区协商的权利，或者说应该将其作为自身的一项公民义务而积极承担，改变"各扫自家门前雪，莫管他人瓦上霜"的参与态度，摆脱"投票机器"的被动心态，走出"利益参与"这种眼光短视的怪圈，从而积极主动地参与到政治生活中，参与到乡村公共事务的治理中，真正为了自己和乡村的长远利益而发表意见，慎重投出自己神圣的一票。当然农民这种积极主动的政治参与只能在政治生活中慢慢培养。近年来，部分农村出现了"富人治村"的现象，在某种程度上将大多数村民挡在政治参与的大门之外，十分值得我们关注和思考。据相关调查，在西部某省S乡，"富人治村"是比较普遍的，主要指村干部及其亲属利用组织资源承包村里的鱼塘、河渠和山林等，优先租用集市的商铺或在交通要道边修建住房和商铺，成为专业养殖户或个体工商户。当然"富人治村"的影响应该一分为二来看，有些担任乡村主要干部的经济能人致力于推动乡村发展致富，为建设美丽乡村做出了积极贡献，但也有些经济能人利用乡村公共资源谋取私利，导致了"村干部贪腐"的现象。就农民政治启蒙而言，"富人治村"的不良现象对农民政治参与产生了不良影响，逐渐形成对大多数农民的压制，将乡村中的大多数人排斥在基层民主决策之外。而这正是在农民参与政治生活的过程中必须解决的问题。只有避免"富人治村"对多数农民的压制，使所有村民都能参与到乡村公共事务中，才能为农民参与政治生活创造条件。

在农村社区创设的各种村民自治、民主协商的平台上，农民可以一边参与政治生活，一边提高自身参与政治的热情和能力：农民在公共领域表达自己的想法，就锻炼了自身参与政治生活的表述力、辩论力和理性思维能力；在社区民主协商的政治生活中，农民倾听他人的意见，关注他人的境遇，将慢慢走出狭隘的个人意识，走向维护乡村、社区共同利益的价值旨归，逐渐提升公共意识；在参与政治生活的过程中，农民的政治认知水平得到进一步提升、政治参与意识进一步提高、政治信任感和效能感进一步增强、政治主体意识进一步发展。总之，农民积极参与村民自治、社区协商的热情和能力必须在参与过程中逐渐培养，要相信农民是自己利益的最好维护者，要把农民的事情交给农民协商决定，只有这样，农村的事情才能办好。

第三，依法维权，拒绝体制外的对抗性行为。近年来，涉及农村群体性事件或者恶性冲突事件的相关新闻报道越来越多，且事件的激烈程度、引发的社会关注程度都有上升趋势。根据温铁军教授的调研，征地补偿不公、土地征用不合法是群体性事件的主要诱因，环境问题可能成为未来冲突爆发的重要隐患，而农村基层治理中的不公正现象最容易引发不满，同时农村社会公共服务问题也可能引发不满并导致冲突（温铁军、郎晓娟、郑风田，2011）。如前文所述，农村的群体性抗争事件的发生，是农民体制内政治参与的信心与热情遭受现实的严重挫伤之后的体制外政治参与。这种体制外政治参与在某种程度上体现了农民政治参与意识的增强和政治主体性的提高。但是，一些体制外参与的抗争行为，比如暴力围攻政府，毕竟在事实上扰乱了社会的正常秩序，构成了违法行为。这也恰恰证明了农民政治主体性还不是很成熟，还需要在村民自治的民主选举、决策、管理、监督过程中继续加以提升，只有这样，才能使他们能够真正按照现代民主政治的方式，以国家公民的身份参与到政治事务中。

温铁军教授的研究指出，虽然从总体上看，我国农村社会还处在一种稳定状态，发生冲突的比例较低，且大多数规模较小、激烈程度不高。但一方面，我国农村地区巨大的人口基数决定了即使比例较低，爆发出冲突的绝对数量也不容乐观；另一方面，农村地区积累的大量不满情绪如果得不到纾解，将给未来的社会稳定维护造成极大的困难。因此，从政府管理的角度来看，关注大多数农村居民的实际需求，改善社会管理方式，拓宽司法渠道等制度内解决农村纠纷的机制，规范政府权力与个人权利、群体利益之间应有的边界，是维护当前农村社会稳定亟须解决的问题。

而就农民自身而言，这种体制外的政治参与作为消极的政治参与，是农民对村民自治、社区协商所持的消极和冷漠态度的表现，这种传统惯常的从体制外寻找维护自身权益的方式，表征着农民参与政治仍然具有传统臣民的阴影。温铁军教授的研究显示，当前农民已经具备了一定的法律意识，在心理上已经有意愿通过司法渠道来解决其面临的纠纷或者冲突。这就说明农民已经具有了通过合法渠道维护自身权益的意识，具备了依法维权的基础。所以，当前农民应该努力摆脱传统皇权观念的影响，弄清政府权力与个人权利、群体利益之间的规范、边界，在政府拓宽的各种参政渠道中，依法维护自身的权益，避免参与群体性抗争事件，积极维护农村社会的稳定。

第四，树立对等的权利义务观念，积极承担相应的责任和义务。随着税费制度改革，尤其是 2006 年全面取消农业税之后，传统的以义务维系国家与农民之间的制度性纽带业已消弭，当前农民在维护自身权益的过程中出现了另一种极端的现象，即对国家、社会、经济、道德乃至法律的责任义务观念迅速淡化甚至消失。造成这一现象的主要原因在于："农民群体整体性地缺乏对国家和社会所应该承担责任和义务的认识；税费制度改革带来的乡村治理结构的变化一定程度上导致了农民社会责任义务的淡化与消解；农民土地产权虚置及其市场收益分配不公加剧了农民对公共责任义务的抵制情绪；党群干群关系的恶化一定程度上削弱了农民对承担国家和社会责任义务的观念和意识；党政干部中存在的消极腐败现象很大程度上挫伤了农民群体承担社会责任义务的积极性和主动性；社会贫富差距拉大加剧了农民群体的社会信用体系和责任义务的瓦解；长期存在的底层心态与弱势社会心理也加剧了农民对抗的心态；市场驱动下的物欲扩张削弱了农民群体承担社会责任义务的价值基础。"（朱明国，2013）

换言之，农民在转变"只有绝对义务而无相应权利"的政治观念的过程中，走向了另一个极端：只追求权利而不履行义务。在中国传统的中央专制集权的社会里，农民只能履行绝对义务而无相应的政治权利，但是当农民政治主体性逐步提高却还未成熟，农民对权利与义务的关系还不是十分明确时，在现实的政治参与中，挣脱了传统义务观念束缚的农民，只注重了对自身政治权利的追求与维护，却忽略了自身应该承担的相应的义务和责任，便从一个极端走向了另一个极端。农民的很多体制外参与都烙上了权利与义务相隔裂的痕迹：只想要权利，不愿尽责任和义务。因此，从确立农民政治观念的角度而言，当前农民的政治启蒙就要着眼于"只有绝对义务而无相应权利"的政治观念向"权利与义务对应"的政治观念的转变。

阿尔蒙德指出："规范性政治理论所谓积极的、有影响力的公民并没有排除公民的义务，如果他参与了制定法律的过程，他也被期望遵守法律。事实上，已经有人指出，正是因为他曾经参与，他就更有义务服从。"（加布里埃尔·A. 阿尔蒙德、西德尼·维巴，2014：124）就此而言，农民应该积极地参与到村民自治、社区协商中，在积极的政治参与中培养自己的国家主体意识、权利和责任意识、法治意识、合作意识、契约意识等公民意识，从而能够以一个合格的国家公民参与政治生活。

第五，强化主人翁意识，真正确立政治主体性。相关数据显示，当前农民参与村民会议或村民代表会议积极性不高，在全国有效样本中，农民"不愿意竞选"的占比为57.9%，"非常愿意"和"愿意但没能力"合计占比为39.86%；"经常参加"村民代表会议的农民占比为24.16%，"偶尔参加"的农民占比为34.57%，"从不参加"和"没有参加过"的农民占比分别为10.86%和30.41%；只有16.52%的农民表示"愿意"成为监督委员会成员，表示"不愿意"的农民占比高达83.42%；认为参与基层民主选举"有用"的农民占比为51.75%，认为"一般"和"没有用"的占比分别为28.36%和19.89%（徐勇等，2014a：116、154、239、675）。这些数据都充分说明，大多数农民还没有将村子的事务当作自己的事情，还没有用一种主人翁的心态来对待公共事务。因此，未来农民应该在政府的引导下，在村民自治、社区协商的平台上，在拓宽的参政渠道中，积极参政议政，强化自身的主人翁意识，以使现代政治人格真正得以挺立，实现政治启蒙。

以上，我们从外在环境和内在动力两方面探讨了推进农民政治启蒙的方式和途径。之所以要划分内外两个方面，是为了理论的澄清和研究的方便，但在现实中，这两方面是交融在一起的，尤其是农民自身要能够实现上述五点的转变，还需要以政府为主导的外力的引导才能够打破僵局。总之，未来农民政治启蒙在政府创设的外部环境里，在农民自己打造的内在动力的推动下，还要经历很长时间的跋涉。

第三章　新时期农民启蒙的道德突破与
现实困厄

新时期以来，中国农民逐步冲破迷信的束缚，开始自主地生产经营，并积极地展开政治参与，表现出相当的主体性格。但是，当我们认真考察他们的进步轨迹，便会清楚地看到这种主体性意识的提升和自然科学进步之间的紧密关联，及其所呈现出的鲜明的目的理性特征和相当的单向度倾向。于是，我们不无遗憾地看到，自主的获得在农民的理性、经济、政治生活中表现出的正相关关系，并未同时出现在道德生活中，甚至于有相反的表现。

茨维坦·托多罗夫在《启蒙的精神》一书中指出："自主的渴求使得认知摆脱道德的监管，对真的追求脱离善的需要。这种需求被发展到极端，过分地膨胀了自身的欲望：现在正是认知意欲规定一个社会的价值。"（茨维坦·托多罗夫，2012：43）这一论断敏锐地指出了问题的症结，对我们认知新时期农民的道德面相大有裨益。一方面，对自主的渴求带来的是认知摆脱道德监管的风险，即可能出现追求"真"（科技）脱离了"善"（价值）的需要。另一方面，当个体依托工具理性"自主"地逸出道德规范，道德的意义便自然地旁落了。当道德的要求和科技进步过程中对工具理性、功利原则的要求相悖时，道德甚至会成为被批判的对象，被肆意凌辱、任意践踏。而在利益竞争中，道德又成为规范对手以保证自己利益最大化的有效工具。

进而言之，农民在道德生活中处于尴尬境地实际上折射出的是道德本身的困境。传统道德谱系所赖以存在并能够发生规范性作用的基础，已随着科技的进步而大大改变了，但道德建设的进程却相对迟缓。换言之，农民全新的生活方式对传统的道德谱系提出了严峻的挑战，农民需要新型的道德原则和道德规范来规约自己的生活，满足自身的社会认同感。对于农民来说，他们需要道德生活，但是又无力体察新型的道德原则，建设新型的道德规范。他们所能做的就是努力追赶理性的脚步，以免在时代的潮流中被遗落，并以此来帮助自己摆脱自身关于道德生活的失据感，祈求以利益成功者的姿态赢得社会的尊重和认可。而这样一来，道德在他们的生活中便更加边缘化，慢慢地淡出了他们的视线。农民生活的单向度和道德的旁落互相印证，在科技进步的裹挟下亦步亦趋。

就此而言，新时期中国农民的道德面相是繁杂的，甚至是混乱的。我们力图借助天人之辩、群己之辩、义利之辩、理欲之辩的逻辑理路，系统梳理农民启蒙的道德面相，进而探索能够在启蒙话语中提升农民道德意识，促进农民全面发展、整体进步的现实路径。

一　启蒙与道德

不论是对于西方建基于宗教的道德，还是对于中国建基于传统伦理的道德，启蒙都具有巨大的破坏力，甚而从根本上动摇了传统道德的根基。这种动摇与破坏是进步还是倒退，成为一些启蒙思想家尤其是反启蒙的思想家不断追问和反思的问题。西方的启蒙运动始终萦绕着各种批判的声音，其中比较强烈的便是针对启蒙运动对传统道德的瓦解的批评。这种批评到后现代主义那里达到了巅峰，有学者认为"现代性的兴起伴随着道德的变迁与破碎"（A. 麦金太尔，2003：260），启蒙理性所主张的现代性道德以失败而告终，留给我们一个贫乏的道德景象和一个腐化变质的道德话语；或者认为启蒙运动对道德冲突的悲剧麻木不仁，天真地假设所有的困境都有简单的解决办法；更有甚者，认为启蒙运动对权利和自由的激情释放出一种毁灭性的个人主义，这种个人主义削弱了对共同体的任何感觉，责骂启蒙运动是热爱"主人式的元叙述"，敌视"他性"。[①]霍克海默和阿道尔诺对启蒙运动的批判更是达到了登峰造极的地步，认为启蒙运动试图把这个世界从神话和迷信的支配中解放出来，但这种努力已经陷入了一种致命

①　比如，路易·德·博纳勒指出，启蒙运动的错误就是以人代替了作为人类理想典范的上帝，以每个个体想要自由支配的理性代替了集体的传统，以平等代替了等级，以对多样性的崇拜代替了对单一性的崇拜。参见〔法〕茨维坦·托多罗夫，2012，《启蒙的精神》，第34页。

的辩证法——启蒙本身返回了神话，助长了种种新的支配，这些支配由于声称得到了理性本身的证明而显得更加阴险。因而，现代性道德本质上是一种权威主义道德，把道德视作对人的感性的控制和克服。这意味着启蒙运动从反对权威走向服从权威，并造就了一种权威主义的道德人格。鲍曼更是用语犀利地指出："我们需要斟酌这样的事实，即除其他方面外，文明化进程是一个把使用和部署暴力从道德计算中剥离出去的过程，也是一个把理性的迫切要求从道德规范或者道德自抑的干扰中解放出来的过程。"（鲍曼，2002：38）

现代性道德之所以会遭受到种种批评和责难，首先，主要原因在于其自身存在的逻辑困境：现代性道德拒斥了传统道德的目的论，将道德的目标完全等同于某种固定的人性特征——一种客观的"事实"性存在、能被现代科学理性认识的确定性知识，从而不再具有价值维度。"启蒙道德筹划的核心价值诉求就是摆脱一切外在的束缚，追求道德的内在化。而独立于人的目的的道德命令又如何能内化为人自身的道德判断和道德行为？这一问题成了现代道德哲学自身的一个理论瓶颈。"（胡娟，2009）发展人性与理性道德训诫相割裂，致使道德在实践中的理性训诫失去了它发展人性、实现人的目的的意义和功能，变成了一种外在的规则或"道德命令"。这样，现代性道德的合理性论证与其对道德内在化的价值诉求相背离，无法实现由事实向价值的转化，而完全成了对人的一种外在约束。

其次，在于现代性自我的主体性确立对道德规范的挑战。人的主体性和人的价值在启蒙中得以弘扬，个体性得以独立和张扬，人开始挣脱传统的束缚，作为自由独立的个体而存在。这本来是启蒙运动的胜利，但是这一胜利在道德领域中，却因为人的主体性和个体性的张扬，导致自我与社会角色的分离以及自我与道德共同体的分离，从而打破了道德规范的约束，从道德一元论走向了道德多元化。道德多元化无异于取消了道德，取消了道德必然造成道德虚无。道德多元化掩盖的是道德虚无化和道德相对主义的事实。但是，自我要想获得真正的自由和解放，就必须保持对社会角色和道德共同体的优先性。脱离了社会角色和道德共同体的现代性自我，必然导致现代社会特有的责任悖论——"责任明确，但无人承担"，从而使现代社会陷入"贫乏的道德景象"和"腐化变质的道德话语"，遭人诟病。

面对种种批评和责难，启蒙运动的支持者和维护者奋起辩护，悖论性地提出，"只有通过吸收和占据启蒙运动的最激烈的批评者的论证，才有可能让启蒙的希望永葆生机""一切抵制启蒙的努力悖论性地证明只是充当了进一步启蒙的原因"（茨维坦·托多罗夫，2012：25～26）。换言之，对启蒙的批评和责难进行研究和吸收，恰恰是现代性道德走出困境、走出"贫乏道德景象"的正确方式。哈贝马斯认为，现代性道德危机的出现是因为，现代性的完成有赖于科技和道德的双向进步、工具理性和交往理性的均衡发展、系统现代性和生活世界现代性的双重进化等，这些本应平衡发展的关系由于理性的片面发展而遭到破坏，导致了工具理性主导的系统对交往理性主导的生活世界的殖民化，生活世界出现垮塌，主要表现为金钱和权力关系作为支配系统的原则侵入生活世界成为支配性原则，削弱了生活世界的整合能力，从而出现现代性道德危机。

但我们不得不承认，第一，现代性道德的重构毕竟摆脱了宗教和神学的控制，不再以神而是以人，以人的理性作为新的道德基础，重新确立了普遍和客观的道德标准，这是启蒙对人类文明进步的巨大推动。虽然"对宗教、道德和政治关怀的自由的、无拘无束的讨论也许会削弱社会所依据的约定俗成的风俗和信仰"（詹姆斯·施密特编，2005：4），但是，这些约定俗成的风俗和信仰当中毕竟还存在着一些负面的、制约人自由运用理性的因素，启蒙恰恰将这些负面的因素几乎全部根除。第二，启蒙对人的主体性的塑造保证了"自我"对于道德的优先性地位，使个体开始自觉意识到自身才是道德的主体，即道德是人的道德，道德是人为自己立法，并不需要权威理论家教导自己道德的要求是什么，从而摆脱了以道德的名义对人进行的各种外在压迫和束缚。毫无疑问，这对人性解放与社会进步产生了巨大的推动作用。这是启蒙对于现代性道德重构的积极的一面。

当然，不论启蒙思想家对现代性道德进行怎样的辩护，不可否认的是，启蒙运动所重构的现代性道德和所倡导的"原子式"自我确实导致了现代性道德危机的现实。第一，现代性道德虽然剥除了宗教和神学对道德理念、原则和规范的束缚与制约，但同时也将实现人性完善的目的一并剥离了，从而导致脱离目的的现代性道德完全变成了一种外在的规则，这与其对道德内在化的价值诉求构成了一种悖论，造成了道德规范与道德践履之间的割裂，现代华丽的道德规范成了一种摆设而不再对社会起规范作用。第二，现代性道德摆脱了以道德的名义对人的各种外在压迫和束缚，保证了"自我"对于道德的优先性地位，但是，确立了自主性的自我被视为一个"先于并分离于"一切角色的个体，造成"我"的道德责任和"我"所承担的角色的道德责任分离，致使失去角色责任的支撑和失去道德责任引导的现代性自我经常面临"道德两难"：要保持独立的自我就不能履行道德义务，要履行道德责任就难免失去独立的自我。无疑，这阻碍了人类文明的进步甚而形成一种道德倒退的惨景，这便是启蒙对于现代性道德重构的消极的一面。

如果我们将对启蒙的种种批评化作继续启蒙的动力，将对启蒙道德的种种责难当作重建现代性道德的反思路径，那么，我们就应该继续高举启蒙理性的大旗，在阐扬启蒙精神的主线下，推进启蒙以及重建现代性道德。因为，启蒙所造就的现代性其实并未穷尽理性的所有潜能，因而现代性依然是一项未完成的谋划，从而现代性道德也就依然可以找到理性的出路来为自己的普遍性进行辩护（哈贝马斯，2004：10）。我们必须明白，虽然启蒙的根本目的是人类的自由解放，但这种解放并不是毫无限制的，只有在重建的启蒙道德的规约下，人类的自由和解放才能逐步实现，节节胜利。因为"现代性道德作为其（启蒙理性——引者注）限制因素为启蒙精神在各个领域的推进起到了平衡与制约作用"（陈太明，2013）。因此，我们应从重建现代性道德的思路出发，坚持在"反思启蒙"中继续启蒙的立场，跳出现代性道德哲学的内在逻辑矛盾，将重建现代性道德与重建现代性自我密切相连，在道德传统中寻找理论资源和现实资源，破解现代性道德危机的难题。只有厘清传统道德的优与劣，并将其优秀的成分化作现代性道德的营养因子，现代性道德重建才可能实现，并发挥其推进启蒙的应有作用；只有将"自我"置于现实的社会背景下，在具体的社会实践生活的叙事中进行重构，才能获得一种真实的"自我"，即能够与现代性道德相适宜的"自我"。

近代以来，随着中国传统价值体系的坍塌，现代性道德体系的重建大致围绕着天人之辩、群己之辩、义利之辩、理欲之辩的逻辑路径展开。在此过程中，随着"天命的没落"（高瑞泉，2007），德性的内在超越之路被封堵，道义引导、规约个体追求功利的超越性规范的意义旁落，理性道德原则与个体生命体验的融通被分裂，建基于全新世界观、人生观上的现代性道德开始构建，表现为以下三个方面。其一，在道德原则上，不再以传统的"天命""天道""天理"作为人的德性之源，作为人的德性内在超越的价值依归，而是将人的自由意志作为基本的道德原则，换言之，不再是"天"为道德立法，而是人为道德立法；其二，在道德理想上，抛弃了传统通过"克己复礼""天人相通"，构建超越于现实社会政治制度的"心灵秩序"，并由此最终达到一个"天地位焉，万物育焉"、和谐有序的道德共同体的"超越的"道德理想，而代之以一个奠基于理性认识之上，通过解放个性、实现自由、追求幸福的新道德理想；其三，在道德规范上，破除了传统以"三纲五常"为核心价值理念的伦理秩序对个体自我的束缚与控制，确立了追求个体自由、平等、民主、权利以至实现大同社会的新伦理秩序。这些无疑对推动中国现代性道德的构建产生了积极的作用。随着对传统纲常名教控制的逐渐摆脱，个人从传统道德秩序中获得了彻底的解放，慢慢成为既具有自主性，也具有自足性的主体，开始依据多元的自由个性和价值选择，对自己的人生"自作主宰"，在自由、平等、民主、权利的引领下追逐属于自己的幸福与快乐。

但是，在传统价值体系向现代价值体系演变的过程中，由于民族救亡与现代化建设的历史迫切性，近代思想家们对传统价值观的反思往往流于简单，并总是逻辑地包含着较强的否定趋向。"这种趋向固然顺应了超越传统的时代主旋律，因而有其历史的合理性，但以打倒儒教的形式来实现传统的超越，毕竟又蕴涵着与传统完全脱节的可能，而后者往往容易引发文化认同的危机及意义的危机。"（杨国荣，1994：356）出于同样的原因，他们对舶来的西学中个体本位的观念也较少关注其精神实质，而更多地注目于其现实的结果。因此，近代思想家们所致力的主体尊严、个体解放，以及相应的平等、民主、权利、责任等观念往往有太多的局限，他们仅将目光投注在现实的世俗世界，并不关心其背后的文化依傍。实际上，中西文化的差异并非仅仅在于地域的不同，其更深层的原因是双方时代的距离。因此，西方的现代价值观念在试图走出中世纪的中国，所产生的影响更多地局限在技术层面，也就是说，这种现代价值观念很难从整体上向东方迁移，这就必然在中国现代性道德的构建中引发一系列的问题和危机。

新时期以来，中国农民在道德领域的跋涉也历尽坎坷，在向现代性道德挺进的过程中，传统的价值体系与新建的现代价值体系之间出现了巨大的裂痕，唯我主义、个人主义、功利主义开始泛滥，农民个人生活表现出狭隘化和平庸化的倾向。置身于一个缺乏超越精神的现代社会，农民除了失去更大的社会和宇宙视野之外，还失去了更高的目标感，终日沉溺于寻找一种"渺小和粗鄙的快乐"。热衷于私人生活的满足，使农民失去了更为宽阔的道德和情感的视野。目标感的丧失无疑与人生狭隘化相连，缺乏德性规约的农民，转而成为一种"无公德的个人"。

二 农民启蒙：天人之际的道德旁落

在中国古代历史上，天人之辩一直是传统价值体系的缘起、基础和依据。近代以来，随着西方文化的冲击，传统天命的没落，中国人价值观念中的"天"逐渐褪去了神圣的光环，从道德的源泉逐渐沦落为自然之天，从制定人的道德原则和道德规范的依据逐渐演变为被安排的对象。传统天人之辩的瓦解，从某种意义上而言，正是人的主体性获得的表现，正是启蒙一步步展开的表现。

新时期以来，现代科技的迅猛发展，进一步推动了农民价值观念中传统天道的旁落。从启蒙的层面来说，现代科技一方面将天的神秘面纱一层层揭开，另一方面，也将传统天道的神圣地位逐渐摧毁。换言之，启蒙的祛魅过程不但消除了农民对天的神秘认知，同时也消解了天的神圣意义。作为一个硬币的两面，天的神圣意义被消解和农民主体性的获得是相互印证的，只有从天命中解放出来，农民的主体力量才能够发挥出来。而农民的主体力量的确证，又使农民的理性能力得以发展。当天的道德意义完全旁落，价值意味完全被事实判断所代替，天就成了纯粹的对象性的自然存在。因此，从天人关系的角度看，农民一方面摆脱了传统天命的道德束缚，跃升为道德的主体，另一方面又因为天的神圣性的消失，农民在道德领域的敬畏之心也逐渐削弱，目的理性逐步攀升，价值理性规约的失去，使农民变得有些无所顾忌。究其实，天人关系的世俗化使得人的主体性的发挥成为可能，而天人之间价值关联的消弭，在实现道德进步之外，又暗含着道德的歧出。

1. 天人之际的道德意蕴

中国传统道德规范的合理性和正当性来自于"天"，展现为"天命"的客观规律成为道德的必然之理，对于天的"认知"构成了价值体系和道德规范的基础和依据。中国哲学中的天人关系既涉及天道观，又关联着价值观。"天"即广义的自然，"人"则指人的文化创造及其成果。在中国传统价值观的视阈里，天人之辩牵涉两个层面：人自身的存在，以及人与对象之间的关系。

就人自身的存在这一层面而言，所谓"天"主要指人的"天性"，"人"则更多的与"德性"相关联。"天性"牵涉的是人在自然意义上的相关规定，即人既具有生物意义上的各种自然属性，也具有与这种规定相关联的自然意义上的精神趋向。"德性"与"天性"相对立而存在，狭义上是指道德或伦理意义的规定，广义上是指人的文化性、社会性的品格。作为价值主体的人要能够维持自身的存在，合理的依归是超越天性和德性之间的对峙和分离。一方面，人首先要经历一个从自然到人化（社会化）的过程，唯有超越了自然（"天性"），人才能获得内在的价值（"德性"），即自然的人化；另一方面，在自然的人化过程中所创造的社会准则（自然的人化的结果），尤其是伦理原则，也不应违背自然（"天性"），要能够逐渐内化于主体，成为主体的"德性"（第二天性），即人的自然化。

就人与对象之间的关系这一层面而言，"天"更多地关乎自然本身的法则，而"人"则与人的目的性以及价值追求相联系，牵涉的是合法则性与合目的性的关系。在天人互动的过程中，一方面人不可能永远停留在自然状态之中，总是不断进行文化创造，极力追求自身的目的，努力实现不同的价值理想；另一方面，人在实现自身目的、追求自身价值理想的过程中，又必须尊重而不能违背自然本身的法则，不能将自然法则消解于人自身的目的性。从天人之辩所涉及的价值原则来看，天、人互动的合理依归应该是实现合法则性与合目的性的统一。合目的性涉及的是人道的原则，合法则性涉及的是自然的原则。如果在离开自然法则的前提下过于强化人的目的，则将流于极端功利主义的偏颇，同样，如果在离开人道原则的前提下片面强化自然法则，则将流于"无为为之"的偏颇，弱化甚至消解了人的目的性。因此，唯有克服以上两种偏颇，实现自然原则和人道原则的统一，才能构成天人互动的合理取向。

在中国传统文化中，天人之辩中自然原则和人道原则的统一，最终形成了"天人合一"的基本价值原则。但是，这里的"天人合一"更多地强调以单纯的"顺从"天（无论自然之天，还是理则之天）达到人与自然的

"和谐"理想，而没有近代西方那种征服自然的强烈意识，这一点尤为突出地表现在占据中国传统文化主流地位的儒家思想中。比如孔子有云"天何言哉？四时行焉，百物生焉"（《论语·阳货》），董仲舒更是提出天人感应论，到了朱熹，则明确提出"且如'四时行，百物生'，天地何所容心？至于圣人，则顺理而已，复何为哉！所以明道云：'天地之常，以其心普万物而无心，圣人之常，以其情顺万事而无情，'说得最好"（《朱子语类》卷一）。在中国哲学中，"天性""天命""天道""天理"都有终极价值的意味，因而天人之辩往往和力命之辩相联系，这种关联也体现了天人关系同时涉及天命与主体权能之间的关系。"天人合一"也就具体表现为主体之人应顺从天命，从而存在掩藏和抹杀主体权能的风险。"如果说这是'天人合一'论中有关天道观的内容的话，那么，更重要的是人道观方面的内容；如果说对待自然要以顺从求和谐，那么，在人道观方面则是要求人以顺从'天命'达到'天人合一'。"（高瑞泉，2001）正是在"天命"的平台上，儒家为其社会准则、伦理规范找到了形上根据，"天命"赋予万物以秩序，规定了人的本质（性），所以人道和天道是统一的，人道（性）出于天道（性）。换言之，人道（性）和社会准则、道德规范、政治制度"无不本于天而备于我"，如果人遵循社会准则、遵守道德规范行事，就能够向天性复归，也就是回复到了天理。"天命"成了价值的终极源头，它赋予整个世界以秩序；相应的，现实中的社会准则、道德规范、政治制度，都是天然合理的，都是人所应无条件地顺从遵守的。冯契先生曾对此进行过尖锐的批评："中国古代哲学中有一个以'乐天安命'为自由，以'浑然与物同体'为最高'境界'的传统，那是非常腐朽的东西。"（冯契，1997a：57）因此，从价值观的角度来审视力命之辩，其所涉及的人道原则和自然原则也应该是统一的，即一方面应该强调"天"（天道、天命）作为人的德性的内在超越之价值根源，社会准则、道德规范、政治制度应该本于天，但另一方面，也要同时注重人的主体权能的发挥，不能将人完全笼罩在天命的阴影之下而无所作为，导致其主体性的丧失。

近代以降，围绕着"天人之辩"而进行的价值观念的变革，主要针对的就是传统价值体系中人道原则与自然原则的割裂，尤其是对"天命论"的批判。百余年来，几经波折，这一变革虽然取得了比较明显的成效，但同时也引发了一些新的问题。农村是中国传统的最后阵地，农民是传统最后的固守者，价值观念变革的浪潮往往最后才能波及他们，由此农村就成了现代性道德最后进入的场阈，农民则成了现代性道德最后的接受者。相对于城市和市民，农村和农民道德观念中对于传统的祛魅往往相对滞后，虽然自改革开放以来，随着科学技术、市场经济挟带着价值观念的变革暴风骤雨似的席卷广大农村，农民的价值观念、道德观念也发生了改变，但由于整个社会环境的影响，农民的道德观念仍然在融合人道和自然、超越天性和德性、挣脱天命和遵守规范之间的对峙和分离中踟蹰前行。换言之，天人关系仍然是新时期农民践履道德、遵守道德规范的逻辑起点。

2. 天人之际的道德流变

自然的人化与人的自然化必须相互统一、相辅相成，才能够保证主体自由的获得。作为价值主体的农民，其价值创造过程也必须辅之以人的自然化，即必须遵守在自然的人化过程中所创造的社会准则、伦常规范、政治制度等，才能够保障其对自由的追求，这里涉及两个方面的内容：一方面，农民不能通过违背社会准则、伦常规范、政治制度等，来保障在社会中获得自由，因为以天性的形式呈现出来的"人"，往往体现的是个体性的要求和意愿，这些意愿和要求只有在社会性的规范里才能够满足；另一方面，这些社会准则、伦常规范、政治制度等也不能违背自然，即不能违背人的天性，这样才能够逐渐内化于主体，成为主体的"德性"，因为"正当的道德规范和社会规律，归根结底是统一的。道德规范在一定历史条件下形成，有其客观规律的根据，它才是合理的、正当的。……道德准则是当然之则，客观规律是必然之理"（冯契，1996b：210）。就维持自身的存在而言，新时期以来，作为价值主体的农民，经历了一个从个体农民到社会农民再到参与农民的过程，其对天人关系的现实处理也相应地经历了三个阶段。

第一阶段，"天道的持留"与"自我的觉醒"。如果说在天命论统治下的中国传统价值观一直存在着人道原则与自然原则的对峙和分离，或者确切地说一直存在着自然原则（天命、天道）对人道原则的压制，那么在这种价值观里生活的农民，在维持自身存在方面就更具有那种乐天知命、逆来顺受的品格，即使自近代以来思想家们对传统天命的批判一直强势持续，但百年以来这种品格在广大农民身上一直顽固地存在着。新中国成立以后，在"浮夸风"盛行的年代里，"人有多大胆地有多大产"的口号虽然给予了农民突破天命的信心和力量，但惨淡的结果却使农民未能感受到他们所希冀的幸福生活，最后只能回归传统的自然天性，重新按照既有的农耕经验和耕作模式在土地上"刨食"。但是，经历了这样的波折之后的农民，在主体性方面则有了一定程度的提高。

就道德领域而言，这一时期，农民仍然延续着孝悌为本的伦理原则，由家庭仁爱延展至村落共同体所形成的交换道义，一方面实现了家庭的团结、邻里的互助，另一方面又在物质财富增长的过程中使这种和睦进一步得到提升。如果说传统价值观中的伦常规范更多地强调自然原则，注重的是人通过对天命的顺从，以能够向天命复归，成就自己的德性，那么，这一时期作为价值主体的农民在"化天性为德性"的过程中，虽然仍以根源于天命的伦常规范作为恪守之则，但已经具有了主体自觉，即农民开始意识到遵守伦常规范对自己生产生活的重要性，自觉将其内化为自身的德性，所以在某种程度上超越了传统天性和德性之间的对峙和分离，实现了人道原则与自然原则的统一。然而，由于这一时期传统伦常规范还对农民有着比较深刻的影响，所以农民往往对现代社会的某些与传统相违背的社会准则持一种怀疑和抵制的态度。比如，这一时期计划生育政策在实施的过程中，就遭遇了农民或消极或积极的抵制，他们从既定的生活领域中经验地重复以往的价值观念，认为这是让人"断子绝孙"的政策，是与传统传宗接代、养老送终的价值追求相背离的。传宗接代、养老送终"从超越性和现实性的双重维度构成了中国农民最根本的人生意义和价值追求"（管爱华，2009），而计划生育政策的实施则阻断了他们对人生意义和价值的追求。这一方面说明了农民对价值观念的持留和对道德伦常的遵守，另一方面也说明了社会准则、道德规范的制定不能违背人的天性，需要得到农民自觉自愿的认可。

作为中国传统核心价值理念的"孝"，在中国传统伦理道德中处于主导地位，是一切人伦关系得以展开的价值根源和实践起点。"孝"在人伦日用中包括敬养父母、"侍亲"、善保己身，其中最为主要的是孟子所言的"不孝有三，无后为大"（《孟子·离娄上》），因为"不娶无子"则将"绝先祖祀"。在此，个体之人的有限通过子孙万代实现了无限延续，构成了人生活的根本意义和生命的终极意义，涉及人生的根本关怀，是人得以安身立命的基础，是一种价值承诺、价值理想和终极价值关怀。这一时期，农民对于传统之"孝"的恪守自然与计划生育政策相抵触，这种抵触还体现在很多传统道德规范与现代新道德的对立中。

第二阶段，"天道的旁落"与"自我的放纵"。改革开放之后，随着科学技术在广大农村的推广与普及，科学种田的观念深入人心，亩均产量的大幅度提高，使农民逐渐抛弃了传统那种乐天知命、逆来顺受的品格，真正开启了"制天命"的生产与生活。这种生产、生活方式的转变，使农民开始走向超越自然（"天命"）以创造自身价值的幸福之路。从价值观的视域来看，这种变化正是农民摆脱传统天命对个体创造的桎梏的开始。价值观中的人道原则逐渐抬头，"人定胜天"在农民的价值观念中逐渐形成，使农民在新的生产生活中逐渐确认了自身的主体价值，确认了自己人之为人的本质和存在方式。传统农民乐天知命、逆来顺受的品格在此时逐渐被超越，开始走向化天性为德性的征程。当然农民群体对此事是不自觉的，他们所能看到的就是即使在年景不好的时候也不至于饿肚子了。农民的价值创造，留给我们的是一年又一年长势良好的庄稼和逐年增长的产量，自然的人化在这里得到了良好的体现。

改革开放在解放了人们的思想的同时，也解放了人们对物欲的追求。虽然对物质财富的追求在某种程度上也支撑了农民作为价值主体的创造活动，但是，如果任由物欲支配，而抛弃对道德规范的遵守与内在德性的追求，则势必走向另一个极端，造成价值之源的丢失。因为道德意义上的自由，唯有通过具体行为展开于人伦才能得以确证。九十年代以来，市场经济的狂潮挟带着现代农业科学技术、现代化农具以不可阻挡之势涌进农村，为农民追求物质生活的富裕提供了强大的技术和工具支持。然而，这种强大的支持再加上市场竞争机制的搅入，却使农民对经济利益和物质财富的追求溢出了道德规范的要求，以至于迷失在价值虚无状态中，放弃了内在德性的超越这一终极价值目标。物欲的竞逐驱使农民不惜践踏基本的伦理纲常，"仁义礼智信"这些维持乡土社会运行的基本道德规则在经济利益面前一概倒地。为了追逐自身的经济利益，大家庭内部也因竞争而导致兄弟反目、父子失和，邻里之间的道义互助更是被赤裸裸的金钱交易所替代，传统的道德纲常一项又一项的因为经济的竞争而被农民抛弃甚而踩在脚下，原有的家庭和睦与邻里道义被彻底摧毁，"人心离德"成为农村社会现实的真实写照。由此，我们可以将这一时期称为农民对"天道的遗弃"与对"自我的放纵"。

从天人关系的角度来讲,这一时期农民在"化天性为德性"的过程中由于人道原则偏离德性而歧出,这一歧出已经完全背离了不违背自然("天性")而要将其内化为主体"德性"的自然原则。在天人互动的过程中,人不可能永远停留在自然状态,应该不断进行价值创造,努力追求自身的目的,实现价值理想,所谓价值理想即价值原则中的合目的性。然而,在人实现目的、追求价值理想的过程中,还必须合乎法则,不能将自然、社会法则消解于自身的目的性。但是,这一时期农民为了追逐经济利益,已经将所有根基于天性的社会准则、伦理道德、社会规范甚至良心都弃之如敝屣了,再次造成了天性和德性之间的对峙和分离。这种对峙和分离使农民在整个 80 年代乃至 90 年代初期刚刚确立的比较和谐的人之为人的存在方式再次动摇,失去了德性指引的物欲满足将农民作为人的本质又掩埋在经济利益的竞逐之中,从而使他们失去了安身立命之所,变得浮躁而空虚,甚至迷失了方向。

第三阶段,"'天命'的回望"与"自我的无助"。如果说 80 年代至 90年代初期,农民已经在天人关系中实现了主体的觉醒,在一定程度上实现了天性和德性的统一,并在现代农业科技、现代化农具的强大支持下确证了自己人之为人的存在方式,那么,在 90 年代后期直至 21 世纪初的这一段时间里,农民则因物欲的竞逐迷失了价值追求的目的和方向,从而打破了天性和德性之间的统一,再次迷失了人之为人的本质和存在方式。

物质的充裕与亲情的疏离、邻里的漠然形成了巨大的反差,这一巨大的反差促使农民又开始留恋和回望传统的风俗习惯、礼仪规范、道德伦常,以为自己无处可寄的人生意义和价值追求找寻归宿。21 世纪以来,尤其是21 世纪的第一个十年之后,各地农村纷纷掀起了重修族谱、重建祠堂的热潮,农民甚至大兴土木修建各种神庙,这些现象正是这种急切找寻人生意义和价值追求归宿的具体表现。传统的仁道原则、伦理情谊、道德规范重新走进农民的生产生活,以满足他们在传统的天命里寻找归宿的愿望。这种对天命的回望,是农民对天性与德性统一的追求,他们希望在天命那里重新确证自身的存在。历史在此的轮回绝不是倒退,而是在更高的起点上的找寻,是对被遗失的天命的找寻。这种天命已经不再是所谓封建社会里的"天命",而是奠基于其上的自然规律,以及与其相契合的自然情感、伦理原则与道德规范。由此，价值观领域的自然原则和人道原则再次趋于统一。因为只有天性和德性不再对峙和分离，只有自然原则和人道原则实现了统一，农民的生活才能真正和谐、幸福，农民也才能真正找回自身的存在。"无论什么现代观念，它们要在中华民族的精神世界中生根开花，能够形成新的民族传统，不仅要满足中国社会发展的内在期待，而且要或多或少在古代文化中找到某种契合点。这些契合点有些本属于古代传统的一部分，有的散见于漫长历史的异端。"（高瑞泉，2005：8）

3. 天人之际的道德反思

如果说新时期以来，天人之辩视阈中的农民为维持自身的存在经历了正、反、合的过程，呈现出一种天人统一的趋向，那么，就农民与对象之间的关系而言，则经历了三次超越。"在人与对象之间的关系上，今天面临三重超越或三重扬弃：首先是扬弃前现代的视阈，其实质内涵在于超越天人之间原始的合一；其次是扬弃片面的现代性视阈，其实质内涵在于超越天人之间的抽象分离；其三，超越后现代的视阈，其实质表现为在天人互动充分发展的前提下，在更高的历史阶段重建天人之间的统一。以上超越，同时表现为以历史主义的观念，理解和看待天人之间的关系，其价值的指向，是人道原则与自然原则的统一。"（杨国荣，2014）杨国荣教授所谈的这三次超越虽然是就当前整个中国社会而言的，但同样适合农民，只是时间上会晚一点而已。

从人与对象世界之间的关系看，新时期以来，农民首先实现的是对传统天人之间本然意义的合一状态的超越。在传统农业社会中，农民与天（自然）之间虽然也存在互动，但这种互动同时又参与了自然自身的循环过程，因此，天和人之间在相当程度上处于原始的统一关系之中。新中国成立之后，在轰轰烈烈的人民公社化运动中，农民冀图超越这种原初的统一状态，实现人定胜天的理想，然而，被人民公社这股政治运动狂潮所裹挟的农民，在"与天斗、与地斗"的革命理想的指引下，只是在形式上超越了原初的天人合一，而实质上却打破了人与自然的和谐，反而更陷入生活的困难和思想的困惑之中。从天人互动的关系来讲，这一时期其实是违背了合目的性与合法则性的统一原则，过于强调了人的目的，使合目的性背离了合法则性，从而使人陷入了政治上的极端功利主义。

改革开放之后，从人民公社运动中逐渐退出的农民，开启了真正实现超越原初天人合一状态的征程。在这一征程中，农民一方面依据传统的耕作经验回归以家庭为单位的生产模式，在遵循自然规律的基础上（合法则性）追求物质生活的富裕（合目的性）；另一方面，随着农业科技、现代化农具的改进和推广，农民在土地上的生产劳作不再拘泥于传统的模式，而是在更深、更广的程度上对自然进行改造，以提高自身的生活质量。从天人之间的关系看，人（农民）与自然（土地）的互动，较之前现代天人互动的未充分发展而言得到了空前的提升，在某种程度上超越了天人合一的原初状态，实现了人道原则和自然原则的统一。在不违背自然规律的前提下，农民运用现代科技、现代化农具空前地发展了自身与自然的互动关系，不断深化和扩展了自身在土地上的耕作模式和种植种类，改变了贫穷的面貌。这显然是一种历史的进步。这种进步具体表现在物质财富的增加与农民伦理道德生活的互融上，这种互融正是农民天性与德性的统一。

如果说原初的天人合一状态仅限于自然自身的循环过程，更多地强调的是合法则性，注重的是人对天性（天命）的认知与遵循，那么，这一时期作为价值主体的农民的价值创造活动已经不仅仅局限于自然自身的循环过程了，而开始从消极地顺从自然转变为依靠自身的力量，在更深、更广的程度上深化与扩展自然，因为这种深化与扩展仍然以自然原则作为恪守之则，所以在某种程度上说这就已经超越了天人之间原始的合一。然而，这个进步并没能一直持续下去，甚或说持续的时间相当短。90年代后期，现代农业科学技术和现代化农具突飞猛进的发展，并以不可阻挡之势涌进农村，给予了农民征服自然的最大竞争力，"人定胜天"的价值理念进一步得到彰显，最直接有力的体现就是温室大棚农业生产技术的推广，完全打破了传统农业生产的季节模式，"制天命而用之"在现代农民手中得以实现。温室大棚农业生产技术对于农业生产而言无疑是巨大的进步，但在某种程度上却是对自然规律的违背。为了能够提高产量，保障收成，各种化学药物、肥料等开始毫无顾忌地运用到农作物的生产当中，在给农民带来物质财富、经济利益增长的同时，也造成了土地的板结、环境的破坏、生态的恶化，温室效应、酸雨、沙尘暴、雾霾、水污染、空气污染、食品安全等问题纷至沓来，在破坏自然环境的同时，也破坏了基本的社会秩序，造成了社会的基本信任危机。

三　农民启蒙：群己之间的道德演化

在中国传统的价值体系中，天人之辩、力命之辩逻辑展开便牵涉出群己之辩。在天命的照射下，人建设"为我世界"的努力具有两个层面的意义，既实现个体生命的人格完善，又传承人类文明和文化的积累。此双重意义的纠缠体现在传统文化中，便成就了我们对主体的存在结构的基本态度：作为主体性的存在，人既在个体的层面上以自我（己）为其存在形式，表现为具有选择能力和自由意志的个体；又必然地通过各种关系和其他个体组成群体，在类的层面上表现为统一的整体（群）。于是，以群体的认同、个体的自我超越，以及二者之间的关系为着力点的群己之辩，便成为主体文化建设中的重要课题，并逻辑地展开为社会和历史两个维度。前者指涉现实维度上群体与个体的社会责任之间的张力，后者牵扯时间维度上人类文明的增长和个体的历史责任之间的反诘。而与天合德从而体认个体生命的真实存在并自我完善的价值取向，则在统摄的意义上使此双重维度得以整合，赋予了群以神圣的意义，关联着个体的超越之途。

然而，新时期中国农民关于群己关系的处理却首先从消解群体的神圣性开始。新中国成立之初，高度的政治动员将群体的超越意义世俗化为鲜明的政治性格。社会生活的高效组织使得个体必须在政治结构里安排自己的生活，集体主义、大公无私成为道德高尚的同义语，并以近乎命令的方式完全占据了群己关系的优势地位。我们可以体会中国农民彼时关于群己关系的困惑。毕竟，高效的组织、高尚的德行并未带来现实的生活境遇的改善，反而使他们陷入了以贫穷为光荣的怪圈。因此，当科技进步和经济体制改革祛除了群体的政治标签，并进而确证了农民的主体能力时，他们便表现出了类似于获得解放的激情和兴奋，欢呼雀跃于桎梏的解除。实际上此时群体和个体之间已经不再有方向性和层次上的区别，而只表现为数量的多寡和规模大小的差异。不难看出，此时的群己关系已经潜藏着分裂的危机，毕竟，处于同一平台上的群体和个体之间的利益冲突因为层次性区别的丧失变得显而易见了，群体在此时已经部分地沦为个体获得利益的障碍和羁绊了。这种危机随着社会主义市场经济主导地位的确立而愈演愈烈，现实的分裂最终导致了群体的虚无化。

1. 传统群己之辩的道德向度及农民的历史选择

传统儒家的群己之辩给予了以人伦为基本内容的群体和以自我为中心的个体双重的价值认定：注重通过个体的文化创造、道德实践实现自我价值，从自我的权能方面确认个体的价值；同时，这种自我价值的实现不仅仅是自我展示和发现其内在能力和力量的过程，同时也必须是遵从社会普遍规范的过程。从社会的角度上讲，个体须"吾日三省吾身"以"修己以安人"，须"正名"以"和而不同"。在这里，个体的道德实践既表现为自身的自由向度，又体现为化成天下的社会责任。换言之，道德意义上的自由要求主体承担社会责任，而和谐的社会交往又构成主体追逐完善之唯一可能的手段。从历史的角度上讲，群在某种意义上表征着无限增长的人类文明，而个体则承担着继承、拓展文明的历史责任。因此，"三年无改于父之道"成为基本的要求。文明的增长固然要以个体的具体行为为现实承担，个体的道德实践也必得于无限绵延中方能获得意义。基于这样的反思，儒家传统里的个体存在和群体组织实际上是对立统一的关系，个体的道德实践和群体的道德规范之间达成动态的和谐，统一成为儒家传统关于群己之辩的价值诉求。在这个意义上，儒家传统实际上试图通过建立和谐的群己关系解决中国古代农民生命存在过程中的两大问题，一为安身，一为立命。由此，与中国历史长期的大一统的社会格局相呼应，统摄群己的儒家传统即通过使个体的人汇入"类"的生命长河而超越有限，并进而从生命的延续中寻找个体的存在价值，也正因如此，儒家的学说逐渐成为主流的声音，并获得了正统的地位。

然而，儒家并重群己、群己相与的基本态度在理论上的精致并未直接促成现实的成功。由于生存状态、认知水平等条件的限制，中国古代农民选择关注的是更加直接的生存问题，群己相与很快被"以群越己"淹没，安身立命只留下世俗的道德生活。秦汉以后，由于家族化的生存方式逐渐固定，个体需求逐渐被整合为"以孝治国"和"三纲六纪"之类的人伦安排。这在强化了"群"的重要性的同时，也弱化了个体，从而使与个体现实需求相关的利、欲受到了抑制。由此我们看到，成为正统以后，虽然儒家的大哲依然苦苦追求天命的神圣，并据此出发构建群的超越意义，但现实中表现出来的却是群体原则对个体原则的淹没，社会的认同对个体独立的限制。正如陈卫平教授所指出的："把自我价值化解于对群体的认同和关怀之中，也表现了理性原则的异化和人道原则的变形：在理性力量和理性自觉的终端显示的是自我泯灭；在群体的认同压倒自我的认同中，呈现出羁扼自我和否定自我的反人道趋向。"（陈卫平，1994）自我的责任意识倾向于权利观念的缺失，留下的只是履行群体义务的重负。正是在此层面上，我们将这一种状态称之为"以群越己"①。此价值原则和价值承担之间的背离，在明清之际引起了诸如李贽、黄宗羲和王夫之等学者的反对，通过相对自觉的反省，他们对群体范畴进行了重新界定以重建群己之间的统一，规避个体与群体的离心趋向，从而使"我"的自立和群体认同之间达到了沟通。此后，戴震和龚自珍等关于群己关系的论述反映了传统群己之辩的终结，个体在传统纲常结构、政治体制中的地位开始上升。然而，这样的反思尚未来得及最后完成，中国便遭遇了"三千年未有之大变革"，西学所裹挟的个体本位观念以救亡的名义为近代思想家们所推崇，群体的神圣与权威终于没落，接下来的便是一发而不可收拾的主体高扬、个性解放。儒家以群越己、与天合德的价值观摇摇欲坠，群己之辩走向近代的折变。

　　然而，鉴于价值观转换的历史迫切性，近代以降思想家们对传统群己之辩的反思往往过于简单，并总是逻辑地包含着较强的否定趋向。出于同样的原因，他们对舶来的西学中个体本位的观念也较少关注其精神实质，而更多地注目于其现实的结果。即便如此，这种从西方移植而来的现代性的个体观念，还是因民族救亡的危机而夭折。虽然他们从西方那里借用了很多用以启蒙国人个体观念的术语，包括民主、自由、权利等，但这种对个体的启蒙又被纳入到民族救亡的时代话语中，个体的超越之途最终被民族国家的主权独立和经济富强所取代。从中国的实际来看，这是不可超越的历史必然，但是就群己观念的转变而言，此时民族国家的群体认同又压倒了自我认同，再次呈现出羁扼自我和否定自我的趋向。

　　从中国传统群己之辩来看，在天命统摄下的个体自我的价值实现，是以在群体认同下达到与天合德从而体认个体生命的真实存在为目标的。"我是内在道德品格的承担者，正是我，赋予现实的人格以统一性。"（杨国荣，1993）

---

① "以群越己"在这里指在强化"群"的重要性的同时，弱化了个体，从而使个体现实需求的利、欲受到了抑制，个性被掩盖在群体的利益之下，换言之，维护群体利益的道德规范完全凌驾于个体之上，群体原则凌驾于个体原则之上，社会的认同限制了个性的发展。

群己之辩中的道德意蕴于此凸显。但是，这种令先贤心仪的通过群的方式完成自我超越的与天合德，于下层农民而言却是遥不可及的，很少有人能从中获得自我实现的终极意义，大多数人只能停留在群的现实意义上。由此，个体的生存意义就演化为通过顺从社会的伦常道德规范以实现群体的秩序，并且因自身行为的失范而未能实现期望目标产生耻感（知耻）："世教衰，民不兴行，'见不贤而内自省'，知耻之功大矣！"（王夫之：《思问录·内篇》）这样，群本身便成为首要的和最后的目的，个体只能沦为家族、宗族、朝廷这些群体的附庸。这无疑在维持封建社会结构稳固的同时造成了对自我的压抑，导致个性的疏离、偏失。因此，从群己之辩的角度而言，我们肯定农民对道德规范的顺从以实现个体自我价值的应当性，但这种对道德规范的顺从不能以牺牲个性为代价。

新时期伊始，群己之辩视野中的农民启蒙，更多地以超越"以群越己"为途，寻求群己关系的和谐发展。围绕着对个体和社会、个体和他人关系的认识深化，农民在进行价值创造的过程中不断突破"以群越己"的束缚，一方面实现了个体的解放，促进了个体积极的价值创造，另一方面却因对传统群己关系价值取向背后的终极维度的遗弃，导致了群己之间的背离、平等民主的功利化、权利责任意识的缺失等问题。

2. 突出"以群越己"的重围与农民自我意识的解蔽

"如果说在人与自然的关系问题上，小农是以依赖自然、崇拜自然来实现与自然的和谐，那么在人与社会的关系问题上，小农则是以崇拜祖宗传统和个人权威来实现和谐的。"（袁银传，2008）虽然经过改革开放前三十年的社会主义改造和建设，农民在群己关系上逐渐跳出崇拜祖宗传统，但对个人权威的崇拜则愈演愈烈，从对传统圣王、家长的崇拜转向对政治领袖的崇拜。"文革"时期强烈的政治化的道德取向，呈现出当时群己关系的畸形状态，个体解放又一次被掩盖在群体的利益之下。

"对这三十年（改革开放以来——引者注）的道德变迁，从其基本形态来说，我认为是从一种'动员式道德'走向一种'复员式道德'，亦即从一种强调斗争的、相当政治化乃至军事化的、紧张的、运动的、一元的、高蹈的道德形态，走向一种强调和解的、相当平民化乃至市民化的、放松的、日常的、多元的、低限的道德形态。"（何怀宏，2009）从群己之辩的角度看，就是从"以群越己"转向追求个性的解放、自我的独立，开始向正常的群己关系迈进。

家庭联产承包责任制的实行，使农民对富裕生活的追求开始登场。原来阶级斗争的警惕眼光慢慢变得温和，农民开始重新思考在追求生活富裕道路上的群己关系。在对待自我与社会的关系上，从人民公社化运动中脱离出来的农民，开始抛弃原来那种抽象、贫穷的集体主义价值观，逐渐确立以家庭为本位的价值观念。在家庭本位的框架内，农民的自我意识迅猛增长，其道德价值观念中的"公私"观念被倒置。在人民公社化时期，农民依附于集体土地进行生产，绝大多数农民都能自觉抵制"损公肥私"的现象，养成了自觉维护集体利益的价值观念。实行家庭联产承包责任制后，农民拥有了属于自己的土地，家庭收入主要依赖于个体的辛勤劳动，而与集体的关系逐渐疏远，农民原来维护集体利益的价值观念随之转向维护自身家庭利益，个体优先于集体的道德观念后来居上，在"公私"观念中占据了主导地位。虽然"损公肥私"仍被农民所唾弃，但当集体利益与个体利益发生冲突时，维护个体利益则成为农民的第一选择，集体利益（公）与个体利益（私）的位置发生了逆转。这种在处理个体与群体关系上的公私倒置观念，最直接的体现就是农民对交纳"公粮"的抵触情绪。"公粮"在这一时期的农民眼里，已成为与个体家庭利益相冲突的存在。人民公社化时期集体所有的一些农业设施、生产工具等，更是被农民遗弃而很快破败，个体观念猛烈增长的农民对此已经熟视无睹了。先前那种政治动员式的道德规范，已经无法规约个体意识苏醒的农民的生产与生活了。

在对待个人与他人的关系上，虽然农民的集体主义观念逐渐消退，但农业生产的特点使农民在对待邻里关系时仍然采取非常谨慎的态度。因为当农业生产脱离了生产队的集体劳作模式之后，其单个家庭的生产经营模式将面临极大的自然风险，只有依靠邻里的互帮互助才能够保障自己家庭利益的最大化。因此，刚从集体化生产模式中走出来的农民，在处理与他人（主要是邻里）的关系时，还保持着以传统自给自足的生产方式和相对封闭的生活方式为基础的具有自身特色的乡村伦理和道德生活样式。无论是在农业生产过程中，还是在婚丧嫁娶的重要关口，农民都能够保持"薄责于人"的仁爱传统，伸出互助友爱之手，在互助生产的交换道义中共享其乐、共渡其悲。中国传统乡村那种特有的乡土伦理秩序再次在农村社会重新出现。勤劳、互助、诚信、仁义、人情等等，这些传统乡村基本的道德规范，在这一时期的个体与他人的和谐关系中被农民自觉遵守。并且，这种对道德的自觉遵守已不是来自于政治动员，而是来自于农民的理性自觉。

"知耻"这一维持农民服从道德规范的基本支撑依然发挥作用，但其目的已经不是或者不完全是为了实现国家、集体、村落共同体的秩序，而是为了维持农民自身在村落共同体中的威望。因为只有在村落共同体中保持了较高的威望，才能在现实的农业生产以及婚丧大事中得到乡邻的帮助。而对勤劳、互助、诚信、仁义等基本道德规范的遵守，是农民维持自身声望和威信的基本途径。正如前文所述，我们还不能苛刻地要求农民通过遵守基本的道德规范，实现德性人格的完成，但这种内在于本性的"耻感"的持守，从某种程度上说就是农民的德性人格，只不过这种德性人格已发生了个体超越群体的逆转。

在群己之辩中，存在着两个基本原则：理性原则和人道原则。理性原则是指在群己关系中推崇个体的理性力量，确信个体能够谋划、设计自我价值的实现道路，以及个体能够理性自觉地遵从社会规范、关注社会事业、关心他人存在，形成对群体的关怀和认同；人道原则是指在群己关系中注目于以人为目的的价值取向，确认个体自我价值的实现与基于"仁爱"的群体认同和关怀都是以人自身为目的的。就此而言，在群己之辩中，理性原则是工具，人道原则是目的，两者相辅相成才是处理群己关系的正途。如果说在中国传统的群己之辩那里，儒家将自我价值消解于群体认同和关怀之中，导致了理性力量和理性自觉对个体自我理性的泯灭，以及羁扼自我和否定自我的反人道趋向，呈现出了理性原则的异化和人道原则的变形，那么，20世纪80年代至90年代初期，农民在处理群己关系上逐渐地摆脱了这种异化和变形，在某种程度上实现了理性原则和人道原则的合流。自我觉醒的农民开始挣脱政治运动的摆布，自己谋划、设计追求自身幸福生活的实现道路，并在某种程度上形成了生产、生活中的群体（主要是对熟人社会中的邻里他人的）认同和关怀。

由是观之，在80年代至90年代初期，农民在处理群己关系时，逐渐摆脱了"以群越己"的限制，表现出对以人为目的的人道原则的伸张；与此同时，在处理自身与他人关系时，农民则回归到传统的乡村伦理关系和道德生活样式，从保证自身利益的角度出发，恪守传统道德规范，表现出对确信个体理性力量的理性原则的遵从。总之，在这一时期，随着经济、政治的转型，道德跳出了政治的掌控，开始与经济相挂钩，在经济利益的驱使下，农民的自我意识得到解蔽，开始理性地认识自我的存在与群体和他人的关系，并自觉遵守道德规范。值得一提的是，由于传统乡村伦理关系和道德生活样式的回归，农民对于天命这一终极维度仍然持有敬畏之心，虽然他们不能像贤士达人那样将其作为养成德性人格的终极价值之源，但也在某种程度上对自身遵守道德规范形成了某种威慑。

如果说 90 年代初期以前，在对待群己关系的问题上，农民逐渐摆脱了"以群越己"的压制，开始步入正途，实现群己和谐一致，那么，到 90 年代后期，随着市场经济快速延伸至农村，以及拜金主义、消费主义、物欲主义等通过发达的大众媒体进入农民的生活，农民在群己之辩中又一次偏离了正轨，步入了"以己越群"的歧途，农村社会再次出现了道德滑坡。

3. 滑向"以己越群"的极端与农民群体意识的弥散

中国传统乡土社会以"乡土本色""血缘和地缘""差序格局""礼治秩序"等（费孝通，2008）为逻辑起点的"乡土伦理"，包括勤勉重农的生产伦理、信任互助的交往伦理、村规民约的管理伦理等（王露璐，2011），经过从"传统"到"现代"的转型，在人民公社化时期被彻底打破，原有的乡村组织和自然权威被直接深入到最基层的科层组织和政治权威所代替。新时期以来，这种模式又迅速从农村社会退出，传统"乡土伦理"在某种意义上得以回归，但也出现了一定程度的断裂，导致农村曾一度出现"一盘散沙"的情况。从群己之辩的角度来看，原因主要在于村集体对农民在村落共同体中生产、生活的规约的相对缺失。90 年代初，为了改善这一状况，国家加强了农村基层政权建设，但是随之而来的机构臃肿、官员剧增以及各种名目繁多的税费，又大大加重了农民的负担，致使农民对村集体、乡镇政府的离心力不减反增，政府非但没有将农民拢回集体的麾下，反而将其推得更远。这是农民在群己关系上滑向"以己越群"① 的原因之一。

---

① "以己越群"在这里指在重视个体现实利、欲的需求的同时，弱化了对群体利益的维护，从而使个体对利、欲的满足凌驾于群体利益之上。换言之，个体凌驾于群体利益之上，个体原则凌驾于群体原则之上，个性的发展凌驾于社会认同之上。

其二，随着市场经济浪潮以不可阻挡之势涌进农村，乡村社会发生了从"熟人社会"到"半熟人社会"直至"陌生人社会"的转变。传统特有的信任互助的交往伦理逐渐被愈益激烈的市场竞争所冲淡，前期农民在互助合作中形成的"等意交换"逐渐被"等价交换"所取代，人与人之间的金钱交易和残酷竞争使农民在处理与他人（从乡邻逐渐扩展到陌生人）的关系时逐渐变得疏远而冷漠。再加上农村社会信息化、市场化程度的提高和公共生活空间的扩大，传统乡村社会基于血缘地缘的家长式道德权威的力量在一定程度上被削弱了，原有的村规民约越来越不足以处理日益复杂的利益关系和社会矛盾，这就致使越来越多的农民成了市场经济浪潮中的孤独个体。

其三，由于农业的市场化较现代化建设相对滞后，城乡之间的差距逐渐加大，使得勤勉重农的生产伦理开始瓦解。勤劳不再是农民致富的充要条件，传统农业生产中"劳"与"得"关系的失衡，迫使大量农民或主动或被动地"离土""离乡"。一方面，这些进城务工的农民开始游离于村集体之外，出现了形式上的"以己越群"；另一方面，步入城市的农民工开始接受比乡村更为超前的现代性熏陶，他们的自由、平等、权利、法治等意识逐步强化，更为重要的是他们在年节返乡期间将这些观念输送给在乡的农民，致使原有村规民约对农民的道德感召和道德约束日渐式微。由此，在群己关系中，农民逐渐走向了摆脱集体规约的歧路。

基于以上原因，90年代后期以来，农民在对待自我与社会的关系上，越来越表现出"以己越群"的倾向。在市场竞争的驱使下，经济利益、物质财富成为农民主要的甚至是全部的人生追求。为了最大限度地争得自身的经济利益，农民的社会责任感逐渐流失。比如，为推进新农村建设的水利工程、村村通公路工程等，本来是造福农民的民心工程，但是，在村集体牵头的工程建设中，农民却表现出相对的冷漠，甚而在工程历尽艰辛完成之后，还出现了农民不爱护水利设施、肆意毁坏公路的行为，电线、水管被盗的现象也时有发生。与此相对照，农民却对铺设在自家门前的水泥路面和自家田头的水管爱护有加，原因在于农民已将其视为自己致富的私有财产。这种鲜明的对照，证明了农民在对待个体与群体关系时"以己越群"的价值取向。尤其是2006年全面取消了农业税，原本作为国家和农民之间制度性纽带的这一义务的消弭，更造成了农民集体观念的流失，直接影响到农民对自我与社会关系的认识。农民在考虑个人的道德之前，首先想到的是自身的经济权益，而将遵从道德规范作为自己的次要选择。"克己奉公"的古训在市场经济的大潮中越漂越远，正在农民的生活中逐渐消失。

如果说前一阶段农民还保留着传统的乡村伦理和道德生活样式，那么，在市场化的推动下，在从"熟人社会"过渡到"陌生人社会"的乡村中，修己慎独、友善互助、诚信仁义、谦和好礼的道德观念已大量流失，甚至仁爱孝悌这样最基本的伦常道德也在一定程度上遭到了践踏。在竞逐物质财富过程中，农民已不仅仅将自己凌驾于集体之上，"以己越群"的范围从处理自我与集体的关系，扩展到处理个体与他人的关系上。邻里之间互助的道义观念逐渐消弭，取而代之的是邻里之间的互不相求（家家户户各式农具、工具等生产生活用品样样齐全）。互不相求暗含着互不相帮的道德观念，更有甚者，邻里之间为争抢机井浇地的顺序等小事大动干戈的情况屡屡出现；传统的大家庭一分为几，代表各自家庭利益的亲兄弟之间因涉及经济琐事而拳脚相向的事件也时有发生；子女之间互相推诿赡养父母的义务，不孝敬父母甚至虐待父母的现象在一些地方也时有发生[1]；等等。当孝敬父母赡养父母这样天经地义的道德责任和义务都因些微的物质利益而难以履行时，农民对其他的道德责任和义务的冷漠和无视就可想而知了。

由此，我们可以看出，当竞逐物质财富成为人生目标时，知耻已不能支撑农民对道德规范乃至法律规范的遵从了。与邻争利、兄弟反目、虐待父母等违反伦常道德的行为失去了耻感的约束，"以己越群"将会更加放纵。如果说"知耻"这一维持农民服从道德规范的基本支撑在前一阶段还在某种程度上发挥作用的话，那么，到了这一时期，它已逐渐丧失了规约作用。农民的德性人格逐渐被物化人格所替代，他们也由此成为游离于集体之外的孤零零的物欲追求者。我们认为，农民在群己关系中对"以己越群"的放纵，更深层次的原因还在于他们对天命敬畏之心的丧失。"举头三尺有神灵""人在做天在看"等这些曾威慑农民遵守道德规范的谚语格言，在今天已经被发达的科技信息逐渐驱除了。"以己越群"因缺失了

---

① 在一些农村，子女虐待年老父母的程度令人发指，而且更糟糕的是这类现象并非个别而是相当普遍的。对于这些现象，贺雪峰做了翔实的记录和讨论，具体参见贺雪峰，2008，《农民价值观的类型及相互关系——对当前中国农村严重伦理危机的讨论》，《开放时代》第 3 期。

天命的威慑而变得肆意妄为、泛滥不堪，农村社会的道德滑坡现象也就不足为奇了。

以上我们对于农民群己之辩中的道德状况的描述，可能会招致某些学人的强烈批评，认为过于悲观了。我们并不否认在现实中还存在克己奉公的农民的背影，但我们又不得不承认，在现实中更多的是农民"以己越群"对道德规范的践踏。只有正视现实，我们才能走得更远。

四　农民启蒙：义利、理欲之间的道德确证

新时期中国农民对义利、理欲间关系的思考比天人、群己更加直接和迫切，表达了他们急于改变生存境遇的需要，也预示着他们对义利、理欲关系现实处理的分裂可能。当启蒙运动的成果波及农村，群体的神圣意义、政治标签被相继剥离，农民首先感受到的是无条件的道德命令的衰落，氤氲在世俗生活之上的神圣光环褪去，利欲满足的要求浮现出来，利益化的世俗生活成为现实际遇的重要表征。其次，在解放思想、革新观念的大潮里，过去一直被隐晦表达的对私欲的追求获得了正当性，被人们普遍认同。这种观念的变化使得农民放下了一切可以放下的包袱，全力以赴地攫取利益、满足欲望。最后，科技文明的力量将农民追求利欲满足的脚步从可能变成了现实，科技作为追求利欲满足最有效的工具很快被他们接受并使用。而且，其可观的效果满足了农民的双重需要：一方面，农民现实的生存境遇确实得到了很大的改观；另一方面，他们体会到了过去从没体会过的自身作为主体的力量，确证了自身的无限潜能。

然而，新时期的中国农民也部分地感受到来自生活的困惑。诸如，生活条件的相对富足为何并未带来安定的满足，反而使他们体味到了前所未有的压力和紧张；追求利益的最大化和欲望的满足是否必须以偿付手段的合理性为代价；主体力量的确证为何并不能保证自主地安排生活，为何大多数时间他们仍然在做不得不做的事情而不是应该做或者愿意做的；为何他们总感觉被某种东西驱赶着，总也没有机会享受一下自己的成果；等等。事实上，这些困惑所展现的正是农民对义利、理欲关系问题的无力感，更提示我们农民启蒙中新型义利、理欲关系建设的必要性和紧迫性。

1. 传统义利之辩、理欲之辩的历史反思

在中国传统价值体系中，义利观和理欲观的建构是通过义利之辩和理欲之辩而展开的。义利之辩通常牵涉道义原则和功利原则的对峙。关于义利之辩，儒家主张"以义规利"，强调主体利益追求的道德意蕴。一方面，儒家强调人之为人的超越性依据在于道义，主张以道义来规约功利，体现的是对个体生命存在的整体性认知向度，期望建立以道德求审美的完美人格。另一方面，儒家文化里的义又关联着利益和功效的合理性确认。儒家并不反对追求利益和功效，但却强调追逐利益满足的时候要以行为的合理性为前提，即所谓"见利思义"（《论语·宪问》）。质言之，功利的追求必须始终处于道义的制约之下。如果行为不合乎道义的要求，则虽有利亦不取，所谓"不义而富且贵，于我如浮云"（《论语·述而》）。但若行为动机符合道义要求，功利的追逐就变成行义之手段，不但应予肯定，而且要奋力争取。[①]

关于理欲之辩，儒家主张"以理导欲"，强调理性道德原则对主体感性欲望的引导和超拔。传统儒家很好地诠释了理欲之辩的两个层面，既强调理性道德原则的重要地位，所谓"君子谋道不谋食"（《论语·卫灵公》），又对个人生命体验给予了特别关注，津津乐道于"孔颜乐处"。可以看出，儒家并不贬斥人的感性欲望，但主张应对其进行理性的规约，唯其如此，方能将人的自然属性上升为文化价值。更为重要的是，儒家主张通过身体力行将普遍意义的理性道德原则还原成为个体的生命体验，回归真实的存在。而理性的导引在其中扮演了非常重要的角色，一方面牵连着个体生命自然属性的升华，一方面关系着个体生命整体性的最后完成。可以看出，儒家对义利之辩、理欲之辩的致思路径以现实生命的整体性存在为基本对象，以有限个体何以超越为基本语境，强调道义原则统摄人的存在，注重理性道德原则对感性欲望的规约。因为，当利欲的满足成为主体首要关注的价值，其道德上的贫乏、精神世界的荒芜就似乎已经不可避免了；当功

---

① 杨国荣教授认为，以儒家之见，利只是一种手段的善（只具有工具价值），正是这一点，决定了不能把功利追求作为规范行为的一般原则。参见杨国荣，1994，《善的历程：儒家价值体系研究》，华东师范大学出版社，第5页。

利原则成为衡量其他领域价值的标准，甚至成为衡量主体价值的标准，主体价值的整体性便被彻底封存，单向度为"物的价值"，主体人格也就被物化人格取代了。

　　然而这种对道义原则和理性原则的看重如果超过了一定的限度，便暗含着贬低甚至忽略个体私利和欲望的可能，从而走向理性专制主义。到了宋儒那里，往往以道心为公，人心为私。道心的我仅仅表现为天理的化身，而作为感性存在的人心的我则被归入拒斥之列。正如高瑞泉教授所批评的："古代儒家在处理'义利之辩'问题时，总体上是道义论或德性论的，换言之，是反对功利主义的，其得，在于重视培养人内在的德性，养成道德自我，其失是容易忽略个人利益即'私利'。相应地，在人格结构上，主张理性统制情感、意志、欲望等非理性因素，其得，在于'理欲之辩'方面坚持理性主义传统，其失，是一度走向极端的理性专制主义，最典型的就是出现了招致许多批评的'存天理灭人欲'论。"（高瑞泉，2004）对于中国农民而言，儒家文化在义利、理欲之辩上的精致运思却颇多地表现出悲剧色彩。自然环境的恶劣、生产力水平的低下、生活压力的沉重等，就已经使农民切身感受到了自身生存之艰难，再加上理性专制主义的沉重枷锁，他们只能匍匐在伦常道德面前苟延残喘，根本无法顾及和完成自我的道德超越与德性人格的塑造。这样，义利、理欲观念背后的超越维度，对整体性存在的思考于农民而言便失去了本真意义，反而幻化成沉重的枷锁。因为当道义和天理成为首要的和最后的目的，个体便沦为道义和天理的附庸。如果说这维持了传统"三纲五常"的道德神圣，那么，它也同时造成了对个体感性存在的压抑，导致了人之为人的内在本质的疏离与偏失。

　　近代以降，传统的义利、理欲之辩发生了折变。在"救亡图存"的时代主题的主导下，义利、理欲之辩冲破了传统"义"和"理"的框架，置换了"义"与"利"、"理"与"欲"的位置，将利作为义的基础，将"人欲"变成了"天理"的前提，公开宣布了人的感性欲望、感性反应、感性存在（欲、情、形色）的天然合法性。然而这又直接导致了传统义利、理欲之辩所蕴含的超越意义、生命整体性认知向度以及注重价值理性的取向纷纷被抛却，留下的是附带着存在的分裂，物化人格对主体人格的淹没以及缺失了合理性的竞争的具有不和谐价值取向的功利主义、物欲主义的泛滥。高瑞泉教授指出，"简要说来，在'义利之辩'方面近代中国价值观变革的轨迹是经过对禁欲主义的批判和功利主义的高涨，中国思想家普遍相信可以以利益原则为基础，达到'义利合'。而后随着功利主义弊病的暴露，德性论有所复归"（高瑞泉，2000）。义利、理欲之辩的近代折变，虽然对于帮助农民突破有宋以来的"存天理、灭人欲"的枷锁发挥了重要作用，但是，由于其本身的缺陷，再加上民族救亡的迫切，中国农民对于义利、理欲关系的处理还未能真正实现质的突破。中国农民在义利、理欲关系上的启蒙，还需要在新中国成立之后尤其是改革开放中逐步实现。

　　新中国成立后，义利、理欲之辩发生了再次折变。对于当时的中国农民来说，共产主义信仰代替传统的天命成为存在的终极关怀，也自然而然地承当了道德源泉和价值依据。因此，这个阶段的义利、理欲观念在某种意义上极具传统特色。在义利之辩的运思路径上，既借鉴了传统义利、理欲观中个体生命通过道义的追求完成生命的超越的思想，即在实现共产主义中实现自我个体的超越，同时，又在某种程度上注重功利的追求，只不过将这种功利致力于共产主义的实现；在义利、理欲之辩的中心议题上，通过对关联着超越向度的共产主义的推崇、阐发和解释，祈求以共产主义来规范、超拔人的利、欲需求，并进而达到义利之间的内在统一，在一定意义上规避了功利主义；在义利、理欲观理论建构的内在结构上，既借鉴了传统义利、理欲观中，对义和利、理和欲进行的不同层面的分梳：超越向度和现实层面，又取径于将义和利、理和欲置于对立统一的整体中。这样的理论构建落实在现实层面，可以看出，新中国成立后的近三十年里，中国农民虽然在义利、理欲观上实现了一定程度的改变，暂时延缓了义利、理欲分裂的脚步，但又重新演绎了传统道德的悲剧。因为此时之利更多地落实在国家层面，所以相应地又对个人之欲进行了一定程度的抑制，致使个体生命整体性认知因为利与欲的缺失而走向偏颇。人民公社化时期，"一切与'私'相关的制度、思想、观念、行为，都被压缩到不能再小的空间，甚至被完全否定"（刘泽华、张荣明等，2003：274）。农民谋私利的观念、行为常常被扣上"走资本主义道路"的高帽，遭受批斗和打击。只顾国家利益、无视农民私利的做法，严重侵害了农民权益，最终招致农民的消极抵触。这种去私的做法更多地与社会主义理想相联系，其外在规范的作用多于个体超拔的意义，忽略了个体生命存在境遇的基本实现。尽管如此，这一折变仍在某种程度上为改革开放之后义利之辩、理欲之辩的新走向开拓了道路。

2. 农民利、欲的解放以及生命体验的自我觉醒

改革开放之后，义利、理欲之辩走向了新的阶段。首先，义和利、理和欲不再被置于对等甚至相反的方面，而开始走向和解甚而形成相互促进的关系。"贫穷不是社会主义"宣告了利、欲的正当性和合法性，1980年重新修订的《宪法》对"合法的私有财产不受侵犯"做出了明确的规定。"两手抓，两手都要硬"从物质文明和精神文明的辩证关系出发正确处理了义和利、理和欲之间的关系。"义利相与""理欲和解"成为义利之辩、理欲之辩的新思考。其次，义利之辩、理欲之辩弥补了之前或者偏颇于现实层面或者偏颇于超越向度的缺陷与遗憾，一方面从政治、法律上给曾经被抑制的利、欲观念以及在现实层面上谋取个人利益、满足个人欲望的行为提供了保障；另一方面，社会主义"四有新人"的提出，又在超越向度上为义、理指明了方向。义利之辩、理欲之辩由此在现实层面和超越向度上实现了统一。被抑制的个人之欲获得解放之后，不仅个体生命的整体性认知得以实现，而且正是因为实现个体之欲而激发的创造财富的积极性推进了国家的富强。从某种意义上而言，中国经济社会的发展得益于利、欲观念的解束以及在此基础上对私利追求的肯定。这种"义利相与""理欲和解"的思想，伴随着家庭联产承包责任制的普遍推广，引起了农民在义利观、理欲观上的极大变革。

在义利观上，人民公社化时期被道义原则所淹没的功利原则开始在农民的生产生活里崭露头角。"义利相与"的思想开始主导农民对义、利关系的处理。家庭联产承包责任制赋予农民的生产经营自主权，在一定程度上为农民追求私利提供了保障、条件和空间。人民公社化时期被政治道德所不齿的物质追求，这一时期却变得越来越理直气壮；被政治道德所压抑的追求富裕生活的愿望，在家庭联产承包责任制的推动下，逐步开始实现。贫穷不再是一种荣耀，富裕也不再被视为可耻，"万元户"这一包含有价值肯定情感的用语，生动地体现了这一转向。与此同时，在"交足国家的，留够集体的，剩下的都是自己的"的号召下，农民在追求自己物质富裕的过程中，并没有逸出建设社会主义的道义要求，依然是在"义利相与"的框架内运用社会主义的道义统领自身的功利追求。换言之，追求功利不再被农民视为是对道义的践踏，而是与建设社会主义的道义相一致的，义利之辩中的道义原则和功利原则由此出现了"义利相与"的新迹象。而其直接的社会后果，就呈现为农民对道德规范的自觉遵守和对道德义务的自觉履行。

如果说道德义务论追求道德目的的神圣性，强调行为动机之绝对的善，那么，这一时期农民由于受传统义利观的影响，还能够依托传统道义的约定和社会主义道德规范的要求，在追求自身幸福生活的过程中履行道德义务，部分体现了追求功利过程的合理化与方式的正当性。易言之，农民追求幸福生活的道德正确性仅仅表现为生活的富足，仍然表现出较强的非功利主义的特征。正如前文对"经济理性"的论述中我们提到这一时期农民所进行的"等意交换"，这种既不等时又不等量更不等价的交换，就义利之辩而言，正是将对利的追求置于道德规范的规约之下的具体体现；再如在前文"群己之辩"部分我们所描述的，这一时期的农民对于自身声望和威信的维护和提升，不是通过物质财富的积累，仍然是通过孝敬父母、兄弟同心、妯娌和睦、与邻为善、互助友爱、诚实守信等道德行为来达到的。这一时期农民对道德规范的自觉遵守，表现了他们个体之私利观念的转变。个体之私利不再是实现社会主义现代化的障碍，反而是其源泉和动力；社会道德规范不再只与社会秩序相联系，同时还与自身私利相关联。并且，将自身利欲的追求置于道德规范的规约之下，久而久之，自然就内化为农民的德性人格，从而在农村社会形成良好的道德风尚。由是观之，自发的德行遵守而不是私利的满足，成为这一时期农民义利观的最大特征，契合了传统义利之辩中人在文化活动中的目的维的确立，表现出个体生命自我完善、与天合德的价值旨归和基于超越向度的义利统一的价值取向。

同样，在理欲观上，原来被政治化的理性原则所压制的感性欲望终于获得了解放，"以理灭欲"转向了"以理规欲"，理性的道德原则与感性欲望在农民那里走向了融合，出现了"理欲和解"的迹象，表现为个体感性欲望的伸张以及生命体验的完整实现。如前所述，义利之辩蕴含着生命的超越意义，理欲之辩关联着个体生命整体性的最后实现。个体一方面要依归一般的理性道德原则，另一方面要将成型的理性道德原则内化为主体的生命体验，真正完成个体的自我实现。就此而言，这一时期，农民物欲的解放一方面实现了物质生活的富裕（《平凡的世界》里将其形象地描述为从"黑面馍"到"黄面馍"再到"白面馍"的转变），解决了基本的生存问题；另一方面，农民通过自身的生命体验某种程度上实现了生命的整体性认知，即自我的存在不光是对理性道德规范的遵守，同时还可获得感性欲望的满足，传统理欲之间的矛盾于此得到了解决，实现了从理性的道德原则向个人生命体验的回归。

如果说这一时期随着国家政策法规给"利""欲"的松绑，农民的道德自主性得到了一定程度的提升，在义利、理欲关系上逐渐由原来的以义制利、以理制欲走向了义利相与、理欲和谐，并通过感性欲望的满足促进了个体生命体验的自我觉醒，一定程度上实现了生命的整体性认知的深化，那么，随着拜金主义、物欲主义、消费主义对农村社会的冲击，农民的"利""欲"开始摆脱"义""理"的统摄与规约，逐渐滑向功利主义、物欲主义的泥潭。

3. 农民利、欲的放纵以及生命体验的自我放逐

20 世纪 90 年代后期以来，中国农民的生存方式发生了大变革，相应的，义利、理欲观也展现出前所未有的新变化。一方面，随着市场经济的强势来袭，琳琅满目的商品潮水一般涌向农村市场，使农民在满足生产生活用品方面有了更为自由的选择；另一方面，随着生产经营的自主性、城乡之间的流动性的增强，依靠自身的自由劳动逐渐富裕起来的农民，在购买力方面也急速提高。这两者之间的互动迅速地激发了农民生产的积极性，农民希望通过勤劳生产快速致富，以不断满足自己对物质生产生活资料的需求。快速致富的愿望使农民很快接受了现代的农业科学技术，并掀起了对农业科技的追捧热潮。从积极的方面来讲，正如我们在前文所指出的那样，科技理性的崛起使农民很快走出了封建迷信的迷雾，农民的自主性得到了提升，他们开始敢于运用自身的理性打破传统的权威、成见，实现了启蒙。但是，如果为了迅速致富而将科技奉为圭臬，人之为人的目的则被遮蔽了。强大的现代农业科技在带来极大的物质财富的同时，又使农民的信心极大地膨胀起来，他们直观简单地认为，依靠现代科技可以满足自身的所有需求。现代科技于农民而言不再仅仅具有满足物欲需要的价值意义，而是在更宽泛的意义上表征着人生价值的量度标准，并相应地成为其他文化形式的合理性标尺。相形之下，以道义为核心的传统人文价值则逐渐淡出了农民的生产生活，体现为科技工具理性和人文价值理性的分裂。

由此，我们看到，这一时期农民的生产生活中呈现的是农业科技的强

势地位和人文价值的日渐失落。从义利、理欲之辩的角度而言，农民的生产生活中呈现的不是义利、理欲的统一，而是义利、理欲之间的悬隔与分裂。义利、理欲之间的关系已经逸出了传统道义和功利、天理和人欲之间紧张的范畴，而有了更为广泛的文化意义。换言之，农民生命存在状态的现代特征，已经赋予了义利、理欲之辩以鲜明的时代气息。在这里，传统义利之辩承担的个体价值确认的道义维度，以及理欲之辩承担的个体生命体验的理性的道德原则，已经被关联着个体生命存在现实基础的功利向度和个体生命体验的感性欲望所削减，并以追捧现代农业科技的工具理性形式表现出来。这两者之间的对立和紧张，正好构成了农民的义利、理欲之辩，即对物欲的满足与精神的安顿之间的关系问题的现代反思。

从道义原则和功利原则的关系来讲，这一时期农民在义利之辩中更多地表现出功利原则对道义原则的排斥，他们对功利的追求因市场竞争的作祟往往超出了道义的约束，只注重追求功利行为活动的结果，而不注重过程的合理化与方式的正当性，直接表现为对伦常道德规范的突破。为了追求一己私利，他们往往置基本的道德规范于不顾，极端个人主义、利己主义、拜金主义、享乐主义等消极的观念日益蔓延。个别农民用利益得失取代了道德标准，兄弟之间因为家庭财产分配而大打出手，甚至于有老不养、弃亲不顾；邻里之间因蝇头小利而互不相让，反目成仇；一些农村甚至出现了偷盗成风的现象；等等。如果说在传统义利之辩里，道义的超越、规约意义更多地表现为对功利的抑制，致使农民对功利的要求完全淹没在道义原则的规制之下，阻碍了农民的物质生产，需要将农民对功利的追求从道义原则的压制下解放出来。那么，这种解放也并不是对道义原则的完全放弃，而应该是实现道义原则和功利原则的统一。然而，在这一时期，当农民对功利的追求由于现代科技的作用越来越便利的时候，义利之辩中的功利原则则完全挣脱了道义原则的规约，直接走向缺失了人文价值取向的功利主义。

功利主义的泛滥，直接来自于农民私利观念的变化。如果说在前一阶段，农民对功利的追求还不是最终目的，不是终极的价值依归，还仍然将追求私利置于普遍的道德规范的制约之下，那么到了这一时期，农民的私利观念则发生了根本的改变，开始将私利的追求凌驾于道义之上，对私利的追求成为农民提升自己威望的主要途径。换言之，在农民头脑中形成了物质财富越富有越能够体现自己价值的错误认识。功利的无尽满足而不是道德威望，成为农民的现实追求。功利从原来为提升自身威望、塑造自身德性、实现内在超越的工具，转变成为农民的根本追求。当提升自身的威望不再付诸道德，而是诉诸财富的时候，农民在生产创造过程中的主体性地位逐渐消解，表现为工具理性对价值理性的侵蚀。

如前所述，功利的实现最终表现为人的感性需要的满足，通常落实于个体感性欲望的满足。农民功利观念的转变直接刺激、影响了其感性欲望的放纵。市场经济在激起农民追求功利动机的同时，也导致了自我私欲的恶性膨胀，导致部分农民急功近利、见利忘义，社会责任感缺乏、社会诚信缺失、道德失范增加，甚至为了一点蝇头小利，不惜牺牲自己的人格和他人的幸福乃至生命。本来，感性欲望的满足只是个体生命体验的一个组成部分，并且这一部分是处于理性道德原则的监管之下，体现理性道德原则的。在理性道德原则规约之下的感性欲望的满足，才能真正实现生命的整体性认知。现实地看，这一时期农民对自身存在的有限性都有明确的体认，然而，对生命状态中的无限意义却有所忽略，这往往导致了对生命的现实主义理解，以及对生命价值的超越体认的缺乏。随着感性欲望的放纵，农民将生命的整体性直接等同于感性欲望的满足，将感性欲望的满足直接等同于完整的生命体验，从而舍弃了理性道德原则这一主要的内容，在现实中造成了理性道德原则和感性欲望的分裂甚至对峙。农民对义利、理欲之间关系的考量，呈现出竞逐功利、放纵欲望的趋势，从一个极端打破了义利、理欲之间应有的平衡关系，在现实中造成了急功近利的心态。

义利、理欲在这一时期农民那里的分裂实际上暴露出相互纠缠、互为因果的两个问题：其一，义利、理欲之辩背后统摄维度的缺失；其二，价值原则和价值承当之间的背离。前者关系到农民义利、理欲之辩背后的超越维度被否弃，以及农民对物质财富急功近利式的攫取和对精神文化的忽略；后者说明社会的价值观的范导意义于农民而言陷入了尴尬的境地。究其实，居留在求利的层面，农民并不能确证其为人的内在价值，而只有通过行义完成对求利的规范与超拔，并最终与天（道）合德，方能够成就完整的生命。21 世纪以来，随着物质财富的愈益增加，农民的精神、信仰、文化、内心诉求等方面的问题逐渐暴露，并愈益严重。因此，当前如何引导农民确立正确的义利（理欲）观，从而通过自觉地遵守道德规范完成对劳动致富的规范与超拔，就成为农民启蒙在义利之辩、理欲之辩领域的迫切任务。

讨　论

据上所述，无论是从天人之辩、群己之辩看，还是从义利之辩、理欲之辩看，当前中国农民都遭遇了道德的现实困厄。随着经济社会的急速转型，传统的与现代的、落后的与进步的、错误的与正确的价值观念相互纠缠，使农民在现实生活中无法厘清从而左右为难甚而举步维艰。道德滑坡带来的精神危机、交往危机、亲情危机、幸福危机，必须依靠农民道德启蒙才能得以化解。只有通过道德启蒙，农民才能重新审视道德生活的重要意义，自发地寻求道德规范的规约，从而开创属于自己的道德生活，具体表现为以下四个方面的内容。

1. 培养生态保护意识，建立和谐的天人关系

从天人之辩的层面而言，传统农民最能够理解天人关系的重要性，靠天吃饭的传统农业生产塑造了农民坚韧的性格，也让农民对土地产生了强烈的依恋心理。但是，随着现代农业的发展和现代科技对封建迷信的打破，农民逐渐形成了对天地的狂傲心理，这种心理主要体现在农民的生态意识中。首先，当前农民对生态环境的关注不够，保护生态环境的意识欠缺。根据相关调查，由于工矿污染、农业生产污染与生活污染的剧增，H省农村生态环境污染问题已十分严峻，但农民对生态环境问题的关注度却不高，仅仅关注直接危及其生产生活的环境污染问题，对水污染、大气污染、土壤污染的关注度分别为72.4%、64.7%和61.8%，而对水土流失、耕地减少、滥捕滥杀等生态破坏问题的关注度仅依次为37.6%、35.7%和32.6%。这表明农民对生态环境问题仅有局部认识，未能完全意识到农村所面临的生态环境问题（郑凤娇，2013）。其次，当前农民保护生态环境的践行度非常低，据邱高会对四川省成都、德阳、绵阳、南充、广安、达州、泸州、西昌、遂宁等地的调查，51.3%的农民选择"随手丢弃"废电池，49.2%的农民选择"随意堆放"生活垃圾，51.7%和48.5%的农民选择"在田里焚烧秸秆"和"直接丢弃"空农药瓶。由此可见，农民在生产生活中有意或

无意的行为破坏了生态环境。邱高会的调查还表明，只有25.3%的农民符合生态文明理念的要求，94.3%的农民都在长期使用塑料袋，64.5%的农民依然是采取传统的堆放和焚烧方式处理生活垃圾（邱高会，2010）。再次，当前农民保护生态环境的主体意识和责任意识淡薄。据陶俊生等对杭州市农民的调查，62.1%的农民认为环境意识薄弱是当地环境问题的主要原因，但只有34.7%的农民认为自身应该负主要责任，而51%的农民认为应该由村委会、乡镇企业和政府负主要责任。这表明，大部分农民并未明确认识到自身才是农村环境建设的主体和生态责任主体。最后，农民对生态环境的保护往往基于自身的经济利益。陶俊生等人的调查还表明，100%的农民对塑料袋的回收利用都是为了节约开支，而不是为了环保；虽有53%的农民认为有机肥能够疏松土壤、改善土壤肥力、提高农产品品质，但仅有46.4%的农民表示会购买有机肥；66.9%的农民表示会优先将有机肥用于自己食用的农产品，只有30.9%的农民表示会将有机肥施用于出售的农产品，其原因仍在于降低成本、追求利润最大化（陶俊生、徐粉粉、李明华，2016）。这充分表明，维护自身的经济利益是农民保护生态环境的主要原因。农民往往为了现实利益而不顾生态道德要求，在经济利益和保护环境之间首先选择的是经济利益。只有生态环境问题威胁到他们的切身利益时，他们才会关注生态保护的道德要求。

我们认为，之所以会出现上述这种状况，主要原因在于当前农民对自然（天）失去了敬畏之心，在竞逐物欲的过程中向自然无限索取，从而造成了生态环境意识的淡薄。受传统小农意识的影响，农民对自然的支配与征服仅仅从自身眼前的利益、需要出发，根本不可能估计到长远的发展，从而在追求经济利益增长的过程中无意识地又造成了天人关系的背离，表现为天人关系中人道原则的片面发展，以致违背了自然原则，造成了天人失衡。换言之，农民的合目的性的片面发展逸出了合法则性的要求，形成了现代性的某种偏向。这种偏向从天人关系的角度来看，就是以狭隘或极端的功利主义态度来对待自然。当这种由人道原则片面发展而形成的天人关系背离，开始逐渐地影响、威胁到农民的生产与生活的时候（当土地的板结、水源和大气的污染、天气的变幻无常等开始影响农民的经济收益和生活质量的时候），农民不得不重新认识农业生产与自然环境的关系问题，即农民如何在实现经济效益增长的同时保护好自己的自然家园，重建人与自然的和谐统一。

因此，从天人之辩的角度审视农民的道德启蒙，当前最紧迫的任务在于农民能够从维护经济利益的窠臼中跳出来，切实提高生态环境保护责任意识和主体意识。按照杨国荣教授的观点，当前重建天人关系的统一必须站在更高的历史阶段，超越狭隘的人类中心主义和后现代主义的视阈，从广义的人类中心主义出发，从人的角度考察世界（"以人观之"），解决生态问题、重建天人之间的统一，给人类提供更完美的生存环境，绝不能以局部或一时的人类利益为出发点，片面地对自然加以征服、控制和利用，也不能疏离理性、拒斥现代性，从反对所谓主客两分或天人相分出发，拒绝人对自然的作用（杨国荣，2014）。因此，农民的道德启蒙应该引导农民正确对待人与自然的关系，主动寻求与天地的"和合"，而不能一味地掠夺和恶待自然，从而实现人与自然的和谐相处。农民要想在生产生活中自觉地重建人与自然的和谐统一，首先要提升敬天、亲地的道德意识，提高保护生态环境的责任意识和主体意识，树立农业生态伦理意识，在农业生产、生活中以敬畏的心理对自然进行保护。只有培养农民的生态文明意识，激发农民的生态道德情感，调动农民参与生态文明建设的积极性，使农民养成良好的生态道德行为，才能更好地发挥他们在生态文明建设中的主力军作用，推进社会主义新农村建设的进程，也才能在更高的历史阶段实现人与自然的良性互动，重建人与自然的和谐统一。

2. 提升责任义务观念，构建和谐的群己关系

从群己之辩的角度而言，当前农村道德状况的不如意主要是因为世俗化的群己关系使得群己之间有了分裂的可能，而群己之间层次的消弭现实地导致了群体和个体的分裂。所以，农民的道德启蒙要引导农民正确对待个人与社会、个人与他人之间的关系。如果说，只有个体获得了独立自主，才能谈得上善恶和道德责任，那么，人必须要有自由，才能有道德要求。由于自由容易流于肆无忌惮、恣肆不羁，因而自由的伦理应当是双向的：一方面，个体应该被赋予平等的自由权；另一方面，个体也应该履行自己的公民义务。然而，在农业税全面免除，维系国家与农民之间的义务纽带缺失之后，农民的义务意识逐渐淡薄，甚至出现了以己越群的现象。因此，当前农民从群己之辩的层面规约自身的道德生活，正确认识自我与群体、

个人与他人的关系，积极承担和履行自身社会责任和道德义务，从而实现族群宁、群己公、人我正，已成为亟待解决的时代课题。

农民如何能够从"以己越群"的道德困境中走出来，实现自我与社会、个人与他人的和谐共处，首先应该依赖于传统群己之辩的思想资源。固然，传统的群己之辩经由历史的打造与浸润，在近代形成了对个体压制的"以群越己"的基本框架，但是，为了能够从"以己越群"的困境中走出来，当前就应该反诸传统的群己之辩，尤其是先秦群己之辩的思想源头。因为先秦儒家的群己之辩虽然暗含了"以群越己"的可能，但更多强调的是群己并重。更为重要的是，在传统群己之辩基础上形成的道德规范，由于道德的历史传承性，总有一些天经地义的内容不会因政治、经济、社会的变迁而转移，在今天对于重新归置群己关系仍然具有积极的价值。这也应该是当前发扬中华优秀传统文化的应有之义。但是，在借鉴传统群己之辩思想的过程中，我们又不得不正视历史的变迁，即传统群己之辩所赖以持存的土壤，在市场经济和全球化的背景下已然发生了巨大的变化。那么，要让那些在传统群己之辩基础上形成的道德规范发挥作用，就必然要考虑其存在生长的土壤问题。只一味强调对传统的回归而忽视其社会土壤，势必会形成空洞无物的概念构架和悬置无用的道德说教，造成在理论上热烈探讨一阵子之后便又流于夭折的结果。因此，伴随着"乡土中国"的现代化转型，应当积极建构既不失"乡土本色"又蕴涵现代价值的群己关系，从而推动农民道德启蒙。

其次，应该在寻求"现代之源"与"历史之根"的融合中，构建农民和谐的群己关系，达成一种"动态的平衡"。毋庸置疑，以工业化、市场化和城市化为外在表现的现代化进程，其必然蕴含着现代市场意识和价值观念，包括自由、平等、开放、变革、竞争等，成为群己之辩的"现代之源"。但是，当这些鲜活的现代价值注入群己关系当中的时候，却因为现代性的内在矛盾，比如过分强调人的主（个）体性等，在与传统群己之辩相衔接的过程中，生发出很多问题，导致群己关系的混乱。因此，一方面，我们要把现代价值观念作为构建群己之辩的"现代之源"；另一方面，又不得不注意规避"现代之源"中的诸多漏洞，防止群己关系的异出。既要实现传统群己之辩的历史传承，又要融入现代群己之辩的价值观念；既要延续传统的道德规范，又要在传统的创造性转化中构建现代的道德规范，从而达成和谐的群己关系。

近几年，挖掘、传承、弘扬传统乡贤文化，重塑新时期的乡规民约，成为推动农村治理和乡村社会建设的热点话题。各地政府也在积极推动乡贤文化和乡规民约建设，并取得了一定的成效。据报道，陕西省旬阳县自2015年起，就以村为单位，由群众推选老党员、老干部、道德模范、人大代表、政协委员等"新乡贤"组成评议委员会，主持本村的"道德评议"工作（殷泓、张哲浩，2017）。这场"群众说、乡贤论、榜上亮"的道德评议活动的开展，在移风易俗、推进新民风建设方面取得了良好效果。道德建设的主体是农民，旬阳县的道德评议活动顺应了时代的发展要求和群众的现实愿望，充分发挥了农民的主体作用，让群众成为道德建设的参与者、评判者和践行者，实现了农民自我教育与自我管理的有机互动，使社会主义核心价值观的"大主题"在道德评议的"小故事"中落地生根。如果说乡贤文化、乡规民约是"历史之根"，那么，社会主义核心价值观就是"现代之源"。"历史之根"与"现代之源"的有机融合，就促成了农村社会道德状况的有效改善。陕西省旬阳县的道德评议活动，为当前构建农民和谐的群己关系、改善农村社会的道德面貌提供了可资借鉴的有效尝试。

再次，从自我与群体的层面而言，应该引导农民正确认识集体、社会、国家对于自身生产和生活发展的重要作用，积极承担各种社会责任和义务，自觉遵守道德规范。当前，农民在群己关系上之所以会出现"以己越群"的现象，原因在于其对经济利益的追求压倒了一切。道德逃出政治的控制之后，却又落入了经济的魔爪，经济支配下的道德自然不能保证其对农民的规约。只有道德独立地发挥其维系社会秩序的作用时，道德规范才能被农民自觉遵守。当然，我们不能阻挡也不可能阻挡农民对物质富裕生活的追求，但是我们一定要让农民明白只有在自觉遵守道德规范的前提下，其富裕的物质生活才能得到保障。对于这一点，在经历了前十几年的挫折之后，农民已经有所意识并开始转变，但仍然需要社会外部力量对其加以引导，尤其是在培育和弘扬社会主义核心价值观的过程中，我们要将核心价值观的内容融入群己关系，帮助农民树立正确的群己观。

最后，从个人与他人的层面而言，应该引导农民正确认识与他人的竞争和合作关系，不能因经济利益的竞争而放弃了与他人的合作。当前，在相对狭窄的"熟人社会"中，农业生产、农产品销售过程中的合作基于传统的道义还留有一些痕迹，但在更为广泛的陌生人社会里，竞争占据了主要位置，人与人之间的诚信、友爱、互助则显得脆弱不堪。随着农业经济市场化的深入发展、大型现代农业机械的推广运用，以及社会资本大量涌入农村、农业，一家一户、土地片块分割的家庭农业生产模式势必会逐渐消退，这也逼迫农民不得不寻求合作，从而缓解与他人之间的紧张关系。因此，一方面应该在传统诚信、友爱、互助的基础上积极培养农民的现代合作意识，另一方面，应该借助于《农民专业合作社法》，积极组建、推广农民专业合作社，以此塑造农民与他人的和谐关系。

正如前文所述，农民在道德上的"以己越群"因缺失了天命的威慑而变得肆意妄为、泛滥不堪。固然，在科技发达的今天，"天命"已不再能够承担起价值的终极维度这一角色，但是，价值的终极维度并不会因"天命"的没落而被取消、被遗弃。当前，农村社会所兴起的重建各种神庙的现象，可以理解为农民对传统天命的回归。这种对传统天命的回归作为一时的权宜之计或可理解，但若作为永久的终极价值则值得商榷，因为毕竟"天命"在今天已不再能承担起农民全部的寄托。因此，从重建农民群己观的角度而言，积极探究、构建新形势下的终极价值是其题中应有之义。如果说共产主义对于农民来说显得比较抽象、陌生而遥远，那么，"中国梦"对于农民而言则显得具体、熟悉而现实。习近平总书记指出，中国梦归根到底是人民的梦，必须紧紧依靠人民来实现，必须不断为人民造福。实现中国梦，就是实现老百姓的梦，也是实现中国农民的梦。就此，我们认为重建农民的群己观，应该将实现中国梦作为农民价值创造的基本依据，作为农民处理群己关系的基本依据。只有农民将自身的价值追求融入中国梦的实现之中，才能够正视自我与社会的关系、个人与他人的关系，才能够实现个体与群体和谐相处的繁荣景象。

3. 重筑道德超越向度，构建正确的义利观和理欲观

"人的活动集中在对这个包括他自身在内的世界的有条有理的探索和技术改造上，……现实已经丧失了他的内在超越性，或者换一种说法，丧失了它对于永恒的透彻性。教育过程能够使大多数人适应生产和消费制度的要求。人的实际状态被错误地当作人的本质状态，人被描述为处于一种逐步实现他的潜能的状态中。"（蒂里希，1999）蒂里希以上言及的两个方面

正好为重构农民的义利（理欲）观提供了可资借鉴的思路：超越向度的重建应该是义利（理欲）之辩走向正途的第一要务。对于农民而言，超越向度始终显得比较遥远而陌生，但它在农民的义利、理欲之辩中又是不可或缺的维度。如前所述，义和利、理和欲同时构成了个体生命的存在之维，在不同的层面上关联着主体的生命状态。能够对义利、理欲形成统摄意义的终极维度，具体表现为对生命整体性向度的认知和践履。此终极维度从最宽泛的意义上讲，只能由在社会层面上不断扩展、在历史层面上不断绵延的人类文明来承担，而落实到义利之辩上，便首先指涉主体从生命整体性维度上对义利的统摄。"个体生命本身具有二重性，既在现实性上表现为有限和服从，又在可能性的维度上指向无限和选择。前者描述了人存在的现实状态，是一个事实判断，而后者则预示了一种可能性的世界，蕴含着丰富的价值观念。每一个现实的人就在有限的现实性与无限的可能性之间，在自然规律的支配下和理想世界的召唤中矛盾地存在着。"（李逢春，2008）因此，我们认为，农民考量义利之间的关系，首要的前提便是建构其对自身生命整体性的体认意识。因为具体到农民身上，"义""理"更多地牵涉到的是对伦常道德的遵守与履行，"利""欲"更多地关联着其自身生活的现实基础与必要条件。所以，农民应该明白，自身的存在是以对道义的体认与践履以及对"利""欲"的追求与满足相关联而完整呈现的，富裕的物质生活与高尚的道德情操的融合才是丰富完整的人生，缺失了道德情操的生活，即使物质再富裕也难体味到真正的幸福。在努力满足自己的物质利欲需求、改善自己的生活境遇的同时，农民应该以道德规范作为自身自觉遵守之则，作为提升自我价值的必由之路，从而实现人格上的道德净化和境界超拔。

终极维度的统摄作用固然不可或缺，现实层面上的支撑也同样忽视不得，而从可操作的层面上讲，后者显然更加需要关注。基于此，我们认为，农民思考义利、理欲之间关系还必须从现实层面上展开，具体而言，应该注意以下几个方面。

首先，农民应该将自身的义利观与整个社会的价值导向、行为规范相匹配，并进一步将义利观纳入到个人的致富轨道上来。王夫之说："立人之道曰义，生人之用曰利。出义入利，人道不立；出利入害，人用不生。"（《尚书引义》卷二）从义利之辩的层面而言，应该重拾传统"义以为上"的道德原则，引导农民在追求功利的过程中时刻谨记基本道德规范的规约，绝不能求利舍义，践踏道德。而基本的道德规范，首要的就是仁（恻隐、善意、宽容）。"孝悌也者，其为仁之本与！"（《论语·学而》）行仁应该从基本的孝亲开始。如果说传统中国社会的道德主要指向"希贤希圣"，那么，孝亲则是贯通上下的，具有一种社会普遍性，要求对自己之所从出的父母和祖先孝顺、崇敬，慎终追远。"夫孝，德之本也，教之所由生也。"（《孝经》）但是，由于受经济利益的刺激，广大农村普遍存在着孝道危机，这就要求我们引导农民重塑孝悌观念。只有让孝道重回农民的道德生活，农民的恻隐、善意、宽容之心才能够由此蔓延，从而以义（羞恶、勇敢、坚持）制利，信（守信、互信、诚信）以为上，树立良好的道德风尚。从理欲之辩的层面而言，物欲的解放无疑为促进农民发展生产提供了巨大动力，但物欲的满足如果失去了道德的规约而泛滥不堪，又将会导致社会的危机。因此，节制、克己、温文就成为农民当前所应遵循的基本道德规范。

其次，农民应该以20世纪80年代的淳朴乡风为参照，在处理义利、理欲关系时对道义原则和功利原则进行合理的调适。义利、理欲之辩中功利原则的崛起，曾为农民的生产、生活注入过充沛的活力，但其与道义原则的分离却同时带来了相当负面的后果：利欲满足的声音是如此强势，逐渐遮蔽了农民道德上的完善要求，而当利欲满足的标尺一跃成为衡量其他领域价值的标准，人的价值的整体性就被彻底封存，单向度为"物的价值"。因此，农民应该在坚持功利原则的同时，谨记对道义原则的关照，应该将对利、欲的追求置于道义的规约之下，实现两者的统一。

最后，农民应该追求和确立主体性人格，以期在日益蔓延的极端个人主义、利己主义、拜金主义、享乐主义等道德观念的纷繁复杂中，自主理性地处理好义利、理欲之间的关系。主体性人格基于生命整体性的认知，一方面体现为"物化人格"的反题，另一方面关联着农民的自我意识、批判意识和选择能力。就现实情况看，农民的价值观之所以表现出实用主义、功利主义、拜金主义的倾向，原因在于他们不能运用自己的理性进行判断，极易受到身边人价值取向的影响。他们价值选择能力的薄弱和批判意识的淡漠，加上他们所受到的不合适的义利、理欲观念的影响，导致其自身的义利、理欲观仍然停留在自发形成的阶段。因此，培育农民的主体性人格，不仅是农民启蒙的核心要义，同样也是农民义利、理欲观塑造过程中任重而道远的重要内容。

同时，我们也应该清楚，农民的义利、理欲观的建构要经过一个由自发到自觉的过程。当前，部分农民已经开始感受到义利、理欲分裂的流弊，开始困惑于"现在的人情味越来越淡了，人与人之间只谈钱了""现在的生活富裕了，但为什么没有原来开心了"等等问题，并因此而心生惶恐、担忧。这种担忧恰恰体现了农民对之前畸形的义利（理欲）观的反省，他们已经开始自发地做出调整和改变了。与此同时，外力的引导要采取多种形式，大力宣传公民道德规范，积极培育和弘扬社会主义核心价值观，尤其要注意引导农民正确处理个人利、欲与道义之间的关系，批判功利主义、实用主义和极端利己主义，从而使农民树立正确的义利观、理欲观、道德观，提高他们明辨善恶、美丑、高尚低俗的能力，确立他们的社会主义道德信仰。蔚然兴起的"乡村儒学"运动正是一种以外力推动农民启蒙的非常好的尝试，一些具有社会责任感、历史担当意识、文化情怀的人文知识分子，冀图将传统文化推出书斋，以此对农民进行道德教化，实现民族之"魂"与民族之"根"的重新对接。此举必将为乡土文明的重建提供价值系统与道德基础。内外力的合融，一方面将转变农民的义利、理欲观，另一方面将为农民的利欲满足提供规约和范导，从而引导农民在义利、理欲关系的处理上一步步成长，以义导利、以理导欲，久而久之，相信理性的道德原则就会慢慢融入其德性人格。

4. 夯实底线伦理，确立共同信念，构建终极关怀，重树道德耻感

"当代中国社会最严重的价值危机不是道德理想的失落，不是功利主义和世俗文化的泛滥，而是中国文化中底线伦理在一定程度上的崩溃。底线伦理崩溃表现为人必须遵守的最起码的伦理道德发生危机"（孙美堂，2003）从某种程度上来讲，这样的论断突出了当代社会道德问题的严重性，揭示了道德滑坡的根源在于"底线伦理"的失范。何怀宏教授认为，在现代多元化的社会中，人们可以追求各式各样相当歧异的目标，做各式各样相当歧异的事，但有一些最基本的行为准则和规范是所有人都应遵循的，即所谓的道德底线。因此，当前农民道德启蒙还应关注底线伦理问题。

首先，当前农民道德启蒙应夯实底线伦理。中国传统的道德更多地面向与寻常民众（小人）相对的君子、士大夫等上层人士，是精英性质的。

"君子之德风，小人之德草，草上之风，必偃。"（《论语·颜渊》）孔子的话形象的揭示了中国传统道德冀图以君子践履道德，树立道德榜样，从而影响民众的道德路向。但现代社会要求普遍的政治参与权利的平等，分享政治权利的平等，以达致经济财富的平等。这样，所有的社会成员就相应地要负有平等的公民义务。正是基于这样的认识，何怀宏提出，"新的平等社会的道德则必须面向所有的人，普遍地要求所有的社会成员""平等过去主要落实在基本的生存层次，现在它应该向更高的层次开放，而且直接在伦理规范上体现出来。"（何怀宏，2013）这里所说的"平等"不光是针对道德规范而言的，更是针对道德主体而言的，即不论是谁都不能违反这一基本规则、不能逾越这一基本界限，从而强调了社会伦理的基本性和普遍性。对于农民而言，这些不能违反的基本道德规则和不能逾越的基本道德界限，就是农民的底线伦理。

从底线伦理是"所有人都应该遵循的最基本的义务体系"这一观点出发，何怀宏教授提出了不可杀害、不可盗劫、不可欺诈、不可性侵四条主要规范，并构建了"民为政纲、义为人纲、生为物纲"的新三纲，"天人和、族群宁、群己公、人我正、亲友睦"的新五常，"仁（恻隐、善意、宽容）、义（羞恶、勇敢、坚持）、礼（节制、克己、温文）、智（明经、知权、中道）、信（守信、互信、诚信）"的新五德，"敬天、亲地、怀国、孝亲、尊师"的新信仰。何怀宏教授的理论构建无疑为当今社会的道德重建提供了基本的框架，但这些新"三纲五常"对于农民来说似乎显得比较宽泛而不着边际，四条主要规范又显然远离了道德范畴，走向了法律的范畴。因此，我们认为，应该从孟子之"四端"开始，构建农民的底线伦理。"己所不欲勿施于人"应该是农民底线伦理道德的基本特征。"恻隐之心，仁之端也；羞恶之心，义之端也；辞让之心，礼之端也；是非之心，智之端也。"（《孟子·公孙丑上》）农民只有将藏于心中的恻隐之心、羞恶之心、辞让之心、是非之心重新激活，积极践行"己所不欲勿施于人"，才能够在日常的生产生活中自觉地遵守伦常规范。

其次，当前农民道德启蒙应确立"共同的道德信念"。我们在打造农民底线伦理的同时并不否定农民崇高和神圣的道德追求，即不忘记关照终极关怀，"强调道德的底线并不是要由此否定个人更崇高和更神圣的道德追求，那完全可以由个人或团体自觉自愿地在这个基础上开始，但那些追求不应再属于可以在某种范围内可以有法律强制的社会伦理。"（何怀宏，1998：418）当前农村社会之所以会出现道德滑坡，其中一个重要的原因在于，人与人之间失去了一个共同的道德信念，用墨子的话说，就是"下同而不上比"，只看到了他人因践踏道德而收获利益遂趋附之。陈泽环教授依据博恩哈德·祖托尔的理论，提出应该在底线伦理与终极关怀之间建立共同信念，用以填补底线伦理和终极关怀之间过分空疏的道德生活空间，促使人们以更积极的态度形成共同的道德生活（陈泽环，2005）。于此而言，在农民道德启蒙中，除了明确基本的底线伦理道德，还需确立一个"共同的道德信念"。

如果说底线伦理强调农民所拥有的权利和必须承担的义务，即对生命的平等关怀、对自由的平等尊重、对经济利益的平等分配，以及避免权威主义独断论道德的危害，那么，"共同信念"则在充分保障农民权利的同时，在更大程度上强化了其承担责任和养成德性的重要性。随着经济社会的迅猛发展，农民的基本权利不断得到满足，只有确立权利和义务平衡的"共同信念"，确立自身与他人都培养德性的"共同信念"，确立天人和合、克己奉公、义以为上的"共同信念"，农民的道德底线才能守住，进而有力推动农村社会的道德建设。

再次，当前农民道德启蒙应构建道德终极关怀。固然，道德的终极关怀于农民而言显得迂阔而遥远，传统农民往往将家族、子嗣的延续以及由此而生的尊严作为自己的终极追求：不孝有三无后为大。贺雪峰教授将这种道德终极关怀称之为本体性价值，"传统中国农民大体有三类本体性价值。一是宗教尤其是佛教转世说的影响，二是传宗接代，三是'人活一口气'的气"。但随着经济社会的变迁，农民的这三种本体性价值已大大削弱，"生儿育女不再是人生必须完成的义务""民间信仰因为受到科学和唯物主义的冲击，而越来越不足以担负起本体性价值""村庄不再是一个封闭的空间，'气'不足以成为支撑个人长期行动的理由"（贺雪峰，2008），这成为当前农村社会道德生活所面临的最大危机。目前学界在研究解决农村社会道德危机的过程中，受底线伦理思想的影响，往往热衷于构建一种平等要求所有人的底线伦理来解决农村社会道德滑坡的危机，而轻视甚至忽略了研究农民道德终极关怀的构建，这不得不说是一种缺憾。道德终极关怀是人们的精神寄托，是人们超越狭隘自我利益、形成社会凝聚力的内在动力和源泉。道德终极关怀的失落，必将导致个体灵魂的空虚、生活的杂乱和社会生活深层次的无序状态。因此，农民的道德启蒙仍然不能忘却对终极关怀的关照。

如何从道德终极关怀的层面上为农民提供安身立命之所，从而给予农民自觉地遵循底线伦理以支撑，形成合理的共同信念，就成为农民道德启蒙的关键问题。因为缺失了道德终极关怀的支撑，农民便会"变得更加现实，注重短期利益，注重口腹之欲，行事更加缺少原则和底线，坑蒙拐骗、不讲信义、道德沦丧，就具有了存在的道理"。当传宗接代、民间信仰、挣足面子不再成为农民的道德终极关怀，我们应该积极为农民构建新的道德终极关怀。我们以为，"中国梦"正可以作为农民新的道德终极关怀。习近平总书记深刻指出，中国梦的本质和基本内涵就是"国家富强、民族振兴、人民幸福""中国梦是国家的、民族的，也是每一个中国人的""中国梦归根到底是人民的梦"。"中国梦"是每个中国人的梦，当然也是农民的梦。这种梦想自然就可以成为中国农民的安身立命之所，成为中国农民的价值旨归，成为中国农民的道德终极关怀。

最后，当前农民道德启蒙应重新树立道德耻感。《管子·牧民》有云："国有四维，一维绝则倾，二维绝则危，三维绝则覆，四维绝则灭。……何谓四维。一曰礼，二曰义，三曰廉，四曰耻，礼不逾节，义不自进，廉不蔽恶，耻不从枉。故不逾节则上位安，不自进则民无巧诈，不蔽恶则行自全，不从枉则邪事不生。"如果说礼、义、廉为人们提供了道德原则和道德规范，那么，耻感则为遵守道德原则和道德规范提供了心理支撑，"闻过而终礼，知耻近乎勇"（《礼记·中庸》）。因为知道违背道德是一种羞耻的行为，所以在现实生活中时刻谨记对道德规范的遵守与践行。"好学近乎知，力行近乎仁，知耻近乎勇。知斯三者，则知所以修身；知所以修身，则知所以治人；知所以治人，则知所以治天下国家矣。"（《礼记·中庸》）肇始于先秦时期的中国传统耻感文化具有深刻而丰富的道德和伦理价值，主要包涵：倡导慎独，强调内省、正己，通过正己而达到正人；倡导"行己有耻"，激发人的奋斗精神，使人为实现人生理想、践行道德规范而积极进取、不屈不挠；倡导崇尚操守，褒扬气节等（胡凡，2010）。中国传统耻感文化立足于个人修养、延展到整个社会，支配着中国人的道德生活。

但是，新时期以来，随着社会主义市场经济的发展，在农民的天性和欲望逐步得以解放的同时，耻感文化逐渐淡出农民的道德生活，农民中出现了一种借着致富的名义而肆意践踏道德的现象。道德耻感的丧失构成了农村社会道德危机的又一诱因。如果农民的道德生活没有耻感作为基本支撑，那么底线伦理、共同信念、终极关怀的道德架构将没有牢固的根基。道德既不需要政治或经济的"紧身衣"，当然也不能抛弃"耻感"这最后一块遮羞布而"裸奔"。当前农民羞耻感的丧失除了表现为一味向外追求物质利益之外，还有一个重要的表现，就是农民对整个社会的抱怨心态，即对城市与乡村、个人与他人的贫富差距充满了怨气。这种怨气一旦转化为暴戾之气，他们便会打着实现自由、平等的幌子，理直气壮地践踏道德，此之所谓"人心惟危，道心惟微"。

因此，农民的道德启蒙在搭建起底线伦理、共同信念、终极关怀的道德架构之后，应该重构农民的耻感文化。"羞恶之心，人皆有之"，耻感发乎天性，只不过这种天性在市场经济的大潮中被物欲遮蔽了。所以，我们应该积极地帮助农民将这种本乎天性的羞耻之心发扬出来，使他们自觉地将追求道德自我作为人生的目标，将对道德规范的遵守作为提升自身威望的应有途径。当前，在农民纷纷竞逐物欲的状况下，重新树立道德耻感就显得尤为重要而迫切了。农民只有在道德耻感的支配下，遵守"己所不欲勿施于人"的底线伦理，坚持天人和合、克己奉公、义以为上的共同信念，才能实现"中国梦"的终极价值依归。

第四章　新时期农民启蒙的审美提升与现实困惑

启蒙的目标直指自由。自由根本落实于人格的担当，即自由人格的形成。自由人格是真、善、美的统一。缺失了美的人格不是完整的人格，当然也就不是自由的人格。冯契先生非常重视审美对培养自由人格的意义，"人能不能获得自由？如何才能自由？或者说自由的人格如何才能培养起来？这是哲学史上的重大问题，争论了几千年。而美学的基本问题是和这个基本问题密切联系着的"（冯契，1997b：313）。一方面，自由人格必须拥有相当的审美能力，缺乏审美能力的人是不"美"的，距离自由人格还有差距，"一个没有美的个性的人是不自由的，是不会令人觉得可爱的"（冯契，1996b：285）。另一方面，审美能力的提升对于自由人格的培养具有重要意义，"从培养自由人格的角度看，可以而且应该要求人们在理论思维、道德品质、审美能力各个方面都得到适当发展，成为真、善、美统一的人才"（冯契，1996b：313）。新时期以来，中国农民在经济、政治、道德等领域中获得了前所未有的自由（身体的和思想的），这种自由辐射到农民的审美领域，在一定程度上提高了农民的审美能力，但与此同时，如何实现感性与理性在审美过程中的融合却一直困扰着农民审美启蒙的发展。为了清晰呈现新时期中国农民启蒙的审美面相，我们力图在澄清启蒙与审美的概念的基础上，围绕着农民的劳作、生活、娱乐三个主要方面，系统梳理农民审美的演变及其内在的规律，掌握其存在的问题与危机，进而审视未来农民审美的应然状态。

一　农民审美启蒙为什么重要？

审美启蒙与人生境界①密切相关。审美启蒙就是通过扩充人的"灵明"，使得意义世界变得更敞亮。这个被点亮的意义世界就是"境界"。那么，如何扩充人的这点"灵明"呢？从审美维度来说，就是发掘、培育、扩充人的审美潜能。审美潜能是每个人所固有的，但在日常生活条件下，人们多是以生存主体和实践主体的身份出现的，其活动过程经常表露出明确的生存意识与功利目的，"实用我"在其中占据着支配地位，那种带有超越倾向的审美追求与审美能力便难以得到发扬，常常受到抑制和歪曲，致使人的审美潜能无法顺利开启。就此而言，审美启蒙就是要顺利开启人的审美潜能，使生命本真境界在审美体验中向人开显。

审美启蒙包含三个阶段：通过发掘、培育、扩充人的审美潜能，让审美潜能和审美知觉顺利开启，人顺利地成为审美主体，这是第一阶段；在审美体验中，人的生命本真境界被人的灵明照亮，人的境界得以扩充和提升，人的理智之维和道德之维也随之升华，这是第二阶段；审美体验导致的生命活力的感发与生命境界的提升，返归并映现于人的现实生命活动之中，成为推动人们去变革世界、美化人生的强大动力，这是第三阶段。人生就是通过无数这样的审美启蒙周期的循环往复来实现审美境界的提升。

然而，在通常的观念中，审美往往聚焦于高层次的艺术审美，好像与处在社会底层的农民没有什么挂搭。农民是否具有审美需求、审美能力呢？

1. 农民也有审美？

马克思指出："动物只是按照它所属的那个种的尺度和需要来建造，而人懂得按照任何一个种的尺度来进行生产，并且懂得处处都把内在的尺度运用于对象；人也按照美的规律来构造。"（《马克思恩格斯选集》第 1 卷，1995：47）这就是说，人类的劳动是合规律性与合目的性的有机统一，这

---

① 张世英先生借用王阳明所说的"人心一点灵明"来说明人生境界。"境界"就是一个人的"灵明"所照亮的有意义的世界。由于人的这点"灵明"是每个人所固有的，并不是外部力量给予的，审美启蒙只是扩充人的本然存在的"灵明"，照亮更加宽广的意义世界，提升人的境界，实现人的自由。

种能动的创造性是人类本质的表现，也是人和动物的根本区别。换言之，美是劳动创造的，是人的本质力量的对象化（物化和外化）。就此而言，凡是进行劳动的人都是按照美的规律进行劳动创造的，都是美的创造者，都应该成为审美主体。作为审美主体，在劳动过程中自然就有审美需要。所谓审美需要就是人类表现自身生命的需要，也是在这种生命表现中获得享受的需要。审美需要渗透于人的需要（生存、享受、发展）的各个层次，是人与生俱来的生命必然。农民作为劳动者，当然也是审美的主体，也是按照美的规律进行劳动创造的，也是在"他创造的世界中直观自身"，从而"感受到个人的乐趣"，产生美感。由此也就从理论上证明了，农民也应该有审美需要、审美体验和审美理想。

从历史层面而言，中国农民几千年来生活在广阔的土地上，从事着繁重的农业生产劳动，背负着繁重的苛捐杂税，还不得不靠天吃饭，这些注定了他们对从繁重的体力劳动和苛捐杂税中解放出来，并能够风调雨顺地获得丰衣足食充满向往，从而决定性地影响着他们的审美情趣。"在审美的观照中，本来痛苦、不幸的遭遇，与人形成了审美的距离，而人作为创作者和鉴赏者，也从本来控制、支配着他的现实存在境遇中摆脱出来，成为自由的审美主体。人当然需要通过现实的变革、抗争，以达到实践层面的自由，但同样也需要不断以审美活动等方式，从挫折、困厄所造成的精神重负中解脱出来，在这里，不难看到审美过程对人所具有的另一种解放意义。"（杨国荣，2005：209）农民正是以审美活动的方式，从残酷的现实挫折、困厄中，尤其是从精神重负中解放出来，积淀形成了独特的审美心理、审美需要和审美理想，以及适合他们自身生活的审美眼光和审美品位。比如《诗经》中的歌谣，就有"硕鼠硕鼠，无食我黍"等表达对官府反抗的审美呈现；再如山歌、信天游、船工号子等无不是农民在劳作中的审美呈现，住宅、院落、服饰等无不透露着农民的生活审美；又如农时节令、年节风俗习惯更是农民审美的集中表达；等等。由是观之，在历史上农民也有自身的审美呈现，虽然其艺术审美相对而言比较浅显，但也并不是不存在，比如唱大戏、杂耍、盲人说书等都是农民艺术审美的形式，只是这种审美因为农民低下的身份地位而被忽视。

从现实层面看，改革开放以来，随着自主性的增强和经济、政治、文化权益的提高，农民的审美从传统逐渐转向现代，在劳作、生活、娱乐等方面，他们的审美都发生了很大的变化，尤其是当现代农业科技将农民从繁重的体力劳动中解放出来之后，拥有了较为充裕休闲时间的农民，在广播、电视、网络、手机等便捷的大众媒体所提供的丰富的艺术形式中，以自由轻松的心态，无所顾忌地追求最惬意的艺术审美，他们的审美心理、审美境界、审美体验、审美理想等都得到了很大的提升。然而，相对于农民经济收入的提高、政治权利的获得，农民的审美需求往往不那么引人关注。不论是在社会主义新农村建设中，还是在小城镇建设中；不论是在中央政策的制定中，还是在学界对"三农"问题的研究中，农民的审美往往被忽视，未能得到应有的重视。

　　但是，农民的审美需求、审美理想并不会因为历史和现实的忽略，以及学界的不关注而消失。农民还有审美需求、审美理想？农民也能创造美？对于这些由于低看农民而产生的质疑，我们无意于一一解释，只想引用著名画家吴冠中先生的话来回应，"在这最简单的'像'与'美'的评价中，我体会到了农民的朴素的审美力，文盲不一定是美盲。而不少人并非文盲，倒确确实实是美盲，而且还自以为代表了群众的审美与爱好"（吴冠中，2006）。农民也有审美，因为他们也有对自由的渴望与追求，这种对自由的渴望与追求必然会激发他们对审美的追求。"审美产生于人对自由实现的渴望，人也不断激发这种渴望，审美体现人追求自由的本质，也强化人追求自由的本质，它立于不自由的现实世界对立面召唤着人向着人的自由实现与发展永远前进。"（黄凯锋，1999）因此，农民有权利也有能力进行审美活动，追求自己的审美理想。只不过受审美机制中各种因素的影响，农民的审美与其他人群相比存在层次上的差别，可能更多地呈现在劳作、生活、娱乐之中，对于高层次的艺术审美则显得有些力不从心，但我们也不能因为有这样的差别就否认或忽视农民审美存在的现实。冯契先生认为，"随便在哪个领域，真正达到高峰体验，它的活动就会具有审美自由"（冯契，1996b：286）。这就是说，在获得审美自由的过程中，除了那些艺术家、鉴赏者可以在艺术创造与鉴赏中培养自由个性，其他更多的人也可以获得审美的自由、培养自由的个性，只要能够达到"高峰体验"。换句话说，农民也能够获得审美自由，因为农民也能够达到"高峰体验"。

　　农民也有自己的审美，这是我们立论的第一个前提。

2. 审美启蒙何以可能?

农民有权利和能力进行审美与农民具体进行审美活动之间还存在着一定的距离,就好比说农民也有理性,但能够大胆运用理性则是另一回事。因此,农民要想真正进行审美活动,还需要引导。马克思指出:"对于没有音乐感的耳朵来说,最美的音乐毫无意义,不是对象,因为我的对象只能是我的一种本质力量的确证,就是说,它只能像我的本质力量作为一种主体能力自为地存在着那样才对我而存在,因为任何一个对象对我的意义(它只是对那个与它相适应的感觉来说才有意义)恰好都以我的感觉所及的程度为限。"(《1844年经济学哲学手稿》,2000:87)质言之,农民要想进行审美,首先要成为审美的主体,培养审美的能力。因为在审美活动中,始终不能脱离生活与生产过程及其结果的直观表象和情感体验形式,即审美活动是从直观感性形式出发的;同时,由于美是合规律性与合目的性的统一,所以审美活动又总是伴有一定的理性内容,会在理性层面上引发人们的深入思索。只是与那种一般的认识活动不同,审美活动中的理性内容并不以概念为中介,即不是以概念形式出现的,而是以情感、想象为中介,以形象为载体的。正是由于这样,我们要从理性和感性两个方面培养农民的审美能力,将其塑造为审美主体,从而帮助他们顺利开展审美活动,满足审美需要,实现审美理想。

由于审美与启蒙之间存在着千丝万缕的联系,那么从逻辑上自然就衍生出审美启蒙的概念。由此,我们需要首先讨论一个问题:审美启蒙何以可能?

将审美看作人的最终生存状态与终极存在方式是审美启蒙所赖以立足的美学前提。如果说启蒙是让人敢于运用理性战胜怯懦和懒惰,走出黑暗的奴役状态,那么,审美则是使人实现自身存在状态的终极目标。沿此逻辑,审美状态就变成了人存在的终极目的,"在审美状态中,人的力量被恢复为人性,成为一种'最高的奖赏',……审美就必须是人类存在的终极目的,而不是这种目的的过渡阶段"(特里·伊格尔顿,2001:101)。换言之,人只有是完全意义上的人,他才能够审美;只有当人在进行审美活动时,他才是完全、充分意义上的人。因为只有在审美中,人的感性生命的冲动和精神理性的追求才能得到恰好的平衡与完美的统一。

将审美与自由相联系并视其为人生的最高境界,是审美启蒙的启蒙(哲学)基础。从人的存在与美的关系看,"审美过程以不同方式确证了人自身之

'在'的自由本质"（杨国荣，2005：187）。黑格尔指出："审美带有令人解放的性质，它让对象保持它的自由和无限，不把它作为有利于有限需要和意图的工具而起占有欲和加以利用。"（黑格尔，1979：147）席勒以游戏比喻审美，在一定程度上表现了审美活动的自由特征："只有当人是完全意义上的人，他才游戏；只有当人游戏时，他才完全是人。"（席勒，1985：80）因为是"游戏"，所以人就超越了劳动的限制，从狭隘的功利欲求中解放出来，以游戏的态度对待劳动，从而达至审美的境界。在此，席勒把审美提升到人的生存本体的高度，审美的境界成为人生的最高境界。因此，"从美学上说，自由就是在'人化的自然'中直观人自身"（冯契，1996a：58）。因为人的本质力量在人化的自然中对象化、形象化了，审美理想在贯注了人的感情的生动形象中得到了实现，于是人们便从对美的事物的欣赏中获得自由的美感。

将感性与理性的和谐统一看作审美启蒙的应有之义，是审美与启蒙的又一理论基础。李泽厚先生认为，美是一种自由的形式，而"审美作为与这自由形式相对应的心理结构，是感性与理性的交溶统一，是人类内在的自然的人化或人化的自然。它是人的主体性的最终成果，是人性最鲜明突出的表现"（李泽厚，1985：161）。如果说启蒙更多地侧重于理性，那么审美更多地侧重于感性；然而，正如启蒙不能只注重理性一样，审美也不能只注重感性。因此，审美与启蒙的结合其实是审美与启蒙的互补，这种互补直接地体现为理性与感性的统一。当然，就审美启蒙而言，理性与感性的统一不是使得感性"理性化"，而是使得感性"深入化"。所谓感性"深入化"，是指感性生活不能只停留在满足利、欲的层面，而应该与人的道德、人格相联系，深入到人的生命价值的自我实现中去。就生命过程而言，感性的满足当然是人生命存在的基础，然而仅仅居留在这样的层面，往往会造成主体的物化人格。进而，道德领域的群体认同，固然在一定程度上体现了个体生命的超越品格，但社会认同并不意味着自我实现，反而表现出个体的迷失和存在意义的失落。因此，形成道德人格并不意味着个体生命的最后完成，而更多地表现为自然状态和自我实现的中间环节。而审美向度的最终确立，标志着主体的文化品格、道德人格获得了终极的超越，主体的利、欲满足从而与生命价值相涉，个性自由同社会认同融合，个体生命由此获得了最终的自我实现。易言之，利、欲追求上的成功关联着主体的文化性格的创造性，社会认同确认了主体的道德人格的普遍意义，而审美意向的生命体验才最终确证着个体生命的精神自足。就此而言，审美是人把握世界的一种特殊方式，是在感性与理性的和谐统一中，按照"美的规律"来把握现实的一种自由的创造性实践。

综上，既然启蒙与审美都指向自由，指向人的最终存在状态，并以理性和感性的统一为基本路径，那么，审美启蒙也就应然而生。审美启蒙既跻身于启蒙序列：通过启蒙，破除迷信与偏见，培植起自主的、自律的"主体"，为审美活动提供重要前提；通过启蒙，提升人的审美意识、审美能力、审美理想、审美境界，从而促进人向自由迈进。同时，审美启蒙又可以收入审美的麾下：通过审美，使人摆脱理性霸权主义的控制与压抑，医治启蒙运动带来的现代性创伤，实现对启蒙运动的祛魅；通过审美，确立人的主体性地位，实现人的自由追求。这样，审美启蒙就成为联结现实世界和理想世界的中介桥梁。通过审美启蒙，人的审美需要得以满足，人的精神实践能力得以提高，人由此实现了审美活动的自由。"人生理想的实现通过人的活动，使人的本质力量对象化、形象化，使人能够从人化自然中直观自身的力量，这就是审美活动的自由。"（冯契，1996b：245）这种自由直指人生的终极目标——美而自由的生活。

如果说审美是人渴望自由发展的心灵对于不自由的现实世界的精神超越，那么，这种精神超越将激发人们在实践中一步步坚定地迈向自由的终极目标。审美启蒙恰恰是帮助人们在现实生活中实现这种渴望自由的精神超越的途径。这是我们立论的第二个前提。

3. 农民审美启蒙的重要性

农民有自身的审美追求，现代审美能够启蒙（或谓之现代性审美启蒙是可能的），那么，随之而来的问题便是，农民的审美启蒙为什么重要呢？

作为现实的生命存在，每个人都表现为自身文化创设的作品。就利欲追求而言，有成功与不成功的分别，关联着需要满足领域的真与假；从道德理想上看，有社会认同层面上的归属与疏离的分别，关联着群己层面的善与恶；而在审美意向上，则有美与丑的分别，关联着个体生命精神自由的最终实现。如果个体审美意识淡漠，则往往执着于真假的判断，游离在善恶之间，缺失了美的追求，导致个体生命的精神无法自足，更有甚者，由于审美维度的缺失，以真假为唯一的标准，善变成利、欲上成功的代名词，美沦为形式美或者利、欲上成功的注脚。如果个体审美能力不足，在审美活动中无法实现感性与理性的统一、合目的性与合规律性的统一、自然原则与人化原则的统一，往往无法达到审美的自由境界，甚至会出现以丑为美的吊诡。因此，个体在成人的过程中，既要注重改造自然能力的提高、道德理想人格的确立，更要关注审美境界的追求。质言之，只有确立了审美维度，提升了审美能力，个体才能在现实生活中真正成为他自己。

进而言之，审美启蒙更多地关涉个体、个性的启蒙，就此我们可以将审美启蒙与个性启蒙相联系甚而相等同，从而与社会启蒙相区别甚而相对立。在西方的启蒙运动中，社会启蒙与个性启蒙是相互依存、相互关联，融为一体的，即便两者存在一定的矛盾与冲突，也是在相互关联的事物内部的矛盾与冲突。但是，在中国近代以来的启蒙运动中，社会启蒙与个性启蒙常常是割裂的，民族救亡的危机常常将个性的解放淹没，社会启蒙代替了个性启蒙。"在中国的现代性启蒙中，个体、个性的位置从来没有真正被放到与民族国家相等的位置上。"（徐碧辉，2004）换言之，在中国的启蒙运动中，国家、民族淹没了个体、个性，导致与个性启蒙联系紧密甚而等同的审美启蒙被搁浅、被贻误，即使意欲解决人生与人心问题的中国现代美学也难逃其影响，只能沦为中国社会启蒙的注脚。"翻检中国近现代美学史我们发现，20世纪以后对中国现代美学做出重要贡献的美学家最关心的问题是中国思想文化的改造，也就是广义的启蒙。"（王有亮，2003）应该说，个性启蒙、审美启蒙的被搁置与被贻误正是中国启蒙未完成的主要原因之一，或者说，中国启蒙未完成的主要内容包括个性启蒙与审美启蒙。

改革开放以来，随着农民的个性逐步得到解放，他们在劳作、生活、娱乐等方面的审美，不论是意识、能力，还是理想、境界，较之传统农业社会均有了巨大的进步。审美能力、境界的提高，一方面作为手段推动着农民启蒙的发展，推动着农民走向理性、走向自由，正如席勒所言："要使感性的人成为理性的人，除了首先使他成为审美的人以外，别无其他途径。"（席勒，1985：116）另一方面，审美能力、境界的提高作为目的，表征着农民启蒙的发展，彰显了农民追求个体生命自足、精神自由的现实发展，因为只有理性的张扬、感性与理性的统一这些启蒙的结果才能推动农民审美的提升与发展。应该说，审美启蒙，既不仅仅是手段，也不仅仅是目的，而是人走向自由的手段与目的的完满统一。

　　但是，纵观新时期中国农民审美启蒙，我们却遗憾地发现，由于审美能力的制约，农民在审美中出现了摹状城市乃至低俗化、媚俗化的趋势，这是农民审美亟待解决的问题。审美启蒙更多地与感性相关联，甚至有学者将审美启蒙称之为感性启蒙①。然而在感性启蒙之后，与感性紧密相连的欲望也一同被激发出来。毋庸置疑，审美活动内在地蕴含着感性原则，审美的鉴赏，涉及感性能力的运用及感性需要的满足，更多地展示了感性的力量及感性的价值。在人自身走向完美的过程中，感性的原则要求承认感性需要的合法性以及主体发展感性能力的权利。于此而言，在农民审美启蒙中通过"感性启蒙"丰富、深化农民的感性能力，这是值得肯定的。但是，审美虽然与感性存在相联系，却并不限于感官的、本能的界域，而是对单纯的感性欲求的超越。"尽管美感的起源并非完全隔绝于功利的活动，但与超越单纯的快感相应，审美的活动已从当下的实际利益计较中摆脱出来，它使主体能够以不受功利意识支配的形式观照对象。"（杨国荣，2005：206）然而在现实中，由于审美能力的不足，农民的审美往往未能超越感性欲望，反而遭到感性物欲的绑架，这就阻碍了农民审美活动的自由：基于快感存在的农民审美，总是处于被支配、受限制的形态。因此，推进农民审美启蒙，以理性规约感性，提升农民的审美能力、审美理想、审美境界，就显得非常重要了。

　　美与真、善之间的关系一直是美学界探讨的问题。黑格尔曾指出："美就是理念，所以从一方面看，美与真是一回事。这就是说，美本身必须是真的。"（黑格尔，1979：142）作为审美领域的存在，美往往取得艺术的形态，但同样涉及真实性："艺术的使命在于用感性的艺术形象去显现真实。"换句话说，真蕴含美、美体现真。同样，在实践领域中，道德的完善包含于存在的完美：德性的善铸成人格的美，善的德行与美的行为融二为一。换言之，美融和善、善蕴含美。既然美与真、善之间存在这样的关系，李泽厚先生便提出了"以美启真、以美储善"的理论，认为自由直观的审美活动对把握真理有着直接的启示；只有当伦理道德不是外在的强迫律令，而成为人的内在自觉时才能真正带给人心理上的愉悦。就此而言，在农民

――――――――

① 有论者针对蔡元培的"以美育代宗教说"，提出其实质是在感性领域建立启蒙理性的精神，即"感性启蒙"。具体参见杜卫，2003，《"感性启蒙"："以美育代宗教说"新解》，《浙江社会科学》第 5 期。

的实践活动中，一方面审美启蒙推动着农民走出迷信的迷雾，走向科学真理；另一方面，审美启蒙在某种程度上对于农民的道德提升具有一定的保障作用。"就道德领域而言，人格美、行为美，也每每引发唤起人的亲近感，并令人心仪；这种情感的认同，构成了人们进一步接受普遍的道德规范并在实践中遵循这些规范的内在推动力。"（杨国荣，2005：216）由此可见，在全方位接受现代化洗礼的过程中，为避免农民落入现代化的陷阱，审美启蒙无疑是极为重要的。这是我们立论的第三个前提。

二 走向崇高的劳作审美

农民在土地上以从事繁重的体力劳动为基本职业，自然也就在劳动中以劳动工具和劳动成果为中介形成人和自然、性和天道的互动，从而获得审美活动的自由。因此，农民的审美主要是在劳作过程中形成的，或者说，劳作审美为其他如生活、娱乐等审美奠定了前提和基础。

1. 什么是劳作审美？

劳作审美即劳动审美。之所以称之为"劳作审美"，主要是想区别于其他群体的劳动，比如工人、公务员、教师、军人等。相较于这些群体，农民的劳动主要集中在土地上，多为辛勤而艰苦的体力劳动。因此，劳作一词更能够体现农民的劳动特征。同时，相较于其他群体的审美更多地或者说更容易集中于艺术领域，农民的审美则更多地呈现在劳动过程中，命之"劳作"也就赋予了其审美的意味。

劳作审美之所以与一般的审美有很大的不同，就在于劳作是一个动态的过程，一个实践的过程，不是一般的客观对象。农民在劳作过程中的审美体验，是作为参与者和创造者而实现的。这种审美体验不同于游客对自然风景或艺术品的欣赏体验，而更像是艺术家在创造艺术品过程中的审美体验。朱光潜先生曾深入地分析了这种审美体验：我们的劳动人民在歌唱"太阳太阳我问你，敢不敢和我比一比"时的豪情胜概不正充分表现出劳动人民劳动时的高度美感吗？乡下姑娘们在打夯筑坝中每打几下夯，就跳转身来唱一个调子，使劳动显出节奏和优美的姿势来，显出生动活泼的气象来，她们的劳动不正是艺术活动吗，她们的快乐不也正是美感吗？（朱光潜，2012：203）这个例子说明了两层意思：一是艺术起源于劳动，劳动过程中产生了艺术；二是劳动的最高境界就是艺术审美：农民在劳动过程中忘却了劳累，沉浸在节奏感带来的愉悦之中，成了世界的主人。在这个过程中，农民既是美的创造者，也是美的享受者，实现了创造与享受的统一。这何尝不是马克思所说的用艺术精神的方式掌握世界（《马克思恩格斯选集》第 2 卷，1995：19）。

审美起源于人类的生产劳动。"只是由于劳动，由于总是要去适应新的动作，由于这样所引起的肌肉、韧带以及经过更长的时间引起的骨骼的特殊发育遗传下来，而且由于这些遗传下来的灵巧性不断以新的方式应用于新的越来越复杂的动作，人的手才达到这样高度的完善，以致像施魔法一样造就了拉斐尔的绘画、托瓦森的雕刻和帕格尼尼的音乐。"（《马克思恩格斯选集》第 4 卷，1995：375）劳动创造了人，并为其审美提供物质前提和基础，为审美的发生提供了现实素材。换言之，人通过劳动改造自然获得价值的过程，也就是创造美的过程，是善和美统一的过程，即所谓的"以美储善"，体现了本体论和价值论的统一。按照美的规律进行劳动创造，也就是"自然的人化"过程，在这一过程中，人的本质力量不断地得以对象化（物化和外化）。因此，才有"美是人的本质力量的对象化"这一著名论断。根据这一论断，冯契先生提出："人生理想的实现通过人的活动，使人的本质力量对象化、形象化，使人能够从人化自然中直观自身的力量，这就是审美活动的自由。"（冯契，1996b：245）因此，所谓审美活动的自由，就是人类在现实劳动中形成人生理想，然后通过劳动将人的本质力量对象化、形象化，从而能够从自己的劳动过程和劳动成果中直观自身的力量。由是观之，劳动构成了美的本源，劳动与美紧密联系、密不可分。一方面，人在劳动过程中按照美的规律进行创造，将自身的审美理想对象化、外化为劳动成果；另一方面，人这一创造美的过程，同时就是对美的体验或对美的欣赏过程。因此，人的审美过程与劳动过程实际上是合二为一的：劳动过程催生出审美体验，审美体验贯穿在劳动过程之中。

劳动审美的产生或者说审美体验的形成，必须是在劳动者具备了审美需要和审美情感之后，即在其自觉成为审美主体之后，才能够实现。缺乏审美需要和审美情感的劳动者是无法体验到劳动过程之美的。所谓劳动审美需要，是指当个体具备了劳动审美意识之后，希望通过劳动获得审美价值的需要，它是在劳动中产生和发展的，同时又是劳动审美活动顺利进行的动力。它要求将劳动作为审美需要的个体，喜欢劳动胜过闲暇，不把劳动看成受苦、受罪，而是人生的乐趣与享受。所谓劳动审美情感，是指当个体把劳动作为审美需要，所产生的劳动前的审美期待感，劳动中的节奏愉悦感，劳动过程的快乐感和艰辛感，劳动丰收的喜悦感，对劳动者质朴、善良的心灵和健美的体魄的赞叹，及其对优美的劳动环境的喜爱等。劳动审美需要与审美情感密切相关，没有劳动审美意识，就不可能产生劳动审美需要；没有劳动审美需要，也不可能激发劳动审美情感。正如苏霍姆林斯基所言："劳动之乐是任何其他快乐所无法比拟的，这种快乐如果没有美的感受是不可思议的。"

在劳动审美活动中，个体首先认知到劳动作为审美的价值，并在此基础上对劳动进行审美欣赏，产生愉悦的审美体验。在人类历史上，劳动审美伴随着人类对客观世界的认识、改造的不断深入而不断发展。它不仅满足了个体的审美需要，还使个体的审美心理结构不断发展和完善，并同时促进个体的智力和德性的发展（以美启真、以美储善）。从某种程度上而言，人类历史就是劳动创造美的历史，就是通过劳动不断满足人的审美需要的历史。

历史上，中国农民常年辛勤耕作于土地上，从事着艰辛的农业劳作，尽管由于社会阶级的关系，存在一定的异化劳动，但我们不能因此而否认农民存在劳作审美。马克思认为由于私有制度，劳动由自由自觉的活动变成了异化劳动，丧失了人类活动的丰富性，它不能确证人的本质，反而使人与人对立、人与自然分离，进而使人的本质沦落，"他在自己的劳动中不是肯定自己，而是否定自己，不是感到幸福，而是感到不幸，不是自由地发挥自己的体力和智力，而是使自己的肉体受折磨、精神遭摧残"（《马克思恩格斯文集》第 1 卷，2009：159）。一些研究者就此认为，美并不是劳动直接创造的，因为私有制度下的异化劳动，不具有自由自觉的性质。实际上，按照马克思的观点，有两种"审美"，或者两种"自由"。一种是自从人成为人的那一刻就已经开始了的必然王国的自由和审美。这种自由与审美是人在掌握必然、改造世界的过程中，人的本质力量对象化、形象化的呈现，即人从人化的自然中直观自身的力量。但这种自由与审美终究是受抑制的、不全面的、不充分的。另一种是自由王国的自由和审美，"自由王国只是在必要性和外在目的规定要做的劳动终止的地方才开始；因而按照事物的本性来说，它存在于真正物质生产领域的彼岸。……这个自由王国只有建立在必然王国的基础上，才能繁荣起来"（《马克思恩格斯文集》第 7 卷，2009：928~929）。质言之，必然王国是通向自由王国的必须阶段，人类历史正是由必然王国向自由王国螺旋式发展的过程。人类在实践中的每一个重大进步都会让人们产生踌躇满志的快感；个人在实践中的每一个重大进步也会让人产生自得意满的快感。这些进步都是由必然王国向自由王国的迈进。虽然人在必然王国的审美体验是短暂的、不全面的、不充分的，但却是通向自由王国必要的、必经的阶段。

由上观之，尽管历史上农民从事的农业劳作属于异化劳动，但不能因此而否认农民存在劳作审美，即使这样的审美体验与自由王国的审美体验相比还属于比较低的层次。首先，农民在土地上的劳作当然也是按照"美的规律"进行创造的，在此创造过程中，其生产劳动的静态成果，比如插秧时整齐的秧苗、播种时齐整的地垄等，都是以美的外在形式，感性地呈现了农民的审美体验、自由本质；其次，农民的劳作一定程度上克服了受制于外部自然的被动性，根据自己的需要和劳动对象的特点、规律进行创造，也体现了农民的审美需要和情感，即便这种审美仍处于必然王国的审美阶段。农民审美启蒙就是要不断地促使农民审美由必然王国的较低层次向自由王国的高层次迈进。

如果说中国的文化是一种农耕文化，其核心精神是天人合一，那么这种文化的形成与农民的劳作有着密切的关系。换言之，中国的文化与农民的劳作是一种互为因果、相互影响、相互促进的关系。传统的农业生产注定了必须实现人与自然的和谐，从而塑造了传统的农耕文化；传统的农耕文化又影响着一辈又一辈的农民，使其以追求天人和谐为鹄的。这种本质上是和谐的文化，体现在美学精神上就是以和谐为美。这种精神也影响了农民的劳作审美，即在劳作中追求和谐，以此为美。这是中国传统审美文化的主流，我们通常称其为优美。近代以来，随着西方文化的入侵，以冲突为美的崇高审美开始影响中国的审美文化，"金刚怒目"[1] 在近代的异军突起一定程度上根源于改变国民性的时代问题。以冲突为美的崇高开始进

---

[1]　参见蔡志栋，2004，《金刚何为怒目？——冯契美学思想初论》，硕士学位论文，华东师范大学哲学系。

入国人的审美领域，逐渐影响国人的审美体验。

2. 优美与崇高

一般认为，优美与崇高拥有共同的本质，都能够令人愉快，而且这种愉快不是感官的快适，也不是理论规定的那种向善的愉悦，所以都属于广义的美，是审美（广义的美）的一对基本范畴。优美是美的一般形态或低级阶段，崇高是美的特殊形态或高级阶段。同时，二者之间也存在明显的不同。首先，优美是在形式中发现的，是想象力与知性的谐和；崇高是在对象的无形式中发现的，是想象力与理性的谐和。其次，优美的快感是与表象的质结合着的，崇高的快感是与表象的量结合着的。再次，优美的快感是直接产生的，是一种促进生命的感觉，一种积极的快乐；而崇高的快感是间接产生的，经历了一个生命力的阻滞，立刻继之以生命力更强烈的喷射，这种快感更多的是惊叹或崇敬，可以说是一种消极的快乐。最后，优美的根据是我们自身以外的一种合目的性，崇高的根据则在我们内部，是一种思想的样式。这最后一点，是崇高的本质特征（章启群，2004：380～381）。

由是观之，优美与崇高的这四点不同恰恰证明了，相较于优美，崇高是审美的更高阶段，需要从想象力和知性的谐和上升到想象力与理性的谐和，这是因为想象力把崇高的审美表象带到知性面前，但把握有限的知性却无法把握这无限的、无形式的崇高表象，必须交由理性对其进行认识和把握，从冲突到谐和的经历激起了人的自尊心、自豪感和胜利感，人的主体性也因此而得到高扬，自我的本质力量得到肯定，转而要求进一步认识和掌握客体。[①] 所以，真正的崇高，不在任何感性的形式里，而只在人的内心里；不是客观外在的对象，而只涉及理性的观念。"崇高不存在于自然的

---

① 为什么崇高感先有否定的环节？后起的肯定环节的依据又何在？围绕着这两个问题，蔡志栋副教授细致地把优美感和崇高感的获得机制进行了比较。"优美感的心理机制：想象力把审美表象带到知性面前，由于想象力和知性都是把握有限的，两者能够自由和谐游戏，产生快感。崇高感的心理机制：想象力把崇高审美表象带到感性知性面前，但后者不能把握它，因为知性把握的是有限，崇高的对象是无限、无形式的崇高表象，从而证明人的伟大，唤起人的优越感和自豪感，产生愉快。——注意崇高感的愉快不是优美的自由和谐游戏，即不是想象力和理性之间的自由和谐游戏。想象力和理性是冲突的，因为前者把握有限，后者把握无限。崇高的快感是异于优美的。总之，正是理性所显示的人之为人的关节处成为了崇高感的基础。"具体参见蔡志栋，2004，《金刚何为怒目？——冯契美学思想初论》，硕士学位论文，华东师范大学哲学系。

事物里，而只能在我们的观念里寻找。"（康德，1985：89）这些观念，虽然不可能有和它们恰相吻合的表现形式，但是，正由于这种能被感性表现出的不适合性，那些理性里的观念能被引动起来而召唤到情感面前。而崇高正是这种理性能力的一种展示。如果说优美是在客观对象的表象形式中出现的合目的性，涉及自然的概念，那么，崇高则是通过对象的形式或无形式引发出的主体的合目的性，涉及自由的概念。审美领域的崇高之所以可能，根本在于它更进一步推动主体走向自由。

那么，崇高是否能像优美那样获得绝对一致的判断？康德指出："事实上，若没有道德观念的演进发展，那么，我们受过文化熏陶的人所称为崇高的对象，对于粗陋的人只显得可怖。"（康德，1985：105）换句话说，崇高感的获得与个体的文化修养和道德观念密切相关。一个文化修养低的人是不可能体验崇高感的，同样，一个道德低下的人也不可能体验强烈的崇高感。因此，从审美的境界而言，要能够从优美上升到崇高，个体就必须着力提高文化修养和道德观念。如果说康德认为崇高更多的是自然的"大"和"威力"与主体的理性相碰撞的结果，那么近代以来，中国美学里接近于崇高的"金刚怒目"已不再将崇高局限在自然范围内，悲剧、社会巨变等能引起人们内心强烈冲突的一切都纳入到崇高系列。以此立论，新时期以来，农民在劳作审美领域里由于遭遇了太多的冲突，逐渐从谐和的优美走向冲突的崇高，在这种夹杂着痛感的快感中，其主体性得到高扬，自由得以扩展。

改革开放之前，在自然经济的框架里，中国农民运用简单的生产工具，依靠人力、畜力，在贫瘠且少得可怜的土地上勤劳、勇敢、智慧地劳作着，同时还得时时祈祷风调雨顺，以保障一年的劳作不至于落空。在这样自给自足、男耕女织、万事不求人的劳作中，农民追求的是田园诗式的审美情趣，追求的是"三十亩地一头牛、老婆孩子热炕头"的生活理想。除却社会制度给予农民的枷锁，单从农民的劳作而言，祖祖辈辈传承下来的劳作模式，使他们享受着人和自然的和谐所赋予的优美生活。这种审美情趣除去"老天的不争眼"带来的挫折和失败之外，总会在年节岁时通过各种习俗活动得以呈现。

然而，新时期以来，随着现代农业生产机械（从小型到大型）逐步普及，现代农业生产资料如化肥、种子、农药等的升级换代，现代农业生产技术如地膜覆盖、温室大棚等的广泛运用，农业生产力显著提高，农业生产方式、农村经济结构发生了根本性变化。这些变化有力地将农民从传统的劳作模式中解放出来，极大地刺激着农民，使他们的劳作审美也随之发生了变迁。这种审美变化的主旋律是从宗法小农的田园诗向现代农业的狂想曲的转变。在这种转变中，农民切身感受到了传统与现代的冲突，这种冲突刺激着他们在劳作审美中不断从优美走向崇高。并且，在农民运用勤劳、勇敢、智慧等音符谱写现代农业的狂想曲的过程中，他们拥有了传统农民所没有的自由个性，审美境界得到了很大程度的提升。

3. 走向崇高的劳作审美何以可能？

随着科技的进步，人类认识自然和改造自然能力的提高，传统天人和合的思维方式逐渐被主客二分的思维方式所取代，主体与客体、个人与社会、感性与理性、现实与理想等逐渐被割裂并进一步对立起来，这就造成了审美从传统的以追求谐和为目的的优美向以追求冲突为目的的崇高转变。新时期以来，随着改革开放的逐步深入，经济、政治、文化等社会生活的方方面面都发生了急剧的转变，从而引起了巨大的冲突：传统与现代、计划与市场、专制与民主、进步与落后等，强烈地冲击着农民的感官世界。面对这些从未遇见过的新鲜事物，农民因陌生而显得手足无措，表现出震撼和恐慌；而当农民真正领略了这些新鲜事物的巨大威力的时候，尤其是他们的生活被这些新鲜事物改变的时候，他们又表达出一种惊叹或崇敬的快感，这就是崇高。

按照康德的观点，当一个体积（数学的崇高）、威力（力学的崇高）超出了我们感官习惯把握范围的巨大事物，突然出现在我们面前的时候，必然会令我们感到震撼、惶惑。我们这种对感官世界的量和力的估计能力的不适应性，在我们内部转而又唤起我们主体中的理性，即一种超感性的能力，这种能力使我们能够藐视眼前的体积、威力巨大的对象，并产生超越这个对象的自信和自豪，这时候就产生了崇高感。因此，崇高感更多地含着惊叹或崇敬，其对象是无形式和限制的，是间接的、消极的快感——由不快感转化而来的快感。

于此而言，改革开放以来中国社会集中爆发的"冲突"，为人们的审美由优美走向崇高提供了丰富的审美对象——即从未遇到过的体积、威力巨大的新鲜事物。改革开放三十多年爆发的社会急速转型、经济飞速发展、科技生产力急剧提高、认识世界和改造世界的深入、价值观念的巨大变化等等，带来了数量巨大的前所未有的新鲜事物。这些集中爆发的"冲突"突如其来地呈现在国人面前，为人们的审美体验提供了丰富的素材，极大地刺激着人们的感官、审美，促使人们的审美从传统的优美走向崇高。就审美领域而言，可以说，新时期以来，人们生活在一轮又一轮的崇高感的获得当中。中国的农民当然也不例外，甚或说他们的感受尤为强烈，特别鲜明地呈现在其劳作审美当中。换言之，农民在辛勤的劳作中强烈地收获了一波又一波的崇高感。

　　首先，现代农业科技、农业机械的使用，使农民逐渐从繁重的体力劳动中解放出来。对于靠在土地上"刨食"的农民而言，摆脱繁重的体力劳动以在比较轻松的劳动中丰衣足食，无疑是其蕴藏在心中最强烈最朴素的愿望。这个愿望渗透到农民生产生活的一切方面，也决定性地影响到他们的审美情趣。改革开放以来，尤其是20世纪90年代以来，随着合作社的大型农业机械的普遍使用，几千年来农民摆脱繁重体力劳动的梦想成真，他们终于可以在非常轻松的劳动中丰衣足食了。当他们不再以填饱肚子为主要生存目的的时候，审美也就成了劳作中的主要追求。"当狮子不受饥饿所迫，无须和其他野兽搏斗时，它的剩余精力就为本身开辟了一个对象，它使雄壮的吼声响彻荒野，它的旺盛的精力就在这无目的的使用中得到了享受。……当缺乏是动物活动的推动力时，动物是在工作。当精力的充沛是它活动的推动力，盈余的生命力在刺激它活动时，动物就是在游戏。"（席勒，1984：140）审美游戏是能动的活动，只有自由的创造活动才能够产生艺术形象。当劳作不再是农民的工作而成为"游戏"，当审美活动已经从物质的生产劳动中独立出来，当农民开始享受生活的乐趣时，劳作已经远远超出了其本身的意义，它所体现的审美价值不再隐藏在实用价值背后，而已经在劳动生产及其成果中占据了主导地位，以特殊的形式成为衡量一切生产劳动合理与否的重要尺度。并且，由于这种审美所面对的对象都是农民在以往的劳作中未曾碰到过的，其威力所引起的"冲突"使农民的审美开始走向崇高，从而提升了农民的主体性和追求自由的自信心。

　　其次，随着现代农业科技的迅猛发展，农业生产资料以前所未有的惊人力量改变着农业的生产效率，化肥、种子、生化农药、大型农业生产机械、现代农业生产技术等，极大地提高了农业生产力，强烈地刺激着农民的感官世界，使其从一开始的怀疑、惶惑到逐渐在丰收的喜悦中产生了认识、掌握、超越这些新鲜事物的自信和自豪，从而产生了崇高感。比如，80年代初，当习惯了使用农家肥的农民面对"白面面"的化肥时，首先是持一种怀疑甚至害怕减产的态度，而当丰产之后，除了享受增产丰收的喜悦之外，他们又油然地生出一种惊叹和崇敬之情，这就是农民在生产之外的审美当中所获得的崇高感。这种崇高感的获得极大地提高了农民的自信心，农民也因此而提升了其面对自然的主体性。现代农业科技的普遍使用，使农民的劳作审美走向崇高成为现实。

再次，随着经济社会的巨大发展，农民的道德观念发生了一定的转变，文化修养也在一定程度上有所提高，这为农民在劳作中获得崇高体验奠定了基础。如果说优美感的获得主要依靠于农民的形象思维，那么崇高感的获得则主要依靠理性思维。按照康德的观点，在感性和理性之间还存在知性，优美是感性和知性的认知、体验结果，崇高则是感性和理性的认知、体验结果。在康德这里，感性等于感觉素材和直观形式的结合，即通过我们被对象刺激的方式来接受观念的能力；知性即介于感性和理性之间的认知能力，相当于我们通常所谓的认知理性，是依据概念进行理解的能力；理性则是建立在先验认知能力之上的认识能力，相当于审美判断力。新时期以来，随着启蒙的推进，农民的感性、知性、理性思维发生了改变，认知世界和改造世界能力得以提高，在辛勤劳作的过程中，农民的文化修养也在实践中逐步提高，他们对于劳作的认知开始从传统的"刨食"认知向审美扩展，对于劳作以及劳动成果的认知也逐渐超越功利性的范围，审美的意蕴更加浓厚，对劳作中的"冲突"的把握更由恐慌趋于惊叹和崇敬："事物的实在是事物的作品，事物的显现是人的作品。一个以显现为快乐的人，不再以他感受的事物为快乐，而是以他所产生的事物为快乐。"（席勒，1984：133～134）

同时，在这一过程中，农民由于启蒙逐渐培养了丰富的道德情感，并以此支撑起对审美对象的把握，实现了感性和道德情感的一致。换言之，由于道德启蒙，农民开始突破传统道德观念的束缚，过去那种墨守成规的道德观念被打破，在新的天人之辩、群己之辩、义利之辩、理欲之辩的指引下，农民将全新的破除迷信、崇尚科学、追求真理、真善合一的道德观念融入优秀的传统道德观念之中。这样的道德观念培养了农民新的道德情感，使其在劳作过程中面对崇高的对象时，不再只表现出"可怖"，而是在惶恐之后上升到惊叹和崇敬的境界。

总之，新时期以来，由于现代农业科技在农业生产中的普遍推广、繁重的体力劳动的解放、道德观念和文化修养的提高等因素，农民在劳作过程中面对众多的新鲜事物所带来的"冲突"，可以在超越功利之外以审美的眼光进行把握，劳作审美因此而走向崇高。

4. 体验崇高之后

劳作审美走向崇高、获得审美自由的过程，从某种程度上说，其实也是农民的自由人格产生的过程。在劳作中感受崇高的同时，自然界的秩序、人类社会生活的秩序等这些"道"也逐渐被农民所掌握和接受，产生个性化和共性化结合的感性形象："通过这些形形色色，客观过程才成为我的所与，而我也通过这些感性活动，才接受了天道、人道，并在主客体交互作用中来塑造自己的性格。"（冯契，1996b：282）冯契先生认为，"每个人都可以成为美的个性，如具有欣赏能力，在美的自然景色和艺术品的鉴赏中享受自由。一个没有美的个性的人是不自由的，是不会令人觉得可爱的"（冯契，1996b：285）。换句话说，美对培养人的自由个性具有重要的意义。当然，从审美层面而言，培养自由个性并不是要求人人都成为音乐家、画家、诗人、艺术家等等，而只是希望每个人在自己所属的领域能够达到"高峰体验"，获得审美自由。因此，农民劳作审美走向崇高的过程对于其自由人格的形成具有重要的意义，具体表现为劳作审美崇高感对农民自由人格的重要组成部分——生命力感——的唤醒，以及对农民自由个性的必要组成部分——自愿意志——的培养。

首先来谈第一个问题，劳作审美中崇高感的体验对农民生命力感的唤醒。有研究指出，中国近代以来审美领域的"金刚怒目"某种程度上契合了西方美学的崇高，而"金刚怒目"对自由人格的培养更多地从悲剧的美育中来。换言之，悲剧之美对人性发展的培养作用就是"金刚怒目"对人性的培养作用，也就是崇高对人性的培养作用，即对生命力感的唤醒。[1] 朱

---

① 具体参看蔡志栋，2004，《金刚何为怒目？——冯契美学思想初论》，硕士学位论文，华东师范大学哲学系，注释84。

光潜在《悲剧心理学》中讨论了悲剧对生命力感的唤醒问题，他认为在观赏悲剧的过程中，正是因为痛苦的情绪得到自由表现，唤起一种生命力感，从而使痛感转化为快感："应当指出，悲剧不仅引起我们的快感，而且把我们提升到生命力的更高水平上。如叔本华所言，它把我们'推向振奋的高处'。在悲剧中，我们面对失败的惨象，却有胜利的感觉。那失败也是艰苦卓绝之后的失败，而不是怯懦者的屈服投降。"（朱光潜，1987：415）这里，朱光潜无疑在讨论悲剧对人性发展的意义，即悲剧之为悲剧不仅在于其所包含的巨大痛苦，更为主要的是主体面对"既不可理解也无法抗拒的力量"所进行的艰苦卓绝的抗争，正是这种抗争唤醒了人的生命力感。

新时期以来，农民在劳作过程中所遭遇的"既不可理解也无法抗拒的力量"是多重而巨大的，现代农业科技所带来的化肥、种子、生化农药、大型农业生产机械等等，巨大地冲击着农民传统的认识，使其一时无法接受而倍感痛苦，并奋起抗争。但是，由于现代农业科技的不可抗拒，这种抗争的结果注定是失败的，然而正是这种抗争的难度使得农民在失败之后，理解接受了这种力量，才更加唤醒了其生命力感。易言之，农民从对现代农业科技带来的冲击的"奋起抗争"到心悦诚服地接受，即是从痛感到快感的转化，心中的"不平"被除，生命力感也因而得到了某种程度的唤醒。这种唤醒既构成了崇高感的来源，同时又对农民的自由个性进行了塑造。

劳作审美的崇高体验对农民生命力感的唤醒，使农民前所未有地感受到了自身的伟大、崇高和尊严感，激发出农民努力向上的意识。尽管人类的文明不断演进，但是与之相伴而来的人类生存的困境也不断困扰着我们；尽管现代农业科技带给农民强大的生产力，但是自然仍源源不断从方方面面威胁着农民的生产劳作。因而，在对世界的无限性和无常的把握中，农民这种生命力感的被唤醒，无疑为其更加积极主动地应对来自自然、社会的重重困境提供了基本支撑，使其敢于面对自然、社会的种种挑战。农民因此而启蒙、而更加走向自由。

接着再来谈第二个问题，劳作审美中崇高感的体验对农民的自愿意志的培养。冯契先生认为，真正自由的道德行为应该是自觉原则和自愿原则的统一、理智和意志的统一。自觉是理智的品格，自愿是意志的品格。道德行为不仅要自觉，而且要以意志自由为前提。如果忽视了自愿原则，忽视了自由意志，也就是忽视了个性解放，忽视了自由人格的完整性。因此，应该注重道德行为的自觉性和自愿性的统一。理智的自觉和意志的自愿如何统一呢？除了从道德、伦理的角度培养个体自主的意志，还应该注重审美的作用。

劳作审美中的崇高体验，主要来自于农民的主体意志与外界（自然、社会）的紧张。正是在应对这些紧张的过程中，农民作为农业生产劳动主体的力量，即改造自然的力量得以突出，农民的自主性、独立性得以提升。面对劳作中的各种"冲突"，从一开始的不理解到后来的欣然接受，农民提升了理智上的自觉品格；从最初的"奋起抗争"到后来的心悦诚服，农民在对来自"冲突"的抗争中培养了自主性、独立性，在抗争失败后的结果中体验了惊叹与崇敬，激发了来自灵魂深处的尊严感、价值感以及生命本能的力，培养了自愿的意志品格。这种自觉与自愿原则的统一，将进一步在未来农民的劳作中发挥积极作用。

从启蒙的层面而言，劳作审美的崇高走向，因与自由的紧密联系，无疑在提高农民改造自然的自信心、提升农民的自主性、独立性方面，发挥了积极作用，必将推动农民进一步迈向自由之境。

三　摹状城市的日常生活审美

如果说农民的劳作审美在新时期出现了崇高走向，那么，农民的日常生活审美则呈现出一种摹状城市的样态。因为，在劳作过程中，农民在体验崇高之余，充分地享受到了丰产增收的喜悦，使其日常生活水平极大地得到了改善。这种改善使其超越了功利的追求，也增强了其日常生活中的审美意蕴。几千年来，城乡二元对立模式建构了农民仰视城市的一般审美传统。正如有研究指出的："农民对上等阶层的想象则具有丰富的内涵，其中既有'空羡叹'的仰慕，又有渴望拥有的白日梦，他们不断地将有钱人的世界神化，并愿意用这种神秘的愿望娱乐人生的苦痛，他们的想象表现出仰视的姿态。'山的那边'始终是一种无法解脱的想象欲望，农民对于城市也从来没有停止过自我勾画。"（杨高强，2011）当城乡二元结构的壁垒在新时期逐渐被打破的时候，一方面农民因为改变生活状态能力的提高，对于城市的向往不再停留在想象的层面，而开始在日常生活中摹状城市。"过上城里人一样的生活"，不光表达了农民对美好生活的渴望，同时也包含了农民日常生活审美的摹状城市心态。另一方面，随着城镇化进程的推进，城市也以主动靠拢的方式接近农民，使农民对城市的想象逐渐地具象化和清晰化，农民渐变的日常生活审美在摹状城市的过程中呈现出别样的姿态。

1. 农民日常生活的审美化

21世纪以来，随着文化工业的强势来袭，大众文化以风卷残云之势侵入到人们的生活中，影响着人们的审美取向。日常生活的表层审美化随着商品化潮流逐渐融入全球性的社会实践当中，凸显为一个亟待研究和解释的问题。这一问题在学界引起了"日常生活审美化"与"审美日常生活化"的大讨论，形成了丰富的理论成果，有力地推动了理论上的澄清和实践中的问题破解。鉴于本书的研究主题，我们无意于对此再作更多讨论，只想在已有研究成果的基础上，对农民的日常生活审美加以分析。

关于日常生活审美化和审美日常生活化，学者大多将其纳入到"审美泛化"这个整体范畴中，认为21世纪以来人们的日常生活呈现出一种审美泛化的趋势。但是，在审美泛化的范畴中，日常生活审美化和审美日常生活化却存在着很多的不同。刘悦笛教授等认为，审美泛化包含着双重的逆向运动的过程，一方面是日常生活审美化，另一方面则是审美日常生活化。前者是就后现代文化的基本转向而言的，它直接将审美的态度引进现实生活，主要包括表层审美化与深度审美化两类；后者则主要是就后现代艺术的大致取向来说的，它力图消抹艺术与日常生活的界限，但这种趋势在前现代与现代主义艺术那里就已存在（刘悦笛、许中云，2006）。

所谓"日常生活审美化"，按照布尔迪厄的观点，即"把审美特性授予原本平庸甚至'粗俗'的客观事物（因为这些事物是由'粗俗'的人们自己造出的，特别是出于审美目的），或者将'纯粹的'审美原则应用于日常生活中的日常事物"（皮埃尔·布尔迪厄，1994）。换句话说，就是直接将审美的态度引进大众日常生活的衣、食、住、行、用之中，使大众的日常生活被越来越多的艺术品质所充满。所谓"审美日常生活化"，也就是"日常生活审美化"的逆向运动过程，即"审美方式转向生活"，并力图消抹艺术与日常生活的边界。如果说，"日常生活审美化"更多关注于日常生活，那么，"审美日常生活化"则聚焦于艺术审美。刘悦笛等针对沃尔夫冈·韦尔施的观点，提出"日常生活审美化"与"审美日常生活化"并不是对同一过程的描述，而是对"当代审美泛化"的不同运动过程的各自的"深描"，两者之间是具有本质性的差异的。在此基础上，他们根据布尔迪厄的观点描绘了当代审美泛化的全息结构图（见图1），以明确区分两者之间的根本差异。

审美泛化	日常生活审美化	表层审美化（物质审美化）	大众物性生活的表面美化	
			大众自己身体的表面美化	
			文化工业兴起后所带来的表面美化	
		深度审美化（非物质审美化）	大众审美化	凸现为鲍德里亚意义上仿真式"拟像文化"① 的兴起
			精英审美化	福柯、维特根斯坦、罗蒂等哲学家所求的"审美的生活"
	审美日常生活化	前现代艺术	唯美主义（及其对当代的影响）	
		现代主义艺术	未来主义、达达派、超现实主义、波普艺术……	
		后现代艺术	后波普、观念艺术、偶发艺术、行为艺术、环境艺术（包括大地艺术）、激浪派、新媒体艺术……	

说明：此图转引自刘悦笛、许中云，2006，《当代"审美泛化"的全息结构——从"审美日常生活化"到"日常生活审美化"》，《西北师大学报》（社会科学版）第4期。

图1　当代"审美泛化"的全息结构图

通过分析上图我们可以清晰地看出，日常生活审美化更多地与大众相联系，辐射到大众生活的方方面面；而审美日常生活化更多地指向艺术领域，与不同历史阶段的各种艺术流派相关联。因此，我们讨论农民的日常生活审美，就主要从"日常生活审美化"的理论路径出发。也就是说，新时期以来，尤其是21世纪以来，农民的日常生活逐渐趋向于"审美化"，主要呈现为农民的物性生活的表面美化、自己身体的表面美化、文化工业兴起后所带来的表面美化等三个层次，这三个层次表现在农民的衣、食、住、行、用等日常生活的方方面面。农民在置办日常生活用品的过程中，

---

① "拟像"是法国学者让·鲍德里亚提出的，意谓一种摆脱了客观真实原形的模仿而由技术符码逻辑生产的拟仿之物，虽无现实依凭和真实所指，却拥有超逼真的视觉表象。日常生活审美化的最突出呈现，是仿真式"拟像"在当代文化内部的爆炸。当代影视、摄影、广告的图像泛滥所形成的"视觉文化转向"，提供给大众的视觉形象是无限复制的影像产物，从而对大众的日常生活形成包围。这些复制品由于与原有的摹仿对象发生了疏离，所以就成了一种失去摹本的"拟像"。它虽然最初能"反映基本现实"，但进而又会"掩饰和歪曲基本现实"，最终"掩盖基本现实的缺场"，不再与任何真实发生关联。

更多地赋予其审美的意蕴，将审美消费与日常消费融二为一，使审美不再局限于"非功利性"的诉求，而融入生活的方方面面。正如布尔迪厄所言："将审美消费置于日常消费领域的不规范的重新整合，取消了自康德以来一直是高深美学基础的对立，即'感官鉴赏'与反思鉴赏的对立。"（皮埃尔·布尔迪厄，1994）由此审美也就走出了康德那种"贵族式的精英趣味"超越平庸生活的贵族之路的局限，农民的日常生活也不再因为"平庸"而遭人忽视乃至压制。农民的日常生活消费实现了在任何地方、任何事物都可以成为审美消费的极致状态，从而走向"日常生活审美化"。

如果沿着"拟像文化"的逻辑继续深入推进，农民的日常生活审美化的目标则是对城市日常生活的摹状。易言之，大众媒体以影视、广告等形式以及进城返乡的农民工将城市生活样态的复制品提供给农民，从而对农民的日常生活形成了包围；再加上农民对城市生活的渴望，农民日常生活审美必然呈现出摹状城市的趋势。虽然这种城市的"拟像"最初能"反映基本现实"，但由于这些"拟像"与城市的生活样态发生了疏离，所以就成了一种失去摹本的"类像"，必然会"掩饰和歪曲基本现实"，最终导致"掩盖基本现实的缺场"，不再与任何真实发生关联。[1] 然而，于农民而言，这些"掩盖基本现实的缺场"却因为他们对城市生活的渴望而被忽视甚而消解，他们还是毅然决然地追逐着"像城里人一样的生活"，审美亦然。

基于以上的认识，我们以下将从住宅、服饰、饮食这三个农民日常生活的主要方面入手，对农民[2]日常生活的审美进行探讨。

2. 钢筋混凝土空间中的住宅审美

我国疆域辽阔，人居自然环境多种多样，社会经济环境也不尽相同，在悠久的历史发展进程中，形成了各地不同特色的民居建筑形式，深深地烙上了自然特点、地理环境、民族风情、传统礼节、礼法秩序、象天法地等印记。民居作为宁和、朴素的安居之所，在满足人们的居住功能的同时，又体现了人们的精神寄托和审美追求。人们往往给安居之所赋予"家"的

---

[1]　关于农民在摹状城市生活审美过程中所出现的种种偏差和误区，我们在后文的讨论中再详细进行分析。

[2]　由于篇幅所限，这里的讨论主要集中于在乡务农的农民，那些挣扎于城市生活空间中的进城务工的农民，其日常生活审美更为复杂，我们将在以后的研究中专门进行探讨。

意义，使其成为日常生活和精神寄托的场所。历史上的农民在力所能及的情况下，在满足住宅建筑基本实用功能的同时，也将自身的审美追求尽可能地融入其中。从某种程度上来说，农民的住宅常常是一种理想的美的构成。不可否认，对于住宅，农民首要的考虑是其实用功能，比如房子要宽敞明亮，以适宜居住、存放粮食和摆放生产生活用品；家具要结实、牢固，以能长时间的使用；等等。但是，在追求实用之余，他们也力所能及地将审美赋予其居所，通过对简朴居所总体结构的合理布局、空间的灵活组合、造型的匠意和细部构造的艺术处理等，追求居所的形式美、造型美、结构布局美、装饰美、自然美（环境美）乃至意境美和音乐美，使其居所表现出丰富多彩的审美特征。

改革开放以来，尤其是20世纪90年代之后，随着城乡二元壁垒的逐步打破，城市与乡村之间由对立走向融合，二者彼此开放和互相拥抱的同时，蒙在城市上空厚厚的面纱终于被农民逐渐掀起，原来一切虚幻朦胧的臆想终于呈现出"真实"① 的面貌，农民对于城市的强烈渴望终于可以从想象变为现实了。受传统"高门大户"观念的影响，农民经济富裕之后首先投资的便是居所的建设，他们对城市的想象姿态和审美情感的渐变在住宅建设中表现得尤为突出。"楼上楼下、电灯电话"，是20世纪80年代初期农民对城市居所的想象和摹状。于是在尽可能的情况下，农民开始用红砖绿瓦代替原有的土坯墙，电灯也因此照亮了农民的审美生活，虽然电话在那时还显得比较遥远，但并不妨碍农民对城市居所的尽可能摹状。21世纪以来，各种家用电器如电视、冰箱、空调等开始入驻农民的房间，冰箱即使不用、空调即使不开也要购置摆放，这样的心态充分反映了农民在居所方面对于城市的摹状。钢筋混凝土结构代替了土木结构，唯美的窗花剪纸消失了，代之以大块的透明玻璃，传统的木制家具逐渐被各种外表漂亮的新家具所替代……"以城里人为目标""以城市美为美"是新时期以来农民在住宅审美中的主要特征。

不容否认，农民对城市生活的向往是一种进步的表现，其摹状城市的审美也无疑对提高自身的审美具有积极的意义。但是，城市在现代化的过

---

① 这种"真实"其实只是农民眼中的真实，他们还未能走进城市生活的深处，即使进城务工的农民也只是游荡在城市的外围，未能真正深入了解城市生活的样态。

程中不可避免地受到现代性危机的干扰，在某种程度上掉进了现代化的陷阱。就审美而言，受日常生活审美化的冲击，审美所追求的时尚化、设计化正将其所应包含的人文内涵和理想主义色彩冲蚀殆尽，取而代之的是对纯粹的形式美的追求。审美的历史文化内涵逐渐成为一种"装点门面"的饰品。"而在今天我们所经历的审美化过程中，感性的外表被强调、被夸大，审美的形象成为脱离精神内涵的孤立因素。由于内在精神的缺失，个体的生命需要迷失在时尚的诱惑之中。在看起来更多地实现了审美化、艺术化的时代，其实审美和艺术最为贫乏。"（徐碧辉，2004）此言深刻揭露了城市审美在现代化过程中所出现的偏差，甚至是某种误区。但是，由于农民对城市的不可遏止的渴望以及对于现代化的偏颇理解，他们对此却茫然无知，仍然一味地盲目摹状，致使在住宅审美中逐渐将传统形成的地方风格、民族特色等几乎全部遗失，代之以清一色的冷冰冰的钢筋混凝土空间，造成了传统乡土民居审美意蕴的不断流失。"城市对乡村文化来说虽然对立，但'现代'的巨大诱惑和对其不能遏止的渴望，构成了乡村文化悲剧的双重引力。"（孟繁华，2004）如果说城市化进程是乡土文明走向没落的外部力量，那么，农民对城市想象情感的倾斜，内在地推动了乡土文明的没落。不必说在乡农民对于城市审美情感的痴迷，即使是进城务工的农民也未因城市生存环境的艰难而有所转变，他们对城市生活样态的追逐逐渐演化为一种畸形的膜拜。

在摹状城市的住宅审美中，农民也在有意无意地力图实现传统与现代的结合。比如在北方的民居建设中，农民除了用瓷砖、琉璃瓦粉饰外墙门面之外，同时还不忘在门楼上镶嵌各种表达自己理想的字匾，紫气东来、富贵人家、耕读传家、安居乐业、天赐百富、天官赐福、家和万事兴、家兴财源旺、祥光照福门、鸿福吉祥居等等，均寄托了每个农家的价值愿望和审美理想。历史上，能够将自家门楼嵌上字匾的只有少数的大户人家，对于贫穷的农民而言这只是一种奢望，他们能做的就是将自家的房前屋后打扫干净，以实现自身的审美情趣。新时期以来，随着农民的日子逐渐富裕起来，原来的奢望逐渐化为现实，寻常百姓家也可以高门大户、紫气东来。如果说，地方风格、民族特色代表了传统的民居审美，那么，钢筋混凝土则代表了现代的建筑审美。在钢筋混凝土的表面嵌上这些富有传统风格的字匾，是农民在审美中保留的一点点传统的印记。

如果说中国传统的民居更多地侧重于自然审美，那么在现代化过程中农民摹状城市的住宅审美则更多地彰显了其主体力量。从审美原则的角度而言，审美追求的是自然原则和人化原则的统一，而农民对城市的摹状一定程度上打破了这种统一，钢筋混凝土空间中的审美体现出一种审美偏颇。这种审美偏颇只追求合目的性，而相对忽视了合规律性。"如果说，合目的性赋予审美活动以审美理想的实现这一价值的内涵，那么，合规律性则使审美理想的实现同时展现为'原天地之美而达万物之理'的过程，二者的统一，构成了审美领域自由的内在规定。"（杨国荣，2005：211）全国上下、大江南北，千篇一律的钢筋混凝土住宅建筑的涌现，表征了农民住宅审美中的合目的性，即结实、牢固、实用而又追随城市的目的。然而，缺少了"原天地之美而达万物之理"的"象天法地"的合规律性的钢筋混凝土空间，则使农民的住宅缺失了审美领域的自由。

就日常生活而言，农民富裕了，在完成住宅建筑这个首要的任务之后，紧接着要考虑的便是服饰的改变，农民的日常生活审美在其服饰变化中进一步体现出来。

3. 时尚与实用调和的服饰审美

服饰具有天然的审美形式。在中国历史上，服饰作为一种重要的审美风尚，一直是区分族群、地位、身份的基本标志。《礼记·王制》曰："东方曰夷，被发文身，有不火食者矣。南方曰蛮，雕题交趾，有不火食者矣。西方曰戎，被发皮衣，有不粒食者矣。北方曰狄，衣羽毛穴居，有不粒食者矣。"汉代贾谊《新书·服疑》言："贵贱有级，服位有等，天下见其服而知贵贱！"唐代孔颖达云："衣裳辨贵贱。"由是观之，服饰在古代承担着等级、身份认同的基本功能。因此，服饰审美在中国古人看来是非常重要的，它直接影响着自己在他者眼中的身份地位。服饰审美品位的高低直接决定着身份地位的高低，具有主体身份认同的功能。由此，服饰常常成为论证政治形式后天合法性的主要手段，比如"胡服骑射""剃发易服"等等，导致"政治意识形态裹挟经济意识形态与文化意识形态，用'必须'的威权命令形式，消解了身体伦理学的'正当'与服饰审美学的'自愿'，使身体、身份、阶级、国家等原本分属于公共领域与私人领域的东西始终保持着高度一致"（谷鹏飞、赵琴，2012）。

新中国成立后，服饰审美的这种政治意识形态功能继续发挥作用。按照谷鹏飞教授的研究，在政治意识形态的裹挟下，象征革命正统身份的"老三件"（列宁装、中山装、军便装）与象征革命建设本质的"老三色"（灰、绿、蓝），一起构成了 20 世纪 50 年代至 70 年代中国服饰审美风尚的主潮。甚至到 80 年代，为了向世界宣示和向世人证明对外开放和对内改革的决心，服饰也曾扮演了"自上而下"传播习染特性的角色。但不同的是，80 年代的服饰因强调了审美功能，从而解放了民众的审美心理认同，实现了从主流意识形态到社会民众的身份认同的转向。换言之，80 年代的服饰审美逐渐淡化了政治意识形态功能，而强化了大众审美的追求。"我是谁？""我可以表达自我吗？""我如何才能自然而合法地表达自我？"等困惑人们个性解放的问题，开始借助服饰审美进行表达，人们力图通过服饰审美进行主体性的身份认同。

新时期以来，主流意识形态的积极倡导、城市服饰文化潮流的浸染、影视文化服饰的形象塑造、经济社会的变迁，都使农民的服饰审美发生了变迁，农民在服饰审美中表达感性生命的形式也更加宽松和自由了。如果按照谷鹏飞教授的划分，新时期以来，中国社会整体的服饰审美经历了"标新立异""盲目西化""自主选择与复归传统"三个阶段，那么，农民的服饰审美则由于农村社会转型、农民心态观念变化的滞后，在每一个阶段都滞后于整个社会。当城市人在 80 年代热衷于用"喇叭裤""迷你裙""西服""烫卷发"等代替"老三件""老三色"以标新立异的时候，农民追求的却是用工业制造的"的确良"等代替自家手工制作的黑白两色的"老粗布"；90 年代，当城市人的服饰审美流于追逐健美裤、文化衫、打领带、着西服上衣、套牛仔裤、蹬运动鞋等"混搭"装扮的服饰世俗化（西化）时，农民却因经济状况的稍为改善而痴迷于西装、皮鞋、皮衣等城市过季的服饰审美；21 世纪，当城市由流行"哈韩"风潮的吊裆阔裤、松垮上衣、头染金发的服饰风尚转变为"女性男性化""男性女性化"的中性化服饰风尚，再到中山装与旗袍等传统服饰的再度流行，实现了服饰审美的"自主选择与复归传统"的时候，农民则仍然未能摆脱对城市人服饰的摹状追求，还在亦步亦趋地追随着城市人审美的步伐。

由是观之，当城市人的服饰审美以国际流行为风向标的时候，农民的服饰审美则以城市人的服饰为风向标。因为，农民总是通过城市人的生活来理解国际化的流行趋势。如果说，新时期以来城市人的服饰审美一直处在传统与西化、共性与个性、时尚与世俗的矛盾之中，那么，农民的服饰审美则一直以城市人的服饰为摹状对象，处于城市与农村、实用与时尚的矛盾之中。

毋庸置疑，由于要在田间地头从事辛苦的体力劳动，农民的服饰审美的第一要素自然是实用性，其对于服饰的审美往往集中体现在春节（过年了要穿新衣服）、走亲戚（重要场合一定要注意体面）、重要节日等一年当中的几个重要关节点上。比如80年代当城市人以穿喇叭裤为时尚的时候，农民对此却很是漠然，因为不便于参加劳动。农民之所以痴迷的的确良、运动鞋，除了时尚之外，重要的原因在于其相较于粗布、千层底结实、耐穿。牛仔服、喇叭裤、卷烫发、太阳镜等城市人个性化的审美风尚，在农民摹状城市的过程中作为农民现实主义审美风尚的反面而被他们过滤掉了。所以，新时期以来，农民虽然亦步亦趋地跟随在城市人服饰审美的脚步之后，但也不是一味地全部摹状，常常是在实用的前提下才瞩目于时尚追求。

因为服饰审美与身体的天然亲和关系，再加上消费主义的盛行，标新立异是新时期以来城市人通过服饰时尚塑造感性化的个体——自我身份认同的主要方式。摆脱了物质匮乏时代的消费约束与政治意识形态时代的消费禁忌，解构了前现代社会"先赋角色"（出身、血统、地域印记等）对于身份的直接指认体系，服饰消费成为个体的自主、自愿与自由选择，城市人在服饰审美方面的标新立异因此而成为可能。但是，对于农民而言，服饰上的标新立异却一直遭到排斥，各种奇装异服、烫染头发等，在农民中间一直未能成为时尚。换句话说，农民在服饰审美中不是以标新立异进行身份认同，或者说在农民中间个性化的身份不是其所追逐的目标。追求时尚但要能融入到村庄共同体中不被视为异类，是农民在服饰审美方面的又一标准。

消费主义的盛行，致使城市人在服饰审美中出现了"我买故我在"的畸形心态，他们希望通过买名牌、穿名牌、戴名牌来证明自身的存在，显示了一种城市人在现代化过程中的存在焦虑。而对于大多数农民而言，在服饰审美方面却不存在这一问题，"名牌"对于农民而言是虚妄的。只要是相同的款式、颜色，农民宁可省掉几个钱购买物美价廉的服饰，各种仿冒品牌的服饰在农村市场的广为流行即证明了这一点。当然，我们不能苛求农民拒斥假冒伪劣以规范市场秩序，这对于农民而言显得不切实际。撇开这一点不谈，单从农民的服饰审美而言，这种选择显示了农民在服饰审美方面追求时尚而又不盲目消费的心理。

如果说，新时期以来民族自卑感与追赶西方的焦虑心理造就了中国人（主要是城市人）服饰审美的西化情结，那么，身份的自卑感与追赶城市的焦虑心理则造就了农民服饰审美的城市情结。这种情结使农民将自身定义为处于弱势地位的他者，将一切在经济政治中的失语与身份焦虑归罪于城乡二元壁垒，并在服饰审美方面自我矮化而将自我完全铆钉为城市人凝视的对象。因而，这种以城市化的服饰审美风尚所实现的感性化主体身份认同，绝对不是农民理想的身份认同方式。"因为消费时代的风尚起于创造者而终于追随者，它总是在开始时缔造身份的等级序列，又在终结时解构身份的等级序列，由此造成风尚作为差异性身份认同的绝对性与平等性身份认同的相对性。"（谷鹏飞、赵琴，2012）庆幸的是，随着城乡的互动、大众媒体的传播、返乡农民工体验的传播，在乡农民已逐渐意识到城市生活的诸多不如意，开始不自觉地反省自身的日常生活包括服饰的审美追求。"当农民怀着仰慕的情感来拥抱城市时，却以'他者'的身份无意浏览了城市的隐秘，城市以一种自残的方式覆没了'他者'心中的'自我'形象，于是想象的情感也就变得不那么纯粹了。"（杨高强，2011）所以，未来农民的服饰审美还有待于启蒙，只有这样，才能引导农民告别对城市的痴迷追求，走向属于自己的理想的服饰审美。

4. 走出饱腹之欲的饮食审美

相较于住宅和服饰，饮食在农民日常生活中的位置往往居后。因为住宅、服饰都是外人能够看到的，而饮食是一家人自己躲在家里的隐秘。所以，就日常生活审美而言，农民的饮食审美往往是在住宅、服饰审美实现之后才考虑的内容。

关于中国传统的饮食审美，学者多有论述，"中国人的饮食审美情趣，主要表现在食物形象、饮食环境、饮食器具、食物的香味名音等方面"（徐万邦，2005），其审美特征主要包括"烹调美、名称美、造型美、色香味、意境美、器具美"（张运贵，1995），所追求的是从"色、香、味、形、声、感的'和'"，到"美食与美器的'和'"，再到"美食、美器、美境与养生的'和'"，直至"超脱于饮食活动之外，达到一种纯精神的'和'"的最高境界，并且"通过食艺调谐以进达政通人和""通过饮德食和以感悟天人美韵"（佟辉，1995）等等，所论都极为推崇中国传统的饮食审美。

尤其是2012年央视推出纪录片《舌尖上的中国》之后，更是将中国传统的饮食文化以冲击性的视觉呈送到当下中国人的舌尖，激起了每一个离乡在外游子的思乡、寻根之情。此片甫一播出，便好评如潮，"舌尖上的中国，是每个国人的中国，是一种归宿，是一种内心的踏实""也许我们都忘了，在中国这片辽阔的大地上还有这样震撼心灵，暖人脾胃的美食，我们走得太快，灵魂却没有跟来，他依然在故乡的灶台边迷恋着让他难以迈脚的滋味""真真切切的市井美食与草根生活，味道是骨子里绕不开的乡愁，看到和家乡有关的部分，真的会哭"等等，各种溢美之词铺天盖地。这种强烈反应折射出生活在城市里的人们对当下食品安全的一种焦虑甚至恐惧。有人这样写道："一个舌尖上的中国，充满阳光与感动，是由淳朴、温情、唯美、诱人、人文关怀、奶奶的眼泪、妈妈的手、故乡的回忆写成的；而另一个舌尖上的中国，充满晦暗与肮脏，是由有害的添加剂、地沟油、增白粉、瘦肉精、农药残留、荧光粉、反式脂肪酸写就的。"[1]

我们无意于锦上添花，因此可能更多地要去思考另一个"舌尖上的中国"的现实危机，正如有人这样写道："纪录片带来的文化感动稍纵即逝，热情过后可能很快会被遗忘——可唯美的镜头之外那个舌尖上的中国，作为我们必须面对的日常生活，会逼着我们去正视、思考并给出答案。"[2] 除此之外，还要引起注意的是另一种现象，即那个唯美的舌尖上的中国是否就是现实中农民的日常生活饮食。尽管纪录片中对当下中国农民的日常生活之艰难也多有描述，但更多的城市人却只注意到农民辛苦之后的饮食之美，并对这种饮食之美心怀一种无限的向往，好像农民的饮食是那样的享受而惬意。这种对农民饮食的美化想象不利于我们正视农民的饮食审美。

不容否认，新时期以来，农民的饮食生活有了很大的改善，饮食审美也有了很大的提高，但学者所论的那种传统的烹调美、名称美、造型美、色香味、意境美、器具美等还远未在农民的饮食审美中成为现实。张柠教

---

[1] http://www.360doc.com/content/12/1214/12/6801819_253973519.shtml.

[2] http://www.360doc.com/content/12/1214/12/6801819_253973519.shtml.

授著文指出，农民在饮食方面的基本原则是：忙时吃多，闲时吃少，劳动时吃干，休息时吃稀。这完全是以不同季节、不同劳动强度，农民的身体活动所支出的能量为标准的，基本上没有"美食"方面的考虑。农民的饮食就是能量补充，问候语"吃了吗"，实际上就是"补充能量了吗"的意思（张柠，2005）。① 这种基本原则现在仍在农民饮食生活中被坚持下来。就历史而言，劳动方式决定饮食习惯，农民其实就是用身体能量与自然进行物质交换的人，奢侈与农民饮食是格格不入的，但实际上又是他们内心所渴望的。新时期以来，随着物质生活逐渐丰富起来，农民的饮食也发生了改变。但是，这种改变背后却有一种令人隐隐的担忧："一些挣了钱的村民，开始像城里人一样消费，猪肉、鸡蛋、蔬菜，甚至大米，全部用货币支付，只不过档次更低而已。他们回到城里去批发低档食物。"（张柠，2005）

由于繁重的体力劳动，农民常常患有"主食强迫症"。当城里人将蔬菜、副食当主食以追求营养、健康的时候，农民对主食如米饭、馒头、面条等的需要却一如既往，因为只有主食饱腹才能抵挡得住繁重的体力劳动对体力的需要。当城里人吃盐按克计算的时候，农民吃盐的量却不曾有任何减少，北方农村现在还有"一缸咸菜吃一年"的习惯。一些营养学家批评农民盐吃得太多会得心血管病，但在农民看来这只是那些"吃饱了撑的的人"的杞人忧天。繁重的体力劳动，大量的汗的流出，体内盐分会随着汗一起流出来，衣服上的汗渍是农民别样的美。

"从前的农民大多是'被动素食者'。今天，当城里有钱人都成了'主动素食者'的时候，农民全部成了狂热的'肉食者'。"（张柠，2005）但是，今天农民吃肉绝不像《舌尖上的中国》所示的那样唯美，好像农民都吃的是自家养的让城里人眼馋的"绿色猪肉"。由于家养猪成本的提高，农民几乎不再自己养猪了，他们所吃的都是人工饲料 3～4 个月催生出来的"黑色猪肉"。所以农民的食肉绝不像城里人所想象的那样，他们对吃肉的追求还远未达到城里人那样的标准。城里人在注重营养和健康的时候，农民在吃肉方面还只在意"能够吃上"。

---

① 关注农民的饮食问题者实在是少得可怜，张柠教授的这篇文章详细分析探讨了 2005 年左右中国农民的饮食问题，对于本书的研究显得弥足珍贵，向张柠教授致敬！希望学界有越来越多的人关注中国农民问题，记录农民生活，为后人的研究留下更多的素材。

历史上农民长期缺油吃，这是常识。农村里常常有这样的笑话，全家一年一共几斤油，吃了一年，最后还是那么多量。这在称赞主妇持家有方之余，却是深深的心酸。改革开放之后，农户家的食用油逐渐充足了，于是他们开始"肆意"的"恶补"。当城里人在拒绝油腻食物的时候，农民却无意于或者是未认识到油腻食物的危害，他们只是满足于能够不再谨小慎微地而是放心大胆地用油炒菜了。

由是观之，新时期以来，农民在饮食方面仍是亦步亦趋地跟在城里人后面，营养、健康等还未能进入他们考虑的范围。农民的饮食审美在饮食烹调、器具、环境等方面有所提高，呈现出走出饱腹之欲的享受追求。历史上的农民不是不懂饮食艺术，《舌尖上的中国》里所呈现的大江南北的各种饮食之美，完全是一种艺术的境界。但是，迫于穷苦的生活，这种艺术追求只能在年节或重大喜庆活动的时候才能展现，日常生活只能是粗茶淡饭、饱腹而已。虽然改革开放以来农民不再有米油之虞，但日常生活中的饮食仍然谈不上色香味俱全、荤素搭配适宜，饮食中的艺术审美仍然只是在年节和喜庆的活动中得以体验。不幸的是，随着现代简易食品的冲击，传统饮食的艺术审美也在悄悄流失，这是值得注意的。

再说饮食器具，历史上精美的饮食器具往往只会出现在大户富裕人家，农民的饭桌上只会摆上传了几辈的甚至用麻绳、粗线缝起来的粗瓷大碗。当农民的餐桌上换上绘花描金、洁白细腻的盘碟的时候，城里人却在四处讨买、把玩粗瓷大碗。谈论饮食环境在历史上对于农民而言是奢侈的，有些地方农民吃饭的时候端上饭碗蹲在自家门前的粪堆上照样津津有味。今天，生活环境改善了，但有些农民仍然改不掉这些习惯，饭好像只能蹲着才能吃下去。宽敞的环境、方正的餐桌、精美的碗盘、丰盛的食物仍然改变不了农民端起饭碗蹲在自家门前吃饭的习惯。

总之，新时期里农民的日常生活审美整体呈现出一种摹状城市的样态。这种摹状既包含着农民对美好生活的追求，同时又暗含着一种令人隐隐担忧的偏离。因为，农民所摹状的其实并非真实的城市生活。且不说城市生活本身就存在的危机与问题，单是农民通过影视、摄影、广告等泛滥的仿真式"类像"（Simulacrum）所把握的城市生活就是失真的。在这种"失真的"影像的影响下，农民处于一种被想象的城市生活蒙蔽的状态。

四　趋于多样化的农民娱乐审美

本部分旨在对新时期以来农民的娱乐审美进行追踪分析。之所以冠之以娱乐审美，是因为我们常谓的艺术审美离农民相对比较遥远，农民的艺术审美往往体现在闲暇时间的娱乐活动中。历史上，由于受"日出而作、日落而息"的生活方式的限制，中国农民的闲暇时间非常之少，几乎很少主动选择休闲娱乐，仅有的休闲娱乐活动主要集中在农闲时的各种民俗节庆活动中，如社火、庙会、地方戏曲、祭祖拜神、舞龙舞狮等，具有很强的时节性。

新中国成立后，在政治意识形态的主导下，传统的民俗文化娱乐活动受到了限制，甚至传统戏曲曲目也被划定为封建毒草遭到取缔，代之而起的是具有浓厚政治意识形态的样板戏《白毛女》《智取威虎山》《红灯记》《沙家浜》《红色娘子军》和"红色"歌曲《东方红》《大海航行靠舵手》《太阳最红毛主席最亲》《毛泽东思想放光芒》等。同时，人民公社化的生产生活方式，使农民在岁时节庆的闲暇时间也被组织起来进行各种农田水利建设，"大年初一也要下地干活"。农民的休闲娱乐只能是在田间地头歇工的时候，观看毛泽东思想宣传队的舞台演出。这一时期农民的审美权利实际上是被压抑的。吃什么饭、穿什么衣服、梳什么发型等等具体琐碎的生活细节都被规定了，更不用说读什么书、看什么剧、跳什么舞了，农民的审美主体性被人为地漠视了。

新时期以来，随着改革开放疾步踏来，从人民公社化生产方式中挣脱出来的农民，物质生活逐步富裕，闲暇时间逐渐增多，从物质和审美欲望压抑中解放出来之后，他们对精神文化、休闲娱乐的需要显得更加迫切、更加复杂。"食必常饱，然后求美；衣必常暖，然后求丽；居必常安，然后求乐。"（刘向：《说苑·反质》）食饱、衣暖、居安实现之后，农民对娱乐审美的追求便急切起来。这一时期政治性的审美权利剥夺已经不存在了，但在现代化的过程中，潜移默化的审美扭曲每天都在发生，审美剥夺又呈现出新的形态，农民的审美主体性在商品经济的大潮中逐渐被边缘化，被迫随着都市潮流翩翩起舞。

1. 20 世纪 80 年代：文化娱乐的审美渴望

改革开放之后，农民的审美主体地位得以提高，审美激情得以释放，审美视阈得以扩大，其文化休闲娱乐活动也逐步丰富起来。"改革开放给了我们农民温饱也给了生命的活力及情感的骚动。骚动的情感作用使之产生了拒斥的心理行为。但这种拒斥行为，是他们人格意识觉醒的标志，是对新的时代的拥抱，是对文艺必须变革的呼唤，是使文艺走向文艺自身的唯一动力。"（张振海，1993）之前的样板戏、红色歌曲已经不能满足农民骚动的情感需要，"一段《呼延庆》听一冬，一段《大西厢》看一宿"的审美阶段也逐渐被尘封为历史，众多传统的戏曲表演开始再次在农村的大戏台登台亮相，魔术杂技团也在农村活跃起来，电影内容也不再单调而日益丰富起来……20 世纪 80 年代，农民的文化休闲娱乐从形式到内容都获得了极大的丰富。

首先，从农民的休闲娱乐形式说起。从政治运动中解放出来的农民，闲暇时间变得充裕起来，休闲娱乐因此成为可能。思想的解放、政治的松绑、经济的发展、社会的转型，激起了农民对文化休闲娱乐的渴望，由此也激发了各种形式的休闲娱乐活动在广大农村的蓬勃发展。"文革"时期被拆毁的大戏台又被修葺一新，十里八村结伴看大戏的景象又在农村的夜幕中上演；岁时年节的社火又红火起来，划旱船、扭秧歌、舞龙舞狮等传统的节庆活动再次回归；偶尔也有魔术杂技、耍猴、盲人说书等表演光顾农村，引得围观的农民挤得水泄不通；电影也以乡村集资的形式越来越频繁地出现在农村的大戏台上，即使私人组织的售票形式的电影放映也会招致十里八村的人们前来买票观看；从港台舶来的录像机的身影也出现在农民的休闲娱乐活动中；电视这种"小电影"开始出现在村委会或者村民小组，农民观影的热闹场面绝不亚于看电影或者看大戏；即使没有上述这些现代化的娱乐活动，夜幕下的打谷场、空旷地也成为"乡村夜话"上映的空间，村庄历史和村庄记忆在此得以延续。总之，在 80 年代，农村的文化休闲娱乐活动的形式日益丰富起来，在各种形式的文化休闲娱乐活动中，农民的精神情感需要得以满足。

其次，再来谈谈休闲娱乐活动的内容变化。就呈现在农村大戏台上的戏曲而言，除了传统的剧目，如《三娘教子》《芦花》《铡美案》《狸猫换太子》等的回归，同时还出现了反映现代农村发展的新剧目，比如《杜鹃山》《一颗红心》等；就农民观看的电影而言，除了反映时代内容的《高山下的花环》《戴手铐的旅客》《六斤县长》《月亮湾的笑声》《少年犯》等之外，还有《少林寺》《黄河大侠》《自古英雄出少年》《大刀王五》等古装剧，甚至国外的译制片也出现在了农村的荧幕上，比如《佐罗》《黑郁金香》等；电视上播出的电视剧就更为多样了，有《三个和尚》《大闹花果山》之类的动画片，也有《霍元甲》《陈真》《再向虎山行》《济公》《西游记》《红楼梦》《水浒》《说聊斋》之类的连续剧，其内容更是涉及了古今中外①……丰富多彩的各种剧目、各种活动较之于人民公社时期的单调、呆板、枯燥，使农民感到如饮甘露般的满足与惬意。通过这些剧目和活动，农民不仅接受了传统忠孝仁义的教育，而且欣赏了时代进步的音韵，更看到了金发碧眼的外国人的生活。随着农民休闲娱乐活动的逐渐丰富，跟随在时代脚步后面的他们的精神需求得以不同程度的满足，艺术审美能力也得以提升。审美活动不是某些人的特有权利，当代农民也离不开艺术审美，也要依靠艺术审美活动来展示自身的生命活力。农民在拒斥某些东西的同时，又有了新的追求，这本身就表征着农民艺术审美的提升。

综观 20 世纪 80 年代农民的休闲娱乐活动，其娱乐审美呈现出如下特点。

其一，农民的文化休闲娱乐审美主要以公共性参与为主要特征。露天电影与地方戏曲之所以受到农民的喜爱，与乡村生活的高度集中是分不开的。乡村夜话、露天电影和地方戏曲是村域内的公共文化活动，农民参与公共性的文化娱乐活动，能够加强村庄社区的人际互动，有利于村庄社区的整合和凝聚力的培养。放电影、唱大戏和岁时年节的娱乐甚至看电视都是集体性的公共参与活动，这种公共活动将传统熟人社会的范围进一步扩大，十里八村的人聚在一起，一起接受文化娱乐活动所传送的精神文化、道德价值观念的熏陶，凝聚成一种"集体情感"。在这种公共性的文化娱乐

---

① 笔者至今还清晰地记得那时候痴迷追剧的情形。那时候上小学，每天晚自习后笔者都要与小伙伴步行几公里到另一个村子的村委会院子里，观看一台只有 17 英寸却围满了几百人的黑白电视里播映的《霍元甲》《陈真》《再向虎山行》等连续剧，由于去的时候已经很晚了，根本挤不到前排，又加上个子矮只能听声音，有个高个子的同学便抱起笔者，以使笔者能看到模糊的画面，那种满足感这么多年以来再也没有体会过。游笔至此，那个同学的容貌又清晰地浮现在眼前，眼眶湿了，远方的他不知过得好吗？多年未见，以此聊作记念。

活动中，农民的文化娱乐审美情感得以在更广阔的范围内进行交流，并逐渐形成共识，一种普遍的娱乐审美因而形成，维系着传统村庄共同体的存在。即使是日常性的乡村夜话也是以公共性的参与方式进行的，在这里，各家的家长里短被叙说，村庄的集体记忆被传承，不仅加强了人和人之间的情感交往，村庄舆论、村庄规范也于无形中得以形成。正如吕德文教授所言，乡村夜话和"讲古"是村庄历史和村庄记忆的载体（吕德文，2007）。

其二，这一时期，农民对休闲娱乐活动的追求呈现出一种饥渴、痴迷的状态，这一点在农民对用电的紧张与担心中得以淋漓尽致的呈现。20 世纪 80 年代，农村的供电总是那样的短缺，休闲娱乐活动对用电的依赖常常使农民处于一种担心停电的紧张之中。当电影、戏曲正播放、表演到高潮的时候，突然一片漆黑，农民的心里也一下子黑了起来，在耐心地等待了一两个小时之后，人们逐渐变得烦躁起来，各种抱怨甚至咒骂声便此起彼伏，自己上演了一幕幕被当时农民戏称为"银幕下蠢蠢欲动的狗熊"的精彩片断；尤其是看电视"小电影"的连续剧的时候，总担心晚上没电，一旦电来了，全村人奔走相告、蜂拥而至，人声鼎沸地拥挤到小小的荧屏前，才是最惬意的……这一幕幕生活中的精彩影像，真实地表征了当时刚从单调、贫乏的娱乐活动中挣脱出来的农民对于精神文化需求的着迷与渴求。

其三，对于文化娱乐活动中的所有内容，不分古今中外、城市乡村，农民都一应俱收，表现出一种"饥不择食"的状态，是这一时期农民休闲娱乐审美的又一特点。不论是传统的戏曲曲目，还是现代的电影电视内容，甚至包括动画片、外国电影等，农民都能够看得津津有味，聊得不亦乐乎。这种不挑不拣、不论形式、照单全收的休闲娱乐追求，一方面反映了农民对精神文化的强烈需求，另一方面也反映了针对农民需要的文化休闲娱乐内容的单薄。农村文化题材的节目、曲目、电影、电视等还处于刚刚起步的阶段，虽然这一时期已经有作家开始围绕农村发展的新面貌、新问题撰写了很多长篇、短篇小说，但是，这些小说还只是在城市人中间流传，还未能进入农民的审美视野。

其四，农民的休闲娱乐审美伴随着社会的发展而变迁，并且深受当时整个社会娱乐审美的影响。随着改革开放逐渐在广大农村铺开，农民的休闲娱乐审美逐渐获得了自由，虽然他们生活中的主要内容还是受化肥、农药、种子、公粮的折腾，但是，这种"折腾"可以自由地在休闲娱乐中得到弥补，其生命样态得以在娱乐审美中自由展示。受当时文艺界"西北风"① 的影响，农民在茶余饭后尤其是在晚上收工回家的路上，空旷的田野上空除了会飘来几声传统戏曲，还能够响起"日头从坡上走过，照着我的窑洞，晒着我的胳膊，还有我的牛跟着我"（《黄土高坡》），"大地留下我的梦，信天游带走我的情，天上星星一点点，思念到永远"（《信天游》）之类的质朴嘹亮的洋溢着幸福的歌声。

其五，当时农民的文化休闲娱乐审美大致都处于"同一水准"，并没有出现太大的差别。虽然有些生性聪明的农民，又赶上好地界抢先富了起来，但其休闲娱乐仍在"文化荒漠"上，他们还没有倒出精力来填补人文精神的贫乏；同时，那些还处于致富路上的农民，他们的眼睛也没闲着，眼巴巴地望着外面的风景。这一时期的农民尽管在物质财富的占有上稍有不同，但贫富差距还不是很大，精神文化的需求、审美活动的特性及趣味基本仍在同一水平上，"衣服花哨的外表差异掩盖不了精神文化质的同一性"，农民的休闲娱乐审美还处在比较低的层次。

总体而言，20 世纪 80 年代农民的文化娱乐审美还处于一种"渴望"的状态，这种渴望既包含了对传统历史的记忆和维系，又有对新时代美好生活的展望与窥探，更包含了对生活中各种"折腾"的平息与弥补。在公共参与中，农民的文化休闲娱乐审美情感得以释放，在审美"渴望"中审美境界有所提升。然而，相对集中、还显贫乏的文化娱乐活动已然不能满足越来越富裕的农民。90 年代，当电视在乡村社会迅速普及，在消解了休闲娱乐的公共性参与方式之后，农民的休闲娱乐生活发生了巨大的变化。

2. 20 世纪 90 年代："找乐子"的娱乐审美

进入 20 世纪 90 年代，随着经济收入的不断提高，电视机逐渐成为农户家庭中普通的物件。农民的休闲娱乐方式由原来的看电影、看大戏等公共性的参与转变为一家人在自己家里看电视的小众的、家庭式的娱乐。一方面，随着商品经济的发展，市场竞争意识的逐步扩散，农民那种集体化的

---

① 这些影响主要来自于收音机的普及。虽然在 80 年代电视对于农民而言还是奢侈的东西，但收音机已基本普及，整天萦绕在音匣子里的"西北风"，使农民深受熏陶，并不缺乏艺术细胞的农民很快便能朗朗上口了。

休闲娱乐方式受到挑战；另一方面，电视的普及使农民可以在收工后足不出户地在家享受休闲娱乐。农民休闲娱乐生活的变迁与电视下乡有着极为密切的关系。"窗明几亮，烧酒烫上，看看小品，赛过皇上"是对当时农民文化休闲娱乐的真实写照。80 年代比较繁荣的露天电影、岁时年节社火、看大戏等，开始悄悄淡出农民的审美视野。农村耍猴、变戏法、耍杂技、说大鼓等传统项目在农民中间已基本没有了市场，剧团下乡演出靠的是面子人情、条子指令。看电视几乎成了农民文化休闲娱乐生活的全部。

90 年代甫一开始，几部现实主义题材的电视连续剧相继播出，《篱笆、女人和狗》（1989 年）《辘轳、女人和井》（1991 年）《古船、女人和网》（1993 年），以及讲述城里人家长里短的《渴望》（1990 年），不光在城里人那里，在农民中间也掀起了不小的收视浪潮，直有万民空巷的盛况。"质朴的农村风俗画，优美的田园叙事诗"，"农村三部曲"不仅真实地反映了变革中的火热生活，也塑造了改革大潮中涌现出的新人形象，弘扬了解放人的创造力的改革开放意识和竞争进取精神，展示了新时期中文明和愚昧这个历史性的冲突，提出了农民富起来以后还要进一步解决物质和精神不平衡这个新的矛盾，以及农村妇女如何进一步获得精神解放的社会问题等。这些好像发生在自己身边、与自己实际生活息息相关的故事和人物一下子将农民的心拉近了，触发了农民的情感共鸣，极大地满足了农民的休闲娱乐审美的需求。不光电视剧中的人物和故事成为农民街头巷尾的谈资，电视剧的主题歌曲如《篱笆墙的影子》《苦乐年华》《不白活一回》《命运不是辘轳》等也成为农民广为传唱的曲目。可以说，这些真正接近农民生活的电视剧为刚刚进入 90 年代的农民提供了一场休闲娱乐的饕餮盛宴，不仅满足了农民精神文化的需求，指引农民正确对待现实问题，而且使农民获得了休闲娱乐审美的体验。

自从 1983 年"春晚"开始成为陪伴人们守岁的精神盛筵后，90 年代以来，农村家家户户也开始守着"春晚"过年，传统社火已经成为历史，在农民的记忆中渐行渐远。歌舞类的节目对于文化水平不高的农民而言显得过于高远，逗乐子的电视小品才是农民的最爱。如果说 80 年代，农民在茶余饭后、收工回家的路上能吼几嗓子《信天游》《黄土高坡》，那么，90 年代，挂在农民嘴边的就是对电视小品中乐子的玩味与交流。赵本山、宋丹丹、黄宏、潘长江等笑星成为农民追捧的对象，文艺"东北风"开始刮进农民的文化娱乐生活，使农民的生活盈满了笑声。张振海教授对此作了很好的评价："在'滚土包'的二人转面前，农民们看到了什么？得到了什么？我认为，得到的是意识深层的混沌，模糊世界的认识，生命体最高境界的那种无主题、无目的自由状态；而看到的则是男女演员于千军万马之中你打我骂的那种超然，那种无所谓，那种谁也不忌恨谁并友好地维持着'这台戏'的高风亮节——用笑声来迎接和欣赏每人必将一享的被羞辱打骂的礼遇，这在使我们的农民活的结实的同时，也就用历史及人生的苦水甜歌抟塑出这么一种艺术形式。瞎子和瘸子互相借力，笑骂观灯点唱闹秧歌，活得多么张狂，多么自由！……在笑虐的荒谬中展现出人的精力充沛，历尽苦辣酸甜而无所谓，在泥泞坎坷的人生沼泽中驾笑的方舟驶进自由……"（张振海，1993）逗乐子的电视小品在90年代成为农民文化休闲娱乐生活的主要内容，支撑着农民的文化娱乐审美。

综观20世纪90年代农民的文化休闲娱乐活动，相较于80年代，其娱乐审美呈现出一些不一样的特征。

首先，这一时期农民在电视机前享受休闲娱乐活动的过程中，终于挣脱80年代那种饥不择食的渴望情绪，开始抱着一种"找乐子"的心态。这成为这一时期农民娱乐审美追求的写照。正如张振海教授1993年著文指出的："农民们在把自己投入'乐子'的审美活动中，同时也激动在那'近乎乐子'的电视机前，把情感投入在情节离奇的魔幻中，自由地丢失自己，投入在人性纠葛的悲喜中，自由地抚摸自己。"（张振海，1993）喜剧、小品、二人转等充斥着农民的休闲娱乐生活，各类笑星的夸张表演总能引起农民阵阵爽朗的笑声……当农民把单调、枯燥、政治化的休闲娱乐拒斥掉之后，便开始了"散漫的、无规则的、随意性"的寻找和接受。在这种轻松的娱乐方式中，农民的审美自由得以淋漓尽致地体现。"找乐子"，是农民自由心态放松后的审美选择，是农民对自由、幸福的潜意识的礼赞，是农民审美特性及审美趣味的真实呈现。在"找乐子"中，农民完成了审美体验，达到了生命状态中那种无主题、无目的的最高境界——自由状态。

其次，这种"找乐子"的休闲娱乐活动，由于电视在普通农户家庭中的普及而呈现出小众、私人化和家庭式的特点。80年代的那种公共性的参与方式逐渐被历史所尘封。家庭式的参与，使农民的休闲娱乐活动更加私密化，虽然实现了娱乐审美的个性化，但同时也将在公共性参与中凝聚起来的"集体情感"消解了。这种消解连同村庄共同体的存在功能也一并取消了，农村社会开始沦落为一个个家庭"孤岛"，极大地减弱了人与人之间的感情交流、审美交流，致使农民无法完成从审美个性到审美共性的过度，无法形成审美情感和审美体验的共鸣。农民在文化休闲娱乐中逐渐呈现出审美碎片化的趋势，表现为休闲娱乐方式的多样性、游戏性、颠覆性、差异性、仿像与狂欢性等特征。这一趋势到21世纪之后更是愈演愈烈，从某种程度上来讲，与农民休闲娱乐活动的家庭式参与有着密切的关系。

再次，随着城乡二元壁垒的逐渐松动、贫富差距的逐渐增大，再加上家庭式娱乐参与的影响，贫富不同的农民的休闲娱乐审美相较于前期开始有所区别。相对比较富裕和思想开放的人群，其休闲娱乐审美开始趋向于现代化，开始追随城里人的脚步。城市的各种休闲娱乐活动开始影响、诱惑部分农民，农民的娱乐审美亦随之发生变迁。对此我们要一分为二的进行分析。从积极的方面而言，这种变迁无疑是进步的，它使农民朝向了现代化的审美；而从消极的方面来讲，农民的休闲娱乐审美也因追随城里人的脚步而出现了泛娱乐化的趋势，审美的意味渐渐淡薄。

最后，随着各种中小型农业机械的运用、农业生产力的提高，农民闲暇时间相对而言更加富裕，休闲娱乐活动从时间上来说更加自由。如果说20世纪80年代农民的休闲娱乐审美仅仅是农民生活中的点缀，那么，到了90年代，休闲娱乐审美则拥有了更加宽松和自由的时间，由此农民的娱乐审美境界得以提升。相较于80年代的农民由于"渴望"而对各种形式和内容的休闲娱乐活动的照单全收，90年代，由于娱乐审美要求的提高，农民对电视上的各种节目开始持一种挑剔的眼光，开始有选择地观看自己喜欢的节目，远离农民生活和娱乐需要的东西则被农民所抛弃。正如汤因比所言："当艺术家仅仅为自己或为自己小圈子里的好友工作时，他们鄙视公众。反过来公众则通过忽视这些艺术家的存在对之进行报复。这既无益于公众也无益于艺术家。"（汤因比，2001：15）农民在休闲娱乐中的这种"挑剔"，在某种程度上来说，表征着农民文化娱乐审美的提高。

总之，虽然这一时期农民的休闲娱乐审美相较于前期有了很大程度的提高，然而，由于出于一种"找乐子"的心态，农民的娱乐审美还处于一种比较低浅的层次。但是，我们不能如某些艺术工作者那样，批评农民的娱乐审美"太自由、太无聊、太浅层"，在关注问题、积极引导的同时，我们应该宽容地看待农民的娱乐审美，"刚刚抬起头意识到自我存在的农民们，自由地呼吸一阵子，多笑几声，多乐几眼，不是在为扒开更硬的茧壳迈入新的世界注灌生机吗？人类不是以醒来醒来又醒来的方式走到今天吗？"（张振海，1993）刚刚挣脱政治束缚的农民娱乐审美才走过不到二十年的时间，已经呈现出一种"市井文化"的气象了，苛求其一下子达到艺术审美的标准实在是过于天真了，况且物质上的富裕与精神上的追求并不是平衡发展的，它必然要经历一个相对漫长的发展过程，其间也难免会出现一些问题。积极有效地解决这些问题恰恰是我们所应致力的。

3. 21 世纪："泛娱乐化"的娱乐审美

进入 21 世纪，随着大量空心村的出现，留守在农村的多为老弱病残群体，他们支撑着农村社会继续在现代化进程中摇曳前行。在这个过程中，由于商业化的运作模式、大众文化、消费主义的影响，大众传媒将农民拒之于千里之外，少得可怜的几部有关农村题材的电视剧，也多呈现出以丑为美的庸俗化、粗俗化样态；创意乏力、不接地气的电视小品也不能再令农民展开笑颜了，除夕晚上一家人围坐等待春晚上爆笑小品的盛况不再；荒诞夸张、离奇搞怪的综艺娱乐节目，以及黔驴技穷之后克隆国外的各种娱乐真人秀节目，更是让农民嗤之以鼻、退避三舍。当农民的休闲娱乐需求得不到满足的时候，他们便开始创设属于自己的休闲娱乐生活。

消失多年的岁时年节社火又开始红火起来，尘封多年的舞龙、舞狮、锣鼓、旱船等器具上面的尘土被掸除后，又重新出现在农民的休闲娱乐活动中；在婚丧嫁娶、小孩满月、老人寿辰等重要日子，传统的戏台与现代的西洋乐队一齐亮相；农民也在旅行社的鼓动下外出旅游，富裕起来的农民终于走出大山感受到了山那边的气象；各种山寨手机里传出的戏曲声、能够移动的小电视里播出的传统剧目，成为农民闲暇时间甚至是劳作过程中的娱乐享受；城市里兴起的广场舞也很快活跃在乡村的各个角落，甚至走进了农村的婚庆现场，成为农民生活的亮点和风景线……农民自发创设的各种休闲娱乐开始占据农民的休闲娱乐时间。但是，农民自发创设的休闲娱乐活动远远满足不了农民激增的闲暇时间。随着耕地的锐减、大型农业机械的普及，虽然流失了青壮年劳动力，但农业生产劳动仍很轻松，大量的时间空闲下来，农民对休闲娱乐的需求就更为强烈和迫切了。受"摹状城市"心态的支使,首先在城市爆发的"泛娱乐化"闯入了农民的休闲娱乐生活。

"泛娱乐化"是现代生活出现的一个新的审美文化问题。"在这个躁动的社会,娱乐的审美性质被物欲的膨胀大大冲淡。娱乐实质上已经成为一种商业意识形态,在金钱神话的驱动下制造着一种虚假的生活。娱乐是无意义的,纯粹是为了娱乐而娱乐。娱乐化时代的幸福生活是一种想象或谎言,通过华丽的修辞给人以虚幻的满足。"(丁国强,2005)这种泛娱乐化现象的出现,并不仅仅是大众文化追逐商业利润,而置伦理要求和社会规范于不顾的一种倾向;也绝不仅仅是完全以消费主义、享乐主义为核心的,内容浅薄空洞、方式粗鄙的搞怪。泛娱乐化背后隐藏着更加深刻的原因:商品化、后现代主义、社会分层、逃避抑郁的娱乐乌托邦,分别为泛娱乐化的形成提供了相应的经济、哲学、社会文化、社会心理背景和土壤(张爱凤,2009)。泛娱乐化在城市生活中一经形成,便在文化资本和电视传媒、网络传媒的推动下,迅速席卷广大农村,深刻影响着农民的休闲娱乐。

娱乐审美本来是在"娱乐的同时使原本紧张的身心得以缓释,提供一种具有深度的审美体验,……它使人的感性需求由仅仅满足于自发、本能的层次上升到文化的、审美的层次"(龚险峰,2012)。但是受"泛娱乐化"的影响,休闲娱乐本该承担的审美功能(即通过休闲娱乐陶冶、提升农民的感性把握能力与理性思考能力,从而形成对于生活的正确的审美态度)逐渐弱化甚而消失,代之而起的是寻求感官刺激和满足的"感官之娱"。如果说,在20世纪90年代初期的文化休闲娱乐中,农民还能从切近自身生活的故事中感受到新生活的希望和动力,在休闲娱乐的同时还有一种向上的、超越个人情感的、积极的审美态度的形成,从而在一定程度上获得了审美自由;那么,21世纪以来的休闲娱乐中,物质上富足的农民更多的是一种停留于肉体的、生理的、个人层面的感官娱乐,失却了在娱乐中升华为理智的、心理的、社会层面的审美追求。农民的休闲娱乐逐渐呈现出一种审美庸俗化、粗俗化甚至低俗化的趋势,以丑为美,以假为真,以浅薄为深刻,以愚昧为智慧,成为部分农民休闲娱乐追捧的目标。荒诞、丑陋、低俗、色情、暴力等开始充斥农民的休闲娱乐生活,"二人转"、小品、娱乐节目包括电视剧中的演员对怪异、畸形、缺陷、丑陋等的夸张表现,强烈地撞击着农民的审美情感,将农民误导向以丑为美的审美追求、以邪压正的价值追求、践踏尊严的道德追求。农民的休闲娱乐审美从追求和谐、精致、典雅的审美趣味逐渐滑向追求怪异、粗糙、丑陋的"审丑"怪圈。近些年来，曾有多家媒体报道过一些农村在结婚、祝寿、满月等重要喜庆活动中，常常表演以搞笑为目的的低俗乃至色情节目，更有甚者在丧事上表演"跳脱衣舞"，并以此为风尚。

在这种泛娱乐化的休闲娱乐活动中，农民的审美由积极走向消极，其审美知觉被遮蔽、被损伤、被降低，甚至被扭曲。这对于审美品位、审美能力、审美境界还处于上升过程中的农民而言，伤害无疑是巨大的。如果农民长期陷于这种泛娱乐化的休闲娱乐审美中，其审美知觉便会停留在比较低的层次，不利于其审美能力的提升和审美境界的提高。更为可怕的是，在这种泛娱乐化的狂潮中，农村社会传统的价值观、道德观、审美观完全被颠覆，如果任其发展，农民的精神世界也会由此走向虚无甚至畸形。

有鉴于此，农民审美启蒙便显得重要而迫切了。

讨　论

新时期以来，就农民审美而言，不论是走向崇高的劳作审美，还是摹状城市的日常生活审美，以及趋于多样性的娱乐审美，农民的审美活动更加趋于自觉了，审美视野逐步扩大了，审美境界也不同程度地提高了。根据审美与自由人格之间的密切联系，可以得出，在这三十多年的发展过程中，农民在自由人格的养成方面有了很大的进步。正如杨国荣教授所言："就美与人的关系而言，审美过程以不同方式确证了人自身之'在'的自由本质。"（杨国荣，2005：187）

然而，通过对新时期以来农民启蒙的审美面相的梳理，我们也发现了农民审美活动中的诸多问题，这些问题不光束缚了农民审美能力的提升，而且对其自由人格的养成造成了很大的障碍。农民的审美启蒙毕竟时间还过于短暂，还亟须在未来的日子里继续推进，还需要通过我们对农民与现实的审美关系的考察，在审美自由与农民的解放之间找到得以沟通的桥梁，探求农民与自然、社会及其本身达到和谐统一、自由交流的可能性与必然性，为农民的幸福生活、自由解放提供理论基础和现实根据。基于这样的认识，我们拟从审美的自然原则和人化原则的统一、审美的感性体验与理性认识的统一、审美的合目的性与合规律性的统一、审美的个体性与普遍性的统一以及审美形态的多样化发展几个方面，提出几点推进农民审美启蒙的陋见，以为未来的农民审美启蒙提供借鉴和参考。

1. 坚持自然原则和人化原则的统一，推进农民审美启蒙

回顾新时期以来农民审美的变迁，可以看出，从审美原则上来讲，农民审美表现出自然原则相对弱化、人化原则相对强化的趋势。不论是劳作审美、日常生活审美，还是休闲娱乐审美，由于农民的主体地位以及改造自然能力的提高，农民在审美过程中更加彰显了"人化自然"的风采。

固然，审美对象不同于自然之物，在审美观照中，审美对象总是以不同的方式烙上人的印记，取得某种人化的姿态，从而凸显了审美主体在审美活动中的主导作用。比如农民的住宅审美，正因不断地将人的审美价值和审美理想融入其中，才会发生从传统民居向现代钢筋混凝土结构的变迁；又如，正因农民的饮食审美变迁的主要动力来自于农民对饮食的一种自我调适和自我改变，才会产生各民族不同的饮食风格，等等。然而，审美对象虽然在审美活动中有一种人化的性质，但并不意味着完全消解其自在性。黑格尔曾指出："艺术兴趣和欲望的实践兴趣之所以不同，在于艺术兴趣让它的对象自由独立存在，而欲望却要把它转化为适合自己的用途，以至于毁灭它。"（黑格尔，1979：48）"让对象自由独立存在"强调的是审美活动中对审美对象的自在性的肯定。比如，农民的所谓家常饭为什么经《舌尖上的中国》的推介之后被人们广为追捧，其主要原因在于农民对于食材本身味道的保留，这就是在饮食审美中"让对象自由独立存在"。"让对象自由独立存在，以承认对象本身具有合乎美的规定为前提。就主体与对象的关系而言，它意味着顺乎自然而避免过多地作人为的干预。"（杨国荣，2005：193）如果在审美的过程中过分强化"人化"的原则，过多地"作人为的干预"，则必将打破人化原则与自然原则之间的平衡，导致美转向自身的反面："天下皆知美之为美，斯恶矣。"（《老子·二章》）由是观之，审美境界既牵涉自然的人化，又包含人的自然化，是人化原则与自然原则的统一。

我们不否认新时期的审美变迁中，农民的审美体验对"人化"原则的强化，但是，如果过分强调审美体验中的人化原则，又必然会打破自然原则与人化原则之间的平衡，导致"美"成为"恶"。比如，在农民的休闲娱乐中，正是由于过分突出了农民的感性欲望的追求，从而导致了娱乐审美的低俗化、恶俗化；又如，在服饰审美中，农民为了紧追城里人烫发染发的所谓时尚，人为地将本色的头发染成各种稀奇古怪的颜色，不仅没有带来审美的享受，反而还因此引起了身体的各种不适乃至疾病的产生，等等。

因此，未来农民审美启蒙应坚持人化原则和自然原则的统一，在强调人化原则的基础上注意对自然原则的重视，引导农民在审美活动中既要"外师造化"，又要"中得心源"，拒绝刻意人为之"美"。在劳作审美中，应引导农民不要过度沉迷于现代农业科技带来的"崇高"体验而自我膨胀，避免肆意破坏自然规律的行为的发生，比如滥用化肥、农药等对土壤、水源、空气造成污染，因为这些行为最终必将导致为追求人为之美而破坏自然之美的恶果；在日常生活审美中，应告诫农民不要亦步亦趋地跟随在城里人的脚步之后，一味地摹状城市人的生活模式，要注意保持传统的住宅、服饰、饮食文化中的地方特色和民族特色，从中汲取中国古人对自然之美的敬畏智慧，保留属于农民自己的日常生活审美；在娱乐审美中，应引导农民自觉抵制商业元素刻意为之的低俗、恶俗的娱乐形式和内容，在继承传统艺术的基础上开拓创新，创造属于农民的休闲娱乐生活，从而使农民的娱乐审美能够尽快脱离泛娱乐化的误区，让农民在娱乐中真正得到审美的享受和提升。

2. 坚持合目的性与合规律性的统一，推进农民审美启蒙

审美的人化原则与自然原则的统一，逻辑上进一步延伸就是合目的性与合规律性的统一，这更多地牵涉审美与自由的关系。人的审美活动始终受到审美理想的制约。从美与善的关系出发，以美储善，审美理想便包含着人的目的，审美自然就具有了价值活动的意义。审美理想的实现则相应地意味着人的价值目的的达成。"在审美观照中，当对象的合目的性得到确认时，它同时也由外在于主体目的之存在，转换为合乎主体需要（审美需要）的存在，这种转换的内在意义则是主体价值理想的实现。"（杨国荣，2005：211）康德也非常重视审美的合目的性，在他看来，"美是一个对象的合目的性的形式"，对象的合目的性不在于其合乎人的实用的需要，而在于其造型、结构恰恰合乎人的审美目的或需要。换言之，钢筋混凝土的结构在合乎农民实用的需要的基础上，更满足了农民追求现代、时尚的审美

目的的需要。审美活动中的"对象合目的性",是在化"自在之物"为"为我之物"的过程中实现的,其结果是"对象"已"为我而在"或已获得"为我之物"的形态。而"对象"的"为我而在",同时也体现了人的主导作用,即马克思所谓的人按照美的规律来创造。

但是,对审美合目的性的强调并不意味着忽视合规律性,即自然的人化并非要背离自然之理。审美的合规律性强调的是"让对象自由独立的存在",既以确认审美对象的自在性为内容,也要求尊重审美对象自身的运行法则。比如,在农民的服饰审美中,其所选择之服饰在合乎自身审美需要和目的的同时,还要尊重服饰自身的规则与原理,各种奇服异饰之所以会被大部分农民所排斥,原因就在于它违背了服饰的自然之理。而这种自然之理,是在人们化"自在之物"为"为我之物"的过程中逐渐被人们所把握的。易言之,人们在化"自在之物"为"为我之物"的过程中,一方面让对象逐渐变得合乎人的目的,另一方面也把握了对象的普遍之理或普遍之道。而审美活动恰恰就是使对象的普遍之理或普遍之道得以确证的过程。这样,当人面对人化的存在对象时,就是在直观自身及其自身的本质力量,美也因此而诞生:"在对自身本质力量的直观和确证中,人既感受到审美的愉悦,也领略了自身超出物种限制的自由潜能;按美的规律创造的过程,在这里获得了自由创造的意义。"(杨国荣,2005:211~212)由是观之,审美的自由必然讲求的是合目的性与合规律性的统一,两者不可偏颇。

从新时期农民审美的变迁来看,与强调人化原则相联系,其审美相对地趋向于合目的性,而忽视了合规律性,这就使农民在审美活动中获得了一定意义上的自由之外,又生发出很多不自由之感。比如,钢筋混凝土空间中的住宅,满足了农民对住房要求宽敞、明亮、时尚的合目的性,但又失去了传统土坯房冬暖夏凉的合规律性;又如,娱乐审美中的"找乐子",使农民既可以不在乎别人的眼色,也无须进行"先进抑或落后?有毒抑或有益?"的先决判断,呈现出一种游戏的自由样态,但正是在这种"找乐子"中,审美却滑向了低俗化。

因此,针对新时期农民审美变迁过程中过分追求合目的性的偏颇,未来农民审美启蒙应坚持合目的性与合规律性统一的原则,注意引导农民审美向合规律性回归,实现合目的性与合规律性的平衡。比如,在劳作审美中,不能只一味地强调经济收益的主观目的而忽视自然规律,如若不然,必将造成对生态环境的破坏，给自身的劳作审美带来巨大的伤害；在日常生活审美中，不能只一味地陷入摹状城市的心理窠臼而忽视了乡村生活的民俗风情、田园之美；在休闲娱乐审美中，不能只一味地追求感官刺激享受，而陷入泛娱乐化的泥潭，等等。总之，不论是劳作审美、日常生活审美，还是休闲娱乐审美，均要注意引导农民不要一味地追求自己目的和需要的满足，同时也应该注意在审美活动中对普遍之理或普遍之道的把握与遵循。只有在"原天地之美而达万物之理的过程"中，农民的审美理想才能自由实现。

3. 坚持感性体验与理性认识的统一，推进农民审美启蒙

审美活动既需要感性体验，也需要理性认识，因而是感性体验与理性认识的辩证统一。杨国荣教授指出："审美活动与感性的存在有着切近的关联，这里所说的感性存在既是指对象，也包含审美主体自身；……质言之，审美活动内在地蕴含着感性原则。"（杨国荣，2005：197）就审美对象而言，感性形象是美的直接外部来源，所以才有"美是客观的"这一论断；就审美主体而言，只有具备了丰富的感性能力以满足感性的需要（审美的需要），美才能够产生，所以才有"美是主观的"这一论断。究其实，美是客观和主观的统一，它统一于感性形象和感性能力的共鸣。

然而，审美活动并非单向地指涉感性活动，同时也要求理性的认知与判断；美也并不仅仅限于感性形象，同时也牵涉人的理性精神。就审美活动而言，感性之中渗入了理性；就审美对象而言，形象之中则融合着理念。在理性支撑下，人对知识而非信仰的追求、对情绪的剥离和超越，便会产生一种精神力量。而人的完整性就在于他的感性力量和精神力量的和谐。如果感性力量和精神力量缺乏和谐，或者感性力量和精神力量的能力松弛，都会破坏人的完整性的存在，导致美的缺失。只有美才能够"在紧张的人身上恢复和谐，在松弛的人身上恢复能力，并以此方式按照人的本性使局限状态返回到绝对状态，使人成为自身完美的整体"（席勒，1984：95～96）。美既对感性的人、又对精神的人起融合作用，"通过美把感性的人引向形式和思维，通过美使精神的人回到素材和感性世界"。美能够成为使人由素材达到形式、由感觉达到规律、由有限存在达到无限存在的手段，不是因为它有助于思维，而是因为它为思维能力提供了自由，使之能按其自

身规律表现出来。质言之，在审美活动中，作为具有普遍性的精神结构的人的主体意识，无疑内含着理性，并将人的审美观念纳入其中。"美感虽然也与感性的存在相联系，但它并不限于感官的、本能的界域；以理性向感性的渗透及审美理想及审美意识的综合形态为背景，美感同时表现为主体精神的升华。"（杨国荣，2005：205）人的主体精神所具有的理性内容，总是通过审美理想、鉴赏趣味、创造能力等方面以不同的方式体现出来，并赋予审美判断的普遍性以内在根据。因此，审美活动是感性体验和理性认识的统一。

审美活动中的感性体验又经常与现实生活中的感性欲望纠缠在一起。这就又牵涉出审美与功利的复杂关系。关于这一问题，美学史上已多有争论。康德认为，一个关于美的判断如果夹杂着功利感，就要产生偏爱，就不是纯粹的审美判断。而普列汉诺夫则持不同的观点，认为艺术起源于劳动，最初的艺术形象是由原始人的舞蹈、音乐和巫术结合在一起而构成的，具有明显的功利性质。冯契先生据此进一步提出，"我们可以说艺术不仅就它的起源来说具有功利性质，而且艺术及审美经验对于培养人的性格和精神素质有着重要作用，为人生而艺术的口号是正确的"（冯契，1996b：248）。因此，尽管美感的起源并非完全隔绝于功利的活动，但与超越单纯的快感相应，审美的活动已从当下的实际利益计较中摆脱出来，使主体能够以不受功利意识支配的形式观照对象。就此而言，审美活动中必须将审美的感性体验与生活的感性欲望相区分。换言之，审美活动必须从现实的感性欲望中摆脱出来，才能够真正得到审美的感性体验。

但是，从新时期农民审美启蒙来看，由于农民审美能力的制约，其审美活动一般很难从实际的利益计较中摆脱出来，很难不受功利意识的支配，很难与功利关切保持距离。这就造成了新时期农民的审美活动在现实中往往是非常复杂的，集中表现在审美的感性需要与现实的感性欲望之间的纠缠。这一点在农民的娱乐审美中表现得尤为突出。农民在新时期中的娱乐审美之所以会出现低俗化、恶俗化的倾向，原因就在于未能很好地厘清感性欲望与审美需要之间的关系，往往将感性欲望的满足等同于审美需要的满足，以至于不能经过娱乐审美完成在美感中主体精神的升华。

因此，未来农民审美启蒙必须坚持感性体验与理性认识的统一原则，在注重培养、提升农民的感性能力的同时，更要注重审美活动中理性精神的融入。在当前物欲横流的现实中，这一点显得尤为重要。之所以要引导农民在审美活动对单纯的感性欲望的超越，是因为基于感性欲望的满足的快感的存在，总使农民处于被支配、受限制的状态。对感性需要的过分强调必将导致审美的人化原则与合目的性的偏颇。只有通过审美启蒙，使农民的审美意识觉醒，确立正确的审美理想，在审美活动达到感性原则和理性原则的统一，才能够使他们摆脱感官物欲的控制与支配，升华主体精神，走向自由之境。

4. 坚持社会性（普遍性）与个体性的统一，推进农民审美启蒙

审美过程中的感性和理性的统一要求，逻辑上自然地指涉个体存在与普遍本质的统一。杨国荣教授于此多有创见，认为"与感性和理性在审美过程中互渗互融相联系的，是个体存在与普遍本质的统一。感性的需要、能力、活动，往往较多地体现了存在的个体特征，理性作为社会历史过程中形成的普遍规定，则更多地表征了类的本质"（杨国荣，2005：198～199）。换言之，由于个体的感性需要、能力、活动的不同，在审美过程中就呈现出个性化的特征，这是审美的自然趋势和总体特征。然而，这种审美的个性化特征的彰显，又不能超出理性的普遍规定，不能失却对类的本质的表征。

20世纪90年代以来，受现代性的影响，美学界的一些学者不满于以往美学研究偏重于社会性（普遍性）的缺陷，开始强调审美自由和审美超越的追求，提出了"审美活动是个体性的"观点。这是对审美现代性的探索，也是现代性的产物，体现了推进中国美学现代性发展的合理要求。但是，审美的社会性（普遍性）不足是否就要依靠单方面强调审美的个体性而忽略普遍性来解决呢？我们认为，这样必将从一个极端走向另一个极端，仍然无法真正阐明现代性背景中审美的性质。对此，朱立元等批评指出，审美的个体性不是固有实体，而是社会历史的生成物；社会性也不是人先天固有的属性，而是在具体的社会交往中被逐渐赋予的。在审美活动中，一方面，"日常偶然的个体性情感意识向超越个体的社会性情感意识潜在生成"，另一方面，"笼罩群言的社会性情感意识又向多变具体的个体性情感意识潜在生成"。因而，"审美不流于个体的一己小天地，也不服从社会的程式化束缚，审美在个体性与社会性的相互生成张力中，超越小我，关怀社会，领略无限的心灵自由"（朱立元、刘阳，2008）。质言之，审美和美是个体性与社会性（普遍性）的统一，是个体性与社会性（普遍性）的高度统一的形象显现。

新时期以来，对于大多数农民而言（除了散落于民间的农民艺术家），在审美过程中往往更多地处于遵循普遍性的状态。正如冯契先生所言："农民种庄稼，造林工人造林自然而然地要求行列整齐，通过劳动来美化自然。这些活动更多地要求创造财富，个性化色彩更少一些。"（冯契，1996b：284）换言之，新时期农民的审美仍然以群体的特征体现出来。比如在日常生活和文化休闲娱乐审美中，农民对城市的摹状就呈现出一种群体性的特征。但是，21世纪之后的十多年间，随着农民之间贫富差距与文化差异的增大，农民的审美开始出现层次性的变化，相对富裕、与城市互动较多的农民，其审美相对而言比较超前，呈现出个性化的色彩，这是值得肯定的。因为审美领域本身是多方面、多层次的，对于农民的审美趣味不能强求一律。对于各种审美形式，如建筑造型、服饰穿戴、电视、戏曲等，农民完全有理由根据自身的文化修养、生活经验、人生阅历的不同而有所偏爱，不能因为自己喜欢下里巴人就不让别人欣赏阳春白雪。这是农民审美个体性在新时期的彰显。可以说，新时期以来，农民审美不断突破普遍性向个性化迈进。但是在这一过程中，只强调审美普遍性而相对忽视审美个体性制约了农民审美的发展，比如日常生活审美对城市的摹状无疑限制了农民审美个性化的发展，一排排模式化的钢筋混凝土民居住宅因缺少个性化的特征而显得呆板、僵化；反之，只强调审美的个性化而相对忽视审美的普遍性规范，则可能导致个性审美对普遍规范的僭越，比如21世纪以来农民娱乐审美的低俗化、恶俗化趋势，从某种程度上说就是对审美的普遍规范的肆意僭越，从而引发了道德滑坡、法治沦丧等问题。

因此，未来农民审美启蒙应该坚持普遍性与个体性的统一。一方面要引导农民冲破自己的"小天地"，在审美观照中，从本来控制、支配着他的现实存在境遇中摆脱出来，成为自由的审美主体，以彰显"审美过程对人所具有的另一种解放意义"。以农民日常生活审美为例，且不说农民所摹状的城市生活本身就是仿真式"类像"（Simulacrum），是一种遮蔽式的城市想象，单是农民这种群体性的对城市生活的摹状审美，无疑抹杀了日常生活审美应有的丰富多彩。因此，未来农民审美启蒙应该积极培养农民个性化的力量和特征，在住宅建筑、民间艺术、休闲娱乐等审美过程中，注意引导和鼓励农民追求感性形象的个性化。因为"感性形象的个性化特点，对于培养人的个性，有着特别重要的意义。……一个没有美的个性的人是不自由的，是不会令人觉得可爱的。人的精神要求是感性形象个性化，具有艺术的性质。只有这样，精神主体才能感到真正自由的愉快"（冯契，1996b：284）。

另一方面，农民审美启蒙也要注意引导农民对审美的普遍规范的遵循，坚决抵制低俗化、恶俗化的审美趣味，从而达到"以美启善"的目的，使农民形成正确的道德价值观念。从审美的普遍性而言，尽管突破普遍规范的束缚，体现了农民审美活动的自由向度，但是，这种突破也仅仅是对现实中束缚人的审美自由的限制的突破，最终绝不能突破人的类的本质的界限。以农民休闲娱乐审美为例，且不说娱乐审美的低俗化、恶俗化带来的割断传统、败坏风气、丧失道德的恶果，单就审美本身而言，一味地满足感性欲望的审美不仅不会提升农民的审美境界，甚至还会削弱农民的审美品位、降低他们的审美境界。因此，未来农民审美启蒙要注意防止农民在审美中对表征人的类本质的普遍的审美规范乃至道德规范、法律规范的僭越，尤其在休闲娱乐审美中，要积极引导农民跳出"泛娱乐化"的怪圈，在坚持审美的普遍规范的前提下追求自己个性化的休闲娱乐审美。

唯有如此，农民作为审美主体才能既以具有感性能力的具体个体而存在，又以创造性的活动来展示其社会（类）的普遍本质，从而推进农民审美启蒙不断向前迈进。

5. 坚持审美形态的多样化发展，推进农民审美启蒙

所谓审美形态，是指在审美实践活动中特定的人生样态、自由人生境界的对象化和审美情趣、审美风格等的感性凝聚、显现及其逻辑分类。如果说科学追求、呈现的是齐一、确然、恒定的特征，那么，审美则追求、呈现的是差异、多样、变迁的特征。就此而言，审美形态应该是多样的、变化的。这种多样化根源于审美主体的审美趣味的变化，因为审美主体的人生样态、人生境界决定着审美形态的显现状态，而审美主体的审美趣味具有个性差异，这就决定了审美形态的多样化。当然这种多样化又建基于一定时代、民族、阶级共同的审美取向和要求，所以审美形态的形成既体现了个体的差异性，又反映着时代、阶级与民族的共同性。随着人类实践

活动越来越丰富，审美活动就显得参差多态，人类的审美无论是从历史的纵向发展角度看，还是从横向的不同领域看，都呈现出百花齐放的繁荣景象。

新时期以来，随着经济社会突飞猛进的发展，农民的生活日渐丰富起来，促使农民审美形态也逐渐朝向多样化发展。无论是劳作审美、日常生活审美，还是休闲娱乐审美，农民的审美都呈现出一种百花齐放的样态。劳作审美从优美走向崇高，日常生活审美在摹状城市的过程中日益丰富多彩，休闲娱乐审美也在大众传媒的刺激下更加泛化，等等。在新时期特定的社会历史环境下，产生了特定的农民审美形态，这种审美形态也集中反映了新时期以来农民审美启蒙的变迁。但是，就整体而言，当前农民的审美更多的是在日常生活中尤其是在文化消费中进行的，信息渠道仍然只是以电视、智能手机为主，审美还不可能辐射到高层次的艺术作品中。所以，相对于社会其他群体的审美来说，农民的审美形态虽然在新时期里已经有了很大的变化，正在生成的现代审美形态也进入了农民的视野，但农民的审美形态还不够丰富多样，仍以世俗化的优美、壮美、滑稽、幽默为主。当然，我们不能苛求农民都能够成为艺术家，但也不能轻视农民的审美追求，因为"审美形态既是人生样态的纷呈，又是人们进一步把握审美现象的有效途径"。

因此，未来农民审美启蒙需要逐渐突破传统审美形态的束缚，坚持推进审美形态多样化发展。比如在劳作审美中体验了崇高之后，要逐渐从家庭式的劳作审美转向农庄式的劳作审美，这不仅可以提升农民的审美境界，也能加快农业社会的转型；又如娱乐审美，在抵制低俗化、恶俗化的同时，要逐渐向比较高的艺术层次开拔。同时，当代中国审美形态已呈多元化态势，既有具有传承性、技术性、图像性、展演性和实用性特征的中华传统的审美形态的当代流行，又有体现了西方血统与中国精神融合的本土化了的西方审美形态的大行其道，更有具有普遍性、愉悦性和大众性特点的中西合璧的审美形态的色彩斑斓和崭新生成，以及具有开心、巧智、解构和无美而乐特点的正在生成的审美形态，可谓风貌时新、气象万千（王建疆，2014）。这种多元化的中国审美形态具有深刻的历史意义和重要的现实意义，对于中国农民审美形态多样化发展也必将起到积极的推动作用。当然，农民审美形态多样化发展必须是在保持中国审美本体性的前提下完成的，是在保持中国农民特色的前提下完成的。

相信坚持自然原则与人化原则、合规律性与合目的性、感性原则与理性原则、个体性与普遍性的统一原则，必将促进审美形态的多样化发展，农民审美必将走向更加自由的境地。同时，从微观方面来说，未来农民审美启蒙还应该注意以下几点。

首先，尊重农民的审美主体地位，保障他们的审美权利，满足他们审美需求。从电视制作的层面而言，一定要走出克隆、模仿西方的泛娱乐化误区，真正从中国现实出发，创造出既能满足人们娱乐又能提升人们审美的高水平的具有中国特色的文艺作品。我们认为，这些作品既要有适性怡情的娱乐功能，又要有提升修养的美育功能；既要能够与世界文化接轨，又要不失中华民族的特色；既要满足高层次文化需求者的审美趣味，又要切合农民实际、满足农民的审美需求。我们在这里更要强调的是对农民的关注，一定要消除那种忽视、甚至漠视农民娱乐审美需求的心态，真正让电视文艺创作走进农民生活，引起农民的共鸣。

其次，涵养农民的审美潜能使之不至枯竭，开掘农民的审美知觉使之不至异化。除了电视之外，应当尽快增加、拓展一些适合农民文化休闲娱乐的活动形式，让真正有品位的艺术审美填充农民的娱乐时间和空间，以此改善农民的审美文化心理结构、拓展农民的艺术视野、增强农民的想象力和敏感性，促进农民审美的提升。正如丹纳所言："在传到我们耳边来的响亮的声音之下，还能辨别出群众的复杂而无穷无尽的歌声，像一大片低沉的嗡嗡声一样，在艺术家四周齐声合唱。只因为有了这一片和声，艺术家才成其为伟大。"（丹纳，1998：45～46）钩心斗角的宫廷戏、各种奇葩的抗战谍战剧可以休矣！各种娱乐搞怪的真人秀节目可以休矣！应该积极为农民建设艺术化农村公共空间，增设休闲健身的文体设施，开发传统农村社会文化娱乐活动，等等。

最后，发掘、培养、扩充农民的审美潜能，提升他们的人生境界。应当有意识地对农民的娱乐审美进行引导。通过形式多样的活动进行宣传教育，从娱乐审美的意识、选择、参与等方面帮助农民提升娱乐审美境界。只有娱乐审美提高了，才能使农民的休闲娱乐由只是被动地欣赏转变为亲自参与和实践，享受艺术化生活的趣味。如果农民们普遍掌握了艺术知识和实现艺术化生活的技能，那么就会自然而然地形成艺术化生活的方式。

第五章　结论

新时期里，经济社会的发展、"三农"政策的调整是农民启蒙的外在推动力量，农民主体意识的觉醒是农民启蒙的内在动力，这两者的互动在启蒙与传统、启蒙与现代的框架内促进了新时期农民启蒙的发展。纵观新时期三十多年来农民启蒙的历史嬗变，我们欣喜地看到农民启蒙的发展实现了巨大的历史性飞跃，在经济、政治、道德、审美方面，农民都开始发挥自身的理性能力，在各个领域自主地追求自身应有的权益，迈上了追求自由之路。但不可否认的是，在这三十多年的历史变迁中，农民启蒙也暴露出诸多问题。未来农民启蒙的应然状态是怎样的？未来农民启蒙的前景如何？未来农民启蒙何以可能？这些都是当前我们不得不思考的重要问题。

一　农民启蒙的应然状态

改革开放以来，家庭联产承包责任制赋予了农民生产经营的自主权，科技下乡培育了农民的科技知识、科学思想、科学精神，城乡二元壁垒的松动拓宽了农民的生产、生活空间，农民的主体性逐步得以确立，逐步运用自己的理性突破既有成见的束缚和封建迷信的笼罩。他们不再做既定规约下的义务工具，不再在既定的规约中寻找自己存在的意义，开始挣脱既定规约，勇敢追求自身的幸福生活，开始从自身去寻找生存的价值和意义。这一切都首先要归功于农民的理性尤其是科学理性的逐步成熟，直接体现在逐渐转变的经济生产活动中，在经历了"等意交换"、离土不离乡、离土又离乡、商品生产、返乡等几次变迁之后，农民的经济理性逐步趋于成熟。但是，在科技理性的诱惑下，新时期里农民在运用理性追求幸福生活的过程中也出现了工具理性压制价值理性的苗头，致使现代性危机开始在农村展现。因此，未来农民在运用理性的时候，应该在价值理性的规约下发挥科技理性的作用，摆脱"过上城里人一样的生活"的魔咒，追求一种属于农民自己的生活样态。

新时期以来，中国农民已经从对物质匮乏的恐惧转向对社会公平正义匮乏的恐惧，从对物质的追求上升到对权利的追求，在政治启蒙上的进步是巨大的。农民的维权意识、法治意识、参政意识等均有了很大程度的提高，农民的政治主体性从萌芽到成长，展现为由个体农民（公民）转向社会农民（公民）进而走向参与农民（公民）的过程。但不可否认的是，农民要想彻底摆脱几千年形成的"臣民"观念的束缚，从思想上确立现代公民观念，还有漫长的路要走。当农民逃离土地，冀图追求与城里人拥有相同权益却遭受严重挫折之后，农民终于明白进城务工并不是追求政治权利的希望之途，要想真正拥有和行使自身应有的政治权利，终极的价值取向只能是真正承担起作为国家主人的责任与使命。这应该是未来农民政治启蒙的应然状态。

相对而言，新时期农民启蒙的道德面相是比较复杂的。从天人之辩的层面而言，经历了超越天人之间原始的合一，短暂地实现了真正的天（自然规律）人（价值创造）合一之后，农民又因追求经济利益增长导致人道原则的偏颇，造成了新的天人关系的背离；从群己之辩的层面而言，新时期以来农民逐渐冲破了"以群越己"的历史重围，但由于市场经济的冲击，再加上物欲主义、消费主义等的影响，又滑向了"以己越群"的另一个极端，在一定程度上导致群己和谐关系的破裂；从义利、理欲之辩的层面而言，新时期以来农民的道德自主性得到了一定程度的提升，在义利、理欲关系上逐渐由"以义制利""以理灭欲"走向了义利统一、理欲和谐，但随着拜金主义、物欲主义、消费主义对农村社会的冲击，农民的"利""欲"开始摆脱"义""理"的统摄与规约，逐渐滑向功利主义、物欲主义、拜金主义的泥潭，导致了农村社会的道德滑坡。因此，当前应该借弘扬中华优秀传统文化的东风，重拾传统天人之辩、群己之辩、义利之辩、理欲之辩的超越向度，积极从中华民族的传统美德中汲取营养，寻求"现代之源"与"历史之根"的融合，引导农民正确处理天与人、群与己、义与利、理与欲的关系，树立天人和谐、群己并重、义利统一、理欲均衡的道德观，推动农村社会的道德建设。这应该是未来农民启蒙在道德维度上的应然状态。

就农民审美而言，新时期以来，不论是在走向崇高的劳作审美中、摹状城市的日常生活审美中，还是在趋于多样化的娱乐审美中，农民的审美活动更加自觉了，审美视野逐步扩大了，审美境界也有了不同程度的提升。更重要的是，农民的审美主体性有了很大程度的提高。然而，新时期以来农民审美活动中依然存在诸多问题，这些问题不光束缚了农民审美能力的提升，而且还成为他们自由人格养成过程中的巨大障碍。我们还需要通过对农民现实审美的考察，在审美自由与农民的解放之间找到得以沟通的桥梁，探求农民与自然、社会及其本身达到和谐统一、自由交流的可能性与必然性，为农民的幸福生活、自由解放提供理论基础和现实根据，使农民的审美达到自然原则和人化原则的统一、感性体验与理性认识的统一、合目的性与合规律性的统一、个体性与普遍性的统一以及审美形态的多样化发展等。这应该是未来农民审美的应然样态。

应该说，不论从外部社会环境来看，还是从农民自身来看，农民启蒙都还有很长的路要走，要想真正达到农民启蒙的应然状态，还需要在未来很长的时间里付出巨大的努力实现突破和超越。

二 农民启蒙任重而道远

从外部环境来看，农民启蒙面临的最大障碍是城乡二元壁垒。不容否认，新时期以来尤其是 21 世纪以来，为破解"三农"问题这个拦在中国全面建成小康社会、全面实现现代化乃至实现中华民族伟大复兴道路上的巨大难题，城乡一体化建设、小城镇建设正在逐步推进，从一定程度上促进了城乡二元壁垒的破除。从制度、体制的层面上瓦解城乡二元壁垒是相对比较容易的，我们也已然看到了未来的希望，但如果中国农民不能从心理、思想、态度和行为方式上经历一个向现代化的转变，那么，无论何种改革其发展都将是畸形的。因此，要想从观念的层面上真正瓦解根深蒂固存在于全体国人头脑中的城乡二元壁垒，还有漫长的路要走。

按照康德的观点，人类理性能力的发挥不是单凭本能而自行发挥的，而是需要经过探讨、训练与教导，才能够逐步从一个认识阶段前进到另一个认识阶段，每一个更高阶段的攀爬都需要若干世代的努力。而理性在每个世代的每一次进步，都要把自己的启蒙流传给下一代，才能使理性在人类身上萌芽成长，最终达到与它的目标充分相称的那个发展阶段（康德，1996：4）。就这一点而言，农民启蒙是要经过世代的努力才能够一步一步激发农民自有的理性能力，才能最终达到农民对理性的运用不再需要被引导的阶段。

毋庸置疑，作为社会的底层群体，农民理性能力的发挥从一定程度上说要迟于其他群体。因此，这就需要社会精英、知识精英首先在当前的历史阶段中发挥自身的理性能力，对民主、平等、法治、人权等这些通往自由的通道有理性的认知，并促进其制度化的实现，才能够将自身的启蒙传递给农民，使其在农民身上萌芽成长。但是，一方面，从当前阶段而言，我们对于民主、平等、法治、人权等现代精神的把握与发扬还没有达到应然的目标；另一方面，受精英意识的影响，在社会精英、知识精英将启蒙"流传"给农民的过程中他们往往居高临下，置农民于"被启蒙"的地位，无形中阻碍了农民启蒙的推进。要实现这两个方面的转变，也还有漫长的路要走。

从农民自身来看，启蒙无非是要实现主体性的提升，但是，农民主体性直至今天，仍未完全确立，还将继续经历一个漫长的过程。首先，几千年来的封建文化所造成的依附性人格批判起来非常困难，因为"传统是已经积淀在人们的行为模式、思想方法、情感态度中的文化心理结构"，并"溶化浸透在人们生活和心理之中了，成了这一民族心理国民性格的重要因素"（李泽厚，1999：859~860）。而乡土社会、小农经济又是传统中国文化的重要载体，农民处在中国社会的最底层，是传统文化的坚强固守者，对传统规范性文化和非规范性文化都具有极强的依附性。这种依附心理与含混的现代自由精神相结合，无疑给农民启蒙带来了更大的困难。

其次，新时期以来，尽管随着科学技术在农村的长驱直入，农民的生产、生活在物质层面逐渐向现代化迈进。但是，其文化精神和文化观念的转变却相对滞后，大多数农民仍然茫然于逐步改变的生产、生活方式与缺位的主体意识、社会意识、公民意识、规则意识、权责意识、价值观念、精神生活等现代化思维方式之间的巨大紧张中，无力消解横亘在自己面前的巨大困惑。如果不从思想上对农民加以引导，使他们对于现代精神与文化观念形成正确认识，那么他们必然会茫然失措于各种现代化的陷阱。而这种正确的现代思想观念的确立还需要很长的时间才能完成。

再次，农村地区发展的不平衡以及农民收入的两极分化，在农村社会滋生了不平等，给农民主体性的确立带来了极大的挑战；在农民与土地、农民与非市场化交换、农民与市场交换、农民与政府等多重关系中存在的矛盾将会严重束缚农民主体性的确立；源于文化、生产、外出务工的需要而强化的业缘、血缘、地缘关系交织在一起，导致农民的依附性不减反增，造成了农民主体性发展的回流，等等。现实存在的诸多因素注定了农民主体性确立将是一项复杂、艰巨而漫长的任务。

最后，农民主体性的确立在其生活的各个领域之间的发展不是齐头并进的，而是极不平衡的。从新时期农民启蒙的理性、政治、道德、审美面相来看，各领域之间农民主体性的发展极不平衡，如果说理性、政治领域中农民的主体性表现出了强势突围的态势，那么，在道德、审美领域，农民的主体性却在突围之后又遭遇了现实的困厄，出现了某种程度的回复。就此而言，未来农民启蒙任重而道远。

三　未来农民启蒙何以可能?

在前文的各个章节中，我们针对农民启蒙在各个领域所面临的困境和问题提出了宏观性的建议，希望为推动未来的农民启蒙提供借鉴和参考。那么，这些建议如何才能真正落实于推进农民启蒙的具体实践中? 未来农民启蒙何以可能? 这是我们目前所应关心的问题。

1. 启蒙反思的探讨为农民启蒙准备了理论条件

21 世纪以来，围绕着"启蒙反思"的必要性与可能性、"启蒙反思"的意义与目的以及"启蒙反思"应该注意的问题等议题，学术界关于启蒙反思的讨论取得了长足的进步。毋庸置疑，时贤在对启蒙的反思中已经收获颇丰，这使我们对今天继续启蒙有了更多的自信。

学界关于启蒙反思的首要成果是对启蒙心态的批判。杜维明教授指出，虽然"启蒙心态作为人类历史上最具活力和转化力的意识形态，是现代西方崛起的基础"，并且这种启蒙心态与我们关注的科学技术、工业资本、市场经济、民主政治等主要领域，以及我们追求的自由、平等和人权等现代价值，都密不可分。然而，正是在这种"启蒙心态"的支配下，"我们想当然地认为：通过工具理性，我们能够解决世界上的主要问题；进步，主要就经济而言，是人类整体的渴望和需求"（杜维明，2001），从而引发了今天人类社会所面临的危机与问题。"因此，对人类社会而言，启蒙运动并不像某些浅薄的乐观主义者所以为的，仅仅只是赐予人类社会文明、富强与幸福的'福音'，而是一把不折不扣的'双面刃'。"（李翔海，2011）启蒙赐予人类"福音"之外还存在三大"盲点"：人类中心主义和凡俗的人文主义对精神世界采取彻底排斥的立场；浮士德式的工具理性对自然采取认识、控制和掠夺的态度；欧洲中心主义对世界其他文明，包括原住民的传统，采取鄙视和征服的策略。正是这三大盲点导致启蒙在今天碰到了很大的困难。既然启蒙理性没有办法带领人类走过 21 世纪，那么我们就应该超越启蒙心态，并创造性地改变它的天生束缚，充分发挥它作为一种世界观的潜力，改善人类整体的生存条件。

与超越启蒙心态相呼应的是对启蒙作为一种"话语霸权"的批判。邓晓芒教授指出："就启蒙所面对的黑暗是语言霸权来说，启蒙所反对的，就不仅是一种霸权语言，而是通过反对这种霸权语言而反对语言霸权本身，而且我们应该说，也只有是反对语言霸权本身的思想，才可以当之无愧地被称之为启蒙思想。"（邓晓芒，2003）而启蒙运动发展到今天，之所以会带来很多危机和问题，恰恰就是因为启蒙以自己的语言霸权取代了另一种语言霸权。所以，我们继续进行启蒙，就要营造"一种让所有的思想都可以自由发表的宽松气氛"，培养"一种自由和思想宽容的精神"，只有有了这种精神，当前启蒙才有可能走出以暴易暴的恶性循环，人类也才有可能真正沐浴"光明"。在当前继续进行的启蒙中，我们绝不能再将工具理性、经济改革、市场效益等作为唯一的标准、话语霸权，而应该开创一种多样性的视角，营造一种自由和宽容的氛围。只有确定了多样性的视角，营造了自由宽容的氛围，启蒙才拥有了基本的理念，具备了基本的价值取向。

启蒙与现代性具有天然的密切联系，"启蒙在某种意义上就是一种与现代化同构的现代性"。21 世纪以来启蒙反思的另一大成果就是对现代性尤其是中国式现代性的构建。"这一次对启蒙的反思之所以跟以前对启蒙的批评不大一样，很大的问题的确是跟现代性有关系。"（徐友渔，2006）当前，我们尚处在前现代、现代与后现代相纠缠的时期，一方面要实现从前现代向现代的转型，建构新的文明秩序，实现社会主义现代化；另一方面要避免后现代的各种危机与问题。这两方面都亟须中国式现代性的建构与启蒙。"中国最重要的任务就是……建构新的文明秩序和具有中国特色的'现代性'，实现社会主义的现代化。"（骆徽，2006）在十多年来的启蒙反思中，我们开始思考西方已经成就的现代性正面和负面的资源究竟是什么，我们是否能够在多元现代性的视野之下展现一种不同于西方的现代化道路，成就一种更加合理的现代性价值内涵。"中国必须把以人的主体性为内涵的现代文化精神作为中国社会发展的主导性文化精神，同时注意价值理性与工具理性的平衡，否则我们将只能在前工业文明中原地踏步。"（俞吾金，2010）

构建中国式现代性，必然绕不开对启蒙与传统关系的思考。恩斯特·卡西勒指出："从历史上看，启蒙哲学的这种双重倾向表现在：尽管它一方面和近古和现存的秩序作斗争，但另一方面它又不断地回到古代思潮和问题上去。"（卡西勒，1996：227）21世纪以来，在启蒙反思中对于启蒙与传统的关系，学者已经基本达成了共识，就是不管是西方启蒙对基督教的全盘否定，还是中国近代启蒙对中国传统的全盘否定，都是值得反思与清理的。启蒙运动、特别是中国近代启蒙运动的全面反传统，在今天的启蒙中是难以为继的。当前农民启蒙，更多的是要从传统中汲取智慧与资源，为打造中国式的现代性启蒙奠定传统的根基。就中国的传统而言，根基于农业文明的以种族、性别、语言、地域和信仰为表征的农民固有的本土生活方式，确实在某种程度上束缚甚至阻碍了现代化的进程，但是，其天人和合的思想观念，密切的亲属关系，丰富的人际交流，对周边自然环境和文化环境的精细理解，与祖先的心灵沟通等等，又能规避现代化进程中的陷阱——现代性引发的问题与危机。因为中国传统高扬的价值理性恰恰能够抑制和平衡现代化中偏颇的工具理性。因此，当前启蒙应该"站在当今时代的高度上，重新审视传统文化，抉出其中具有启蒙含量的精神价值因素，并对这些价值因素进行创造性的转化"（骆徽，2006），重新考察甚至重新转换传统与启蒙的契合途径，因任现实进行思想性创造，并使传统成为中国式现代性的原创性动力源泉。

2. 农民启蒙的远未深入为其留置了广阔的提升空间

启蒙运动在中国已经走过了一个多世纪的历程，但是，期间或由于民族救亡，或由于市场经济的时代潮流，启蒙运动几度改变轨迹甚至中断，一直在惨淡经营。就农民启蒙而言，在新文化运动时期，鲁迅等一批知识分子就已经开始关注农民问题，揭示了"病中国"里的"愚昧农民"问题，引起了上层精英对"疗救"农民的关注。自此，农民启蒙或隐或现地贯穿在中国近现代的历史进程中。

五四运动之后，一部分启蒙主义者沿着鲁迅视中国农民为"中国病人"的思维模式，对中国农民的落后愚昧继续进行批判。在这种批判的视角下，农民完成了从"愚昧"到"觉醒"、从被迫害者到被拯救者的角色转换，但这种"觉醒"仅仅是从奴性解放出来之后的个体反抗，还只停留在上层精英的观念之中，农民对此还是茫然无知的。尽管如此，上层精英对当时农民问题的关注，为中国农民启蒙运动（实践）准备了前提条件。

到了 20 世纪二三十年代，另一部分知识分子开始积极致力于改造中国农民的物质贫困和精神愚昧状况。梁漱溟先生大声疾呼："农民自觉，乡村自救，乡村的事情才有办法；所以我们说乡村建设顶要紧的第一点便是农民自觉！"（梁漱溟，1989：618）晏阳初先生也奋起呐喊："为除羞耻计，为图生存计，为解决国家种种问题计，为维持世界的和平计，为贡献人类的文化计，我 4 万万同胞当中，今日要以'除文盲作新民'为最要的事业。"（晏阳初，2003：10）并相继进行了以改造农民的思想与道德素质为出发点的"新村运动"、乡村建设运动、平民职业教育运动等，对中国农民进行物质和精神改造，希望藉此来更新中华民族的精神血液，改变中国农民的自私、愚昧、迷信、贫困、麻木的精神面貌，进行乡土中国的现代化建设。这一时期的乡村建设运动才是真正接触中国农民的启蒙运动，但这一运动却因为没得到农民太多的响应，结果竟是"乡村运动而乡村不动""乡村建设而致乡村破坏"，再加上抗战的危机严重，这一运动最终还是夭折了。

从中国革命出发提出农民问题才是中国的核心问题，当属以毛泽东为代表的马克思主义者。他们运用马克思主义阶级分析的方法，认为中国农民是一个遭受封建地主阶级、官僚资产阶级和帝国主义压迫的阶级，是中国革命的天然同盟者、主力军。这种认知完全是围绕着中国革命这个核心，突出农民在中国革命中的中心地位，强调中国革命的本质就是一场农民革命。所以，这一时期马克思主义者对农民问题的重视不是为了启蒙，而是为了革命，或者说，重视农民问题、启蒙农民是为了革命的需要。20 世纪

80 年代，启蒙的大旗又被重新祭起，但这次启蒙很快又因被市场经济的时代潮流裹挟而改变了轨迹，农民启蒙再次被搁置。

纵观农民启蒙的历史演变，其常常被简化并纳入到新文化运动、民主革命、民族救亡、土地运动、社会主义建设等主流意识形态的宏大叙事之中。虽然先后经历了从个体的觉醒到阶级的反抗、从个体解放到整体解放的过程，但是，陷入各种宏大叙事之中的农民启蒙未能被理论界从整体上进行分析与探讨，再加上救亡压倒启蒙之后，高涨的革命热情使农民启蒙一直偏离理性的轨道，故有学者将其称为"理性缺位的启蒙"（姜义华，2000）。同时，中国的启蒙更多地纠缠于对传统的批判，而农民是传统的坚强固守者，所以农民启蒙前进的步伐常常被历史的包袱压得步履艰难。

当前，经济的迅速发展使农民的物质生活水平有了极大的提高，粮缸满了、钱袋鼓了之后，不再为生计而奔波的农民，对思想、精神、文化的需求就强烈了。给其所需，农民启蒙便应运而生，再次成为农业现代化的重要课题。虽然，近代以来的农民启蒙远未完成，还有漫长的路要走，但是，农民启蒙却正因其未能深入而没有出现更多的问题与危机（现代性的危机），它更像一块正待雕琢的璞玉，只要认真打磨，就可以成为一块美玉。

3. 迅猛发展的大众传媒为农民启蒙提供了便捷的途径

启蒙尤其是农民启蒙与大众传媒有着密切的关系。美国社会学家罗吉斯·伯德格指出："大众传播在某种程度上可以补偿自然形成的乡村隔绝状态。报纸、杂志、广播和电视为农民传播了现代道德，大众传播开阔了农民的视野，传播了信息，说服农民接受变迁。"（罗吉斯·伯德格，1988：333）大众传媒是现代化的"催化剂"，对大众传媒的接触频度与农民的现代化观念呈正相关的关系。是否能有效利用大众传媒，直接关系到启蒙的范围、影响与效果。

在 20 世纪 30 年代的乡村建设运动中，启蒙精神与思想的传播主要依靠当时的报纸媒介，而处在传统乡村文化结构中的农民，对于报纸这个新媒介是"无知的"，引起他们强烈兴趣的不是报纸的内容而是报纸本身这个新鲜事物。启蒙的精神与思想未能通达农民处，是导致乡村建设运动中"乡村运动而乡村不动"的主要原因。三四十年代，中国共产党人积极地采取了嵌入乡村社会的方式，采用乡村"日常行为轨制"即"乡村长久积淀的习俗"，"这些习俗成为型塑、承载乡村民众相互交往、交流的主要载体，包括'串亲戚'、'交朋友'、'谈天'、'唱山歌'等方式"（黄文治，2012），对农民进行革命启蒙，有效地调动了农民的革命热情。60年代，在轰轰烈烈的人民公社化运动中，广播起到了决定性作用，有力地动员了广大农民。80年代，除了报刊和广播以外，电视开始走进农民的生活，农民对于大众传媒的利用能力明显增强，他们开始主动利用传媒寻找自己需要的信息，更为重要的是，农民成了传媒的使用者，而不再是受控制者，这一改变深刻影响到农民与现代生活的关系，培育了农民的现代化意识，为农民提供了新生活的希望。

从上述分析可以看出，大众传媒及其所传播的内容是推动农民启蒙的重要因素。当前，随着农村基础设施建设的逐步推进，包括报纸、广播、电视、手机、网络等在内的大众传媒在广大农村全面铺开，极大地扩展了农村的社会交往范围，丰富了农民的信息交流渠道，改变了农民的交往观念。这为当前农民启蒙提供了便捷的途径与方式。农民启蒙，主要是思想的启蒙。大众传媒可以把现代化的农业技术、农业发展理念、农村发展成就、农民致富经验等快捷地传达到千家万户，在潜移默化中促进农民向现代化迈进。同时，大众传媒的普及促使农村的社会交往从封闭性向开放性转变，从依附性向自主性转变，从单一化向多样化转变，极大地改变了农民交往的观念。这为农民启蒙能够通达农民头脑提供了通畅的渠道。

但是，大众传媒在信息传播过程中，往往是泥沙俱下的，很多负面的、恶俗的、暴力的、色情的内容严重污染了农民原有的精神世界，引发了很多新问题与新危机。虽然，新时期以来，农民在与大众传媒尤其是电视的接触过程中，自主性得到了很大增强，对于信息逐渐有了自己的解读，但当电视逐渐成为农民日常生活的一部分时，农民又逐渐被电视媒介本身所征服。尤其是当大众传媒与国家意志和资本紧密结合在一起时，通过电视向农村传播的绝大部分都是现代都市生活的内容，真正反映农民生活、能满足农民需要的节目少之又少，都市剧、爱情剧、历史剧几乎充斥了所有频道，农民收看、收听到的是远离他们现实生活的陌生图景，而这加重了农民的集体失语，甚而使他们成了"时间移民"："在一个特定的时间内，作为主体的人，其存在的地理位置并未改变，但从思维、情感等方面来看，他已进入了另一个空间，与其中的环境融为一体，感受着环境中的人物的喜怒哀乐,用环境中人的眼光、观念、去思考去分析去对待各类发生在该环境中的事。此时此刻,主体完成了他的角色转换,在精神方面成为另一文化空间的'居民'。"(方晓红,2004)我们认为,"时间移民"将对农民的主体性塑造造成一定的破坏,使农民的主体意识逐渐消失,从而失去建设新农村、实现现代化的意志和斗志。

因此,当前农民启蒙要想借助大众传媒这个途径,就必须净化传媒信息,关注农民真实的生存状况和需要,针对农民接受信息的特点,创造农民喜闻乐见的、健康向上的内容,从而转变农民的思想观念、生活方式和生产方式,提升农民的精神生活,进而在有效推进社会主义新农村建设的过程中逐步实现农民启蒙。

4. "吃透两头"为农民启蒙提供了方法论指导

如何进行"农民启蒙"?中国农村问题专家陆学艺先生的"吃透两头"理论给我们提供了一条可资借鉴的路径。所谓在解决"三农"问题时坚持"吃透两头",就是要对"上头"的精神和"下头"的情况有真正全面准确的了解,其实质是马克思主义唯物辩证法与中国"三农"问题的结合,是在马克思主义基本原理的指导下,总结广大农民的创造经验,形成的能够具体解决中国"三农"问题、促进"三农"现代化的理论。陆学艺先生的"吃透两头"理论对当前农民启蒙实现"有蒙共启"非常有启发。农民启蒙一方面要从理论上"吃透两头":一头是明确启蒙在当下中国所遭遇的各种挑战,重新确定当前中国启蒙的合法性基础,另一头是反思农民启蒙在中国近现代历史上遭遇的各种困境,论证当前农民启蒙的必要性和迫切性;另一方面要在启蒙实践中"吃透两头":一头是农村政策的制定与落实,另一头是当下农民实际境况的改善。

21世纪以来,学界围绕"启蒙反思"所进行的热烈探讨虽使我们对当前中国的启蒙有了更为深刻的认识,但是还鲜有学者针对农民启蒙进行专题的讨论。因此,从理论上对农民启蒙进行探讨,是学界亟须开展的课题。这项课题的研究要想真正对当前农民启蒙有所推进,就应该借鉴"吃透两头"的理论。一头是在研究启蒙基本理论的基础上,针对启蒙在中国当下所遭遇的各种挑战,包括后现代主义、古典主义、大众文化、多元现代性等,解开"古今中外"相互纠缠的死结,重新确立启蒙的合法性基础。在这方面，通过深入持久且富有成效的探讨，学界已经基本达成了以下共识。当下我们仍处于现代化的成长与成熟过程中，不能不加分析地将后现代主义移植到当下中国社会而否定启蒙；正确的启蒙与尊重传统、继承传统并不存在截然对立的关系，传统文化的复兴必须经受启蒙之理性主义的洗礼，才能"兼容"于中国现代化进程；而大众文化在当前的步步紧逼是启蒙面临的最大难题，其攫取利润的主要动机促使它必然要迎合大众的需要和口味，从而使文化本身失去了自足性和自律性，走向平庸和媚俗，而平庸和媚俗对于农民启蒙而言更是一味绝命毒药，如何能够发扬启蒙精神，研究合理地从传统中汲取资源和智慧的方法，构建中国式的现代性，开启一种真正的启蒙，从而破解大众文化所带来的巨大冲击，尤其是对农民启蒙的冲击，还需要做深入的研究。从理论上对农民启蒙进行研究，另一头要在厘清农民启蒙的内涵与外延的基础上，梳理中国农民启蒙的历史发展过程，深刻分析农民启蒙尤其是 20 世纪二三十年代乡村建设运动中的农民启蒙和中国共产党领导的土改运动中的农民启蒙，以及新时期以来农村社会转型中的农民启蒙，在近现代历史上所遭遇的各种困境，实地调研掌握当前农民的实际境况，建设适合农村、农民、农业发展的文化，从而切实推动中国农民启蒙的发展。

从实践的层面来讲，农民启蒙坚持"吃透两头"应从以下几个方面进行。首先，就作为启蒙者的知识精英而言，应该秉持在农民启蒙中启蒙自己的原则，围绕农民主体性建立这个核心内容，营造一种自由和宽容的思想氛围，保证农民的独立思考和价值选择的自主性，进而引导农民运用自己的理性，摆脱"不成熟状态"。同时，要走出书斋，响应温铁军教授提出的"用脚做学问"，像曹锦清教授一样，真正走到中国各地的田间地头，走向农村的街头巷尾，坐上农户的炕头，将自己化身为农民，切身感受农民的冷暖、了解农民的所思所想、所需所求，切实了解现代文化对农民的影响、农民对传统文化的态度、大众文化对农民的冲击，进行有针对性的研究，提出有针对性的启蒙农民的措施，在不抹杀其主体性的前提下，引导农民正确认识现代精神，以免其走向现代化的陷阱；消除大众文化的平庸媚俗对农民的消极影响，对传统的农业文化进行理性批判，使其焕发出新的生机和活力，从而作好农民启蒙这篇大文章。

其次，就惠农政策的基层落实者（启蒙者）而言，应该祛除将惠农政策对农民遮遮掩掩的狭隘偏见。惠农政策在广大农村的贯彻与落实正是对农民进行潜移默化的启蒙的最好方式。但要想做好启蒙，作为惠农政策的基层落实者一方面必须真正吃透各项惠农政策，深刻认识各项政策制定的目的、意义，另一方面必须结合当地农村的实际情况，深入了解农民的真实想法，从而制定政策落实的合理措施，并将国家的惠农政策以及落实措施对农民进行宣讲，切不可不考虑农民作为主体的价值选择而单方面强迫执行，如若不然，便可能会得到农民漠然的回应，甚至会造成群体冲突事件。要彻底祛除落实惠农措施时"其兴也勃，其亡也忽"的毛病，一定要从农民的实际出发，一定要使农民自觉的执行。各项惠农政策的贯彻落实只有保证了农民个体的独立思考，注重了农民价值选择的自主性，才能既使政策措施落到实处，又在政策措施落实的过程中使农民得到启蒙。

再次，当前农民启蒙在运用大众传媒的过程中，同样要坚持"吃透两头"的理论。一头要吃透大众传媒对农民正负两方面的影响，不能让大众传媒成为平庸、媚俗的大众文化的传播渠道，将很多负面的、恶俗的、暴力的、色情的内容撒向广大农民，如若不然，不但不能实现农民的启蒙，反而会严重污染农民原有的精神世界，引发更多新问题与新危机。换言之，我们不能让农民被负载大众文化的传媒本身所征服，使农民从对传统的依附又转向对大众文化的依附，更不能让农民刚刚确立的自主性再次遭到破坏，失去说话与表达的能力，将自身的前途与命运拱手交于媒介掌控者的手中。为了达到这一目的，在运用大众传媒进行农民启蒙时，我们就必须吃透另一头——农民。农民启蒙要想借助大众传媒这个方式，一方面必须关注农民真实的生存状况和现实需要，并针对农民接受信息的特点，创造农民喜闻乐见的、健康向上的、能够提升农民主体意识的内容，转变农民的思想观念、生活方式和生产方式，提升农民的精神生活；另一方面，必须净化大众传媒所输送的信息，严格控制各种对农民造成不良影响的信息的传播，为农民启蒙营造良好的精神氛围。

总之，相信在不久的未来，农民会摆脱身份、地位的尴尬，不再逃离土地，农民将成为一种职业……这幅美好的蓝图是农民所憧憬的，也是我们所憧憬的。十八届五中全会公报强调，实现"十三五"时期发展目标，破解发展难题，厚植发展优势，必须牢固树立并切实贯彻创新、协调、绿色、开放、共享的发展理念。当农民沐浴在现代化的阳光中，与市民共同享受现代化的文明成果，并且持之以恒地世代传承人类理性的进步，最终住进那座自由而全面发展的幸福大厦里时，启蒙则得以实现。

最后，我们不妨引用康德的一段论述来结束本书的探讨："已往的世代仿佛只是为了后来时代的缘故而在进行着他们那艰辛的事业，以便为后者准备好这样的一个阶段，使之能够借以把大自然所作为目标的那座建筑物造得更高；并且唯有到了最后的一代才能享有住进这所建筑里面去的幸福，虽则他们一系列优秀的祖先们都曾经（确实是无意地）为它辛勤劳动过，但他们的祖先们却没有可能分享自己早已经准备过了的这种幸福。尽管这一点是如此之神秘，然而同时它又是如此之必然，只要我们一旦肯承认：有一类物种是具有理性的，并且作为有理性的生命类别，他们统统都要死亡的，然而这个物种却永不死亡而且终将达到他们的秉赋的充分发展。"（康德，1996：6）

我们期待着，我们努力着！

参考文献

〔奥〕维特根斯坦，2003，《维特根斯坦全集》（第12卷），江怡译，河北教育出版社。

〔德〕E·卡西勒，1988，《启蒙哲学》，顾伟铭等译，山东人民出版社。

〔德〕阿尔布莱希特·韦尔默，2007，《后形而上学现代性》，应奇、罗亚玲编译，上海译文出版社。

〔德〕海德格尔，2004，《林中路》，孙周兴译，上海译文出版社。

〔德〕海德格尔，2005，《演讲与论文集》，孙周兴译，生活·读书·新知三联书店。

〔德〕黑格尔，1979，《美学》，商务印书馆。

〔德〕胡塞尔，1988，《欧洲科学的危机和超验现象学》，张庆熊译，上海译文出版社。

〔德〕加达默尔，2004，《真理与方法：哲学诠释学的基本特征》（上卷），洪汉鼎译，上海译文出版社。

〔德〕康德，1985，《判断力批判》上卷，宗白华译，商务印书馆。

〔德〕康德，1996，《历史理性批判文集》，何兆武译，商务印书馆。

〔德〕康德，2003，《实践理性批判》，邓晓芒译，人民出版社。

〔德〕康德，2004，《纯粹理性批判》，邓晓芒译，人民出版社。

〔德〕康德，2005，《对这个问题的一个回答：什么是启蒙?》，载〔美〕詹姆斯·施密特编《启蒙运动与现代性：18世纪与20世纪的对话》，徐向东、卢华萍译，上海人民出版社。

〔德〕赖因霍尔德，2005，《对启蒙的思考》，载〔美〕詹姆斯·施密特编《启蒙运动与现代性：18世纪与20世纪的对话》，徐向东、卢华萍译，上海人民出版社。

〔德〕马尔库塞，1993，《理论与革命——黑格尔与社会理论的兴起》，程志民译，重庆出版社。

〔德〕马克思，2000，《1844年经济学哲学手稿》，人民出版社。

〔德〕马克斯·霍克海默、西奥多·阿道尔诺，2006，《启蒙辩证法：哲学断片》，渠敬东、曹卫东译，上海人民出版社。

〔德〕门德尔松，2005，《论这个问题：什么是启蒙？》，载〔美〕詹姆斯·施密特编《启蒙运动与现代性：18世纪与20世纪的对话》，徐向东、卢华萍译，上海人民出版社。

〔德〕乔纳森·B. 克努森，2005，《论大众启蒙》，载〔美〕詹姆斯·施密特编《启蒙运动与现代性：18世纪与20世纪的对话》，徐向东、卢华萍译，上海人民出版社。

〔德〕韦伯，1987，《新教伦理与资本主义精神》，于晓、陈维纲等译，生活·读书·新知三联书店。

〔德〕韦伯，2004，《中国的宗教：宗教与世界》，康乐、简惠美译，广西师范大学出版社。

〔德〕韦伯，2010，《学术与政治》，钱永祥等译，广西师范大学出版社。

〔德〕席勒，1984，《美育书简》，徐恒醇译，中国文联出版公司。

〔德〕席勒，1985，《审美教育书简》，冯至、范大灿译，北京大学出版社。

〔德〕于尔根·哈贝马斯，2001，《后形而上学思想》，曹卫东等译，译林出版社。

〔德〕于尔根·哈贝马斯，2004，《现代性的哲学话语》，曹卫东等译，译林出版社。

〔法〕H. 孟德拉斯，2005，《农民的终结》，李培林译，社会科学文献出版社。

〔法〕邦雅曼·贡斯当，2003，《古代人的自由与现代人的自由：贡斯当政治论文选》，阎克文、刘满贵译，上海人民出版社。

〔法〕茨维坦·托多罗夫，2012，《启蒙的精神》，马利红译，华东师范大学出版社。

〔法〕丹纳，1998，《艺术哲学》，傅雷译，安徽文艺出版社。

〔法〕丹尼尔·罗什，2010，《启蒙运动中的法国》，杨亚平等译，华东师范大学出版社。

〔法〕福柯，1999，《规训与惩罚：监狱的诞生》，刘北成、杨远婴译，生活·读书·新知三联书店。

〔法〕福柯，2005，《什么是启蒙运动?》，于奇智译，《世界哲学》第 1 期。

〔法〕霍尔巴赫，1963，《神圣的瘟疫》，载北京大学哲学系外国哲学史教研室编译《十八世纪法国哲学》，商务印书馆。

〔法〕利奥塔，2000，《后现代道德》，莫伟民等译，学林出版社。

〔法〕卢梭，1997，《论人类不平等的起源和基础》，李常山译，商务印书馆。

〔法〕卢梭，2003，《社会契约论》，何兆武译，商务印书馆。

〔法〕卢梭，2007，《论科学与艺术》，何兆武译，上海人民出版社。

〔法〕皮埃尔·布尔迪厄，1994，《区分：鉴赏判断的社会批判》，《国外社会科学》第 5 期。

〔古希腊〕亚里士多德，1965，《政治学》，吴寿彭译，商务印书馆。

〔古希腊〕亚里士多德，1994，《亚里士多德全集》（卷九），中国人民大学出版社。

〔加〕查尔斯·泰勒，2001，《现代性之隐忧》，程炼译，中央编译出版社。

〔美〕A. 麦金太尔，2003，《追寻美德：伦理理论研究》，宋继杰译，译林出版社。

〔美〕A. 麦金太尔，2003，《追寻美德：道德理论研究》，宋继杰译，译林出版社。

〔美〕A. 麦金太尔，2004，《三种对立的道德探究观：百科全书派、谱系学和传统》，万俊人等译，中国社会科学出版社。

〔美〕阿历克斯·英格尔斯，1985，《人的现代化》，殷陆君编译，四川人民出版社。

〔美〕阿列克斯·英克尔斯、戴维·H. 史密斯，1992，《从传统人到现代人——六个发展中国家中的个人变化》，顾昕译，中国人民大学出版社。

〔美〕埃弗里特·M. 罗吉斯、拉伯尔·丁. 伯德格，1988，《乡村社会变迁》，王晓毅、王地宁译，浙江人民出版社。

〔美〕安东尼·J. 卡斯卡迪，2006，《启蒙的结果》，严忠志译，商务印书馆。

〔美〕巴雷特，2007，《非理性的人：存在主义哲学研究》，段德智译，上海译文出版社。

〔美〕道格拉斯·凯尔纳、斯蒂文·贝特斯，2004，《后现代理论：批判性的质疑》，张志斌译，中央编译出版社。

〔美〕蒂里希，1999，《蒂里希选集》（上册），何光沪选编，上海三联书店。

〔美〕杜维明，2001，《超越启蒙心态》，雷洪德、张珉译，《哲学动态》第1期。

〔美〕弗莱德·R.多尔迈，1992，《主体性的黄昏》，万俊人等译，上海人民出版社。

〔美〕汉娜·阿伦特，2007，《马克思与西方政治思想传统》，孙传钊译，江苏人民出版社。

〔美〕汉娜·阿伦特，2009，《人的境况》，王寅丽译，上海人民出版社。

〔美〕汉娜·阿伦特，2011，《责任与判断》，陈联营译，上海人民出版社。

〔美〕黄宗智，2014，《明清以来的乡村社会经济变迁：历史、理论与现实》，法律出版社。

〔美〕加布里埃尔·A.阿尔蒙德、西德尼·维巴，2014，《公民文化——五个国家的政治态度和民主制度》，张明澍译，商务印书馆、人民出版社。

〔美〕加布里埃尔·A.阿尔蒙德、西德尼·维巴，2014，《重访公民文化》，李国强等译，东方出版社。

〔美〕卡尔·贝克尔，2005，《启蒙时代哲学家的天城》，何兆武译，江苏教育出版社。

〔美〕克拉克，2011，《东方启蒙：东西方思想的遭遇》，于闽梅、曾祥波译，上海人民出版社。

〔美〕理查德·罗蒂，2003，《偶然、反讽与团结》，徐文瑞译，商务印书馆。

〔美〕理查德·罗蒂，2003，《哲学和自然之镜》，李幼蒸译，商务印书馆。

〔美〕理查德·罗蒂，2004，《后哲学文化》，黄勇编译，上海译文出版社。

〔美〕理查德·罗蒂，2009，《后形而上学希望》，张国清译，上海译文出版社。

〔美〕罗伯特·芮德菲尔德，2013，《农民社会与文化：人类学对文明的一种诠释》，王莹译，中国社会科学出版社。

〔美〕马歇尔·伯曼，2003，《一切坚固的东西都烟消云散了——现代性体验》，徐大建、张辑译，商务印书馆。

〔美〕舒尔茨，2006，《改造传统农业》，梁小民译，商务印书馆。

〔美〕斯蒂芬·埃里克·布隆纳，2006，《重申启蒙——论一种积极参与的政治》，殷杲译，江苏人民出版社。

〔美〕维塞尔，2007，《启蒙运动的内在问题》，贺志刚译，华夏出版社。

〔美〕沃格林，2007，《没有约束的现代性》，张新樟、刘景联译，华东师范大学出版社。

〔美〕希拉里·普特南，2008，《无本体论的伦理学》，孙小龙译，上海译文出版社。

〔美〕希梅尔法布，2011，《现代性之路：英法美启蒙运动之比较》，齐安儒译，复旦大学出版社。

〔美〕悉尼·胡克，2006，《理性、社会神话和民主》，金克、徐崇温译，上海人民出版社。

〔美〕约翰·罗尔斯，1988，《正义论》，何怀宏、何包钢、廖申白译，中国社会科学出版社。

〔美〕约翰·罗尔斯，2000，《政治自由主义》，万俊人译，译林出版社。

〔日〕沟口雄三，2011，《中国的冲击》，王瑞根译，生活·读书·新知三联书店。

〔日〕沟口雄三，2011，《中国的公与私·公私》，郑静译，生活·读书·新知三联书店。

〔日〕沟口雄三，2011，《中国前近代思想的屈折与展开》，龚颖译，生活·读书·新知三联书店。

〔以〕艾森斯塔特，2006，《反思现代性》，旷新年、王爱松译，生活·读书·新知三联书店。

〔英〕G. A. 柯亨，2008，《自我所有、自由和平等》，李朝晖译，东方出版社。

〔英〕阿巴拉斯特，2004，《西方自由主义的兴衰》，曹海军译，吉林人民出版社。

〔英〕埃德蒙·柏克，1998，《法国革命论》，何兆武等译，商务印书馆。

〔英〕安东尼·吉登斯，2000，《现代性的后果》，田禾译，译林出版社。

〔英〕鲍曼，2002，《现代性与大屠杀》，杨渝东、史建华译，译林出版社。

〔英〕波普尔，1999，《开放社会及其敌人》，郑一明等译，中国社会科学出版社。

〔英〕波普尔，2009，《历史决定论的贫困》，杜汝楫、邱仁宗译，上海人民出版社。

〔英〕伯林，2003，《自由论》，胡传胜译，译林出版社。

〔英〕伯林，2004，《现实感：观念及其历史研究》，潘荣荣、林茂译，译林出版社。

〔英〕伯林，2005，《启蒙的时代：十八世纪哲学家》，孙尚扬、杨深译，凤凰出版传媒集团·译林出版社。

〔英〕伯林，2008，《浪漫主义的根源》，吕梁等译，译林出版社。

〔英〕伯林，2009，《扭曲的人性之材》，岳秀坤译，译林出版社。

〔英〕伯林，2011，《浪漫主义时代的政治观念：它们的兴起及其对现代思想的影响》，〔英〕哈代编，王崇兴、张蓉译，新星出版社。

〔英〕哈耶克，1997，《通往奴役之路》，王明毅等译，中国社会科学出版社。

〔英〕哈耶克，2000，《致命的自负：社会主义的谬误》，冯克利、胡晋华译，中国社会科学出版社。

〔英〕哈耶克，2003，《科学的反革命：理性滥用之研究》，冯克利译，译林出版社。

〔英〕洛克，1964，《政府论》，叶启芳、瞿菊农译，商务印书馆。

〔英〕欧克肖特，2003，《政治中的理性主义》，张汝伦译，上海译文出版社。

〔英〕齐格蒙·鲍曼，2000，《立法者与阐释者：论现代性、后现代性与知识分子》，洪涛译，上海人民出版社。

〔英〕齐格蒙特·鲍曼，2007，《共同体》，欧阳景根译，江苏人民出版社。

〔英〕乔治·克劳德，2006，《自由主义与价值多元论》，应奇等译，江苏人民出版社。

〔英〕汤因比，2001，《艺术的未来》，王治河译，广西师范大学出版社。

〔英〕特里·伊格尔顿，2001，《审美意识形态》，王杰、傅德根、麦永雄译，广西师范大学出版社。

〔英〕托马斯·奥斯本，2007，《启蒙面面观：社会理论与真理伦理学》，郑丹丹译，商务印书馆。

《列宁全集》（第 3 卷），1984，人民出版社。

《马克思恩格斯全集》（第 21 卷），1965，人民出版社。

《马克思恩格斯文集》（第 1 卷），2009，人民出版社。

《马克思恩格斯文集》（第 2 卷），2009，人民出版社。

《马克思恩格斯文集》（第 7 卷），2009，人民出版社。

《马克思恩格斯选集》（第 1 卷），1995，人民出版社。

《马克思恩格斯选集》（第 2 卷），1995，人民出版社。

《马克思恩格斯选集》（第 3 卷），1995，人民出版社。

《马克思恩格斯选集》（第 4 卷），1995，人民出版社。

《毛泽东选集》（第三卷），1991，人民出版社。

蔡志栋，2004，《金刚何为怒目？——冯契美学思想初论》，硕士学位论文，华东师范大学哲学系。

姜义华，2000，《理性缺位的启蒙·序》，上海三联书店。

曹锦清，2013，《黄河边的中国》（增补本），上海文艺出版社。

晁亮主编，2015，《倾注三农这十年（2004～2014）：互联网时代农业影视创新探索》，华夏出版社。

陈海文，2010，《启蒙论：社会学与中国文化启蒙》，社会科学文献出版社。

陈嘉映，2005，《真理掌握我们》，《云南大学学报》（社会科学版）第 1 期。

陈嘉映，2015，《何为良好生活：行之于途而应于心》，上海文艺出版社。

陈乐民，2006，《启蒙在中国》，《开放时代》第 6 期。

陈思和，1997，《陈思和自选集》，广西师范大学出版社。

陈太明，2013，《理性启蒙与现代性道德的重建：后形而上学视域下道德的"第三条道路"》，《江汉学术》第 5 期。

陈卫平，1992，《第一页与胚胎：明清之际的中西文化比较》，上海人民出版社。

陈卫平，1994，《"和而不同"：孔子的群己之辩》，《华东师范大学学报》（哲学社会科学版）第 4 期。

陈卫平，1997，《孔子评传：儒家第一人》，广西教育出版社。

陈卫平、晋荣东，2002，《人的全面发展是建设新社会的本质要求》，上海社会科学院出版社。

陈卫平、李春勇，2006，《徐光启评传》，南京大学出版社。

陈晓莉，2007，《政治文明视域中的农民政治参与》，中国社会科学出版社。

陈赟，2004，《困境中的中国现代性意识》，华东师范大学出版社。

陈泽环，2005，《底线伦理·共同信念·终极关怀——论当代社会的道德结构》，《学术月刊》第 3 期。

程漱兰，1999，《中国农村发展：理论和实践》，中国人民大学出版社。

丛日云，2015，《个人的成长与现代化的历史逻辑：读秦晖〈走出帝制——从晚清到民国的历史回望〉》，《新京报·书评周刊》11 月 29 日。

崔永生，1981，《八亿农民急需精神食粮：丹东农村调查散记》，《文艺研究》第 6 期。

戴安林，2001，《论家庭联产承包责任制为发展农村民主政治所作的贡献》，《湖南公安高等专科学校学报》第 5 期。

戴玉琴，2016，《农村协商民主：乡村场域中群众路线实现的政治路径》，《江苏社会科学》第 2 期。

邓晓芒，2003，《西方启蒙思想的本质》，《广东社会科学》第 4 期。

邓晓芒，2007，《20 世纪中国启蒙的缺陷》，《史学月刊》第 9 期。

邓秀华，2009，《长沙、广州两市农民工政治参与问卷调查分析》，《政治学研究》第 2 期。

邓秀华，2010，《"新生代"农民工的政治参与问题研究》，《华南师范大学学报》（社会科学版）第 1 期。

邓秀华，2012，《农民工政治参与的主要类型分析》，《江西社会科学》第 1 期。

邓事文，2003，《从传统农民到职业农民》，《科技信息》第 12 期。

丁国强，2005，《泛娱乐化时代——读〈娱乐至死〉》，《博览群书》第 1 期。

丁耘，2014，《启蒙视阈下中西"理性"观之考察》，《中国社会科学》第 2 期。

杜景珍，2004，《当代农村基督教信仰调查》，《中国宗教》第 1 期。

杜卫，2003，《"感性启蒙"："以美育代宗教"新解》，《浙江社会科学》第 5 期。

段林鹏，2011，《论我国社会阶层结构的板结化趋势及改善途径》，《劳动保障世界》（理论版）第 12 期。

段正明，1981，《农民要看农业科教影片》，《电影》第 9 期。

方晓红，2004，《大众媒介与苏南农村文化生活关系研究》，《当代传播》第 4 期。

费孝通，1997，《江村农民生活及其变迁》，敦煌文艺出版社。

费孝通，2008，《乡土中国》，人民出版社。

费孝通，2010，《江村经济：中国农民的生活》（英汉对照），戴可景译，外语教学与研究出版社。

费孝通，2010，《中国城镇化道路》，内蒙古人民出版社。

冯华，2008，《科技下乡"实"起来》，《人民日报》1 月 20 日，第 7 版。

冯契，1986，《论"以得自现实之道还治现实"》，《学术月刊》第 3 期。

冯契，1996a，《冯契文集》（第一卷），华东师范大学出版社。

冯契，1996b，《冯契文集》（第三卷），华东师范大学出版社。

冯契，1997a，《中国古代哲学的逻辑发展》（上册），华东师范大学出版社。

冯契，1997b，《冯契文集》（第八卷），华东师范大学出版社。

冯润民主编，2015，《中国千村农民发展状况调研报告（2011～2013）》，上海人民出版社。

冯祥武、蒋彩娟，2005，《从传统到现代——中国农民政治心理的演进》，《广东行政学院学报》第 4 期。

甘满堂，2007，《闽侯县农村居民的宗教信仰与宗教体验——兼与全国汉族地区调查数据比较》，《世界宗教研究》第 4 期。

高瑞泉，2000，《鱼和熊掌何以得兼？——"义利之辩"与近代价值观变革》，《华东师范大学学报》（哲学社会科学版）第 5 期。

高瑞泉，2001，《"天人之辩"的近代展开及其终结——中国近代价值观变革的一个侧面》，《哲学研究》第 7 期。

高瑞泉，2004，《近代价值观变革与晚清知识分子》，《华东师范大学学报》（哲学社会科学版）第 1 期。

高瑞泉，2005，《中国现代精神传统：中国的现代性观念谱系（增补本）》，上海古籍出版社。

高瑞泉，2007，《天命的没落：中国近代唯意志论思潮研究（修订本）》，上海人民出版社。

高瑞泉、杨扬等，2008，《转折时期的精神转折："新时期"以来中国社会思潮及其走向》，上海古籍出版社。

葛荃，2006，《中国政治文化教程》，高等教育出版社。

龚险峰，2012，《大众传媒"泛娱乐化"的美学沉思》，《当代电视》第 4 期。

谷鹏飞、赵琴，2012，《中国当代服饰审美风尚与主体身份认同关系的嬗变》，《社会科学战线》第 6 期。

顾红亮，2000，《实用主义的误读：杜威哲学对中国近现代哲学之影响》，华东师范大学出版社。

管爱华，2005，《当代中国农民的政治价值观与乡村民主政治》，《探索与争鸣》第 3 期。

管爱华，2009，《中国农民本体性价值观的传承与变迁——以苏北乡村为例》，《淮阴师范学院学报》（哲学社会科学版）第 5 期。

郭于华，1996，《传统亲缘关系与当代农村的经济、社会变革》，《读书》第 10 期。

郭于华，2002，《"道义经济"还是"理性小农"？——重读农民学经典论题》，《读书》第 5 期。

海伦县人民政府，1986，《办好乡镇农民技术学校，对农民进行全员培训》，《成人教育》第 4 期。

韩长赋，2007，《中国农民工的发展与终结》，中国人民大学出版社。

韩水法，2008，《启蒙的主体》，《开放时代》第 5 期。

韩水法，2014，《启蒙的第三要义：〈判断力批判〉中的启蒙思想》，《中国社会科学》第 2 期。

韩水法主编，2013，《理性的命运：启蒙的当代理解》，北京大学出版社。

何怀宏，1998，《良心论——传统良知的社会转化》，上海三联书店。

何怀宏，2009，《从"动员式道德"到"复员式道德"：1976 至 2005 中国社会道德变迁之一瞥》，《科学中国人》第 8 期。

何怀宏，2013，《新纲常：探讨中国社会的道德根基》，四川人民出版社。

何晓红，2009，《村民自治背景下农民工政治参与的缺失与强化》，《政治学研究》第 1 期。

贺桂梅，2010，《"新启蒙"知识档案：80 年代中国文化研究》，北京大学出版社。

贺雪峰，2006，《公私观念与中国农民的双层认同——试论中国传统社会农民的行动逻辑》，《天津社会科学》第 1 期。

贺雪峰，2008，《农民价值观的类型及相互关系——对当前中国农村严重伦理危机的讨论》，《开放时代》第 3 期。

贺雪峰，2010，《地权的逻辑：中国农村土地制度向何处去》，中国政法大学出版社。

贺雪峰，2013，《小农立场》，中国政法大学出版社。

贺雪峰，2013，《新乡土中国》（修订版），北京大学出版社。

贺雪峰，2014a，《谁是农民？》，《经济导刊》第 3 期。

贺雪峰，2014b，《农村土地确权应当慎行》，《决策》第 7 期。

贺雪峰等，2010，《农民工返乡研究：以 2008 年金融危机对农民工返乡的影响为例》，山东人民出版社。

胡凡，2010，《中国传统耻感文化的内涵与意义》，《人民日报》7 月 16 日，第 7 版。

胡娟，2009，《对现代性自我的道德哲学审视——以麦金太尔道德哲学思想为学术资源的研究》，《浙江学刊》第 5 期。

胡治洪，2010，《启蒙的吊诡与启蒙的反思：以中国现代思想中的"启蒙反思"论说为中心》，《学海》第 5 期。

胡治洪编，2011，《现代思想衡虑下的启蒙理念》，武汉大学出版社。

黄凯锋，1999，《人何以需要审美》，《河北师范大学学报》（社会科学版）第 1 期。

黄燎宇、〔德〕奥特弗里德·赫费编，2010，《以启蒙的名义》，北京大学出版社。

黄琳，2010，《现代性视阈中的农民主体性》，云南大学出版社。

黄平，1996，《从乡镇企业到外出务工》，《读书》第 10 期。

黄文治，2012，《山区"造暴"：共产党、农民及地方性动员实践——以大别山区中共革命为中心的探讨（1923～1932）》，《开放时代》第 8 期。

黄学胜，2015，《马克思对启蒙的批判及其建构意蕴》，《思想与文化》第 2 期。

姜义华，2000，《"理性缺位"的启蒙》，上海三联书店。

乐君杰、叶晗，2012，《农民信仰宗教是价值需求还是工具需求？——基于 CHIPs 数据的实证检验》，《管理世界》第 11 期。

李逢春，2008，《哲学基本问题在现时代》，《山西高等学校社会科学学报》

第 2 期。

李国波，2010，《农村群体性事件法律研究》，中山大学出版社。

李兰芬、华冬萍，2011，《城乡一体化进程中农民公民意识的现状及其对策研究》，《马克思主义与现实》第 1 期。

李培林、李炜，2007，《农民工在中国转型中的经济地位和社会态度》，《社会学研究》第 3 期。

李水山、黄长春主编，2010，《当代中国农民教育史》，中国农业科学技术出版社。

李翔海，2011，《杜维明"启蒙反思"论述评》，《中国社会科学院研究生院学报》第 5 期。

李泽厚，1980，《美学论集》，上海文艺出版社。

李泽厚，1985，《李泽厚哲学美学文选》，湖南人民出版社。

李泽厚，1999，《美学三书》，安徽文艺出版社。

李泽厚，1999，《中国思想史论》，安徽文艺出版社。

李泽厚，2005，《实用理性与乐感文化》，生活·读书·新知三联书店。

李泽厚、刘纲纪，1999，《中国美学史：魏晋南北朝编》，安徽文艺出版社。

梁鸿，2013，《出梁庄记》，花城出版社。

梁漱溟，1989，《梁漱溟全集》（第一卷），山东人民出版社。

梁晓声，2006，《关于农民的"真理"》，《艺术评论》第 6 期。

廖菲，2000，《当代中国农民问题与农民现代化探究》，《教学与研究》第 12 期。

林启彦，2008，《近代中国启蒙思想研究》，百花洲文艺出版社。

林尚立，2007，《公民协商与中国基层民主发展》，《学术月刊》第 9 期。

刘伟、王子宽、陈庭忠、夏家荣，1999，《浅析经济因素对村级民主建设的影响》，《中国农村观察》第 4 期。

刘秀艳等，2011，《新农村公共服务体系建设》，知识产权出版社。

刘悦笛、许中云，2006，《当代"审美泛化"的全息结构——从"审美日常生活化"到"日常生活审美化"》，《西北师大学报》（社会科学版）第 4 期。

刘云杉、王志明、杨晓芳，2009，《精英的选拔：身份、地域与资本的视角——跨入北京大学的农家子弟（1978～2005）》，《清华大学教育研究》

第 5 期。

刘泽华、张荣明等，2003，《公私观念与中国社会》，中国人民大学出版社。

刘泽华主编，2000，《中国传统政治哲学与社会整合》，中国社会科学出版社。

陆学艺，2002，《"三农论"：当代中国农业、农村、农民研究》，社会科学文献出版社。

吕德文，2007，《讲古》，载贺雪峰主编《三农中国》（第 10 辑），湖北人民出版社。

吕途，2012，《中国新工人：迷失与崛起》，法律出版社。

吕途，2014，《中国新工人：文化与命运》，法律出版社。

罗洪、刘纯明，2016，《协商民主：西部农村各阶层政治参与良性发展的应然选择》，《理论导刊》第 2 期。

骆徽，2006，《对启蒙的现代性与后现代性的反思》，《南京师范大学学报》（社会科学版）第 1 期。

马德普，2014，《论启蒙及其在中国现代化中的命运》，《中国社会科学》第 2 期。

马庆钰，1998，《论家长本位与"权威主义人格"——关于中国传统政治文化的一种分析》，《中国人民大学学报》第 5 期。

毛崇杰，1999，《关于价值与真理的若干问题》，《哲学研究》第 8 期。

孟繁华，2004，《重新发现的乡村历史——本世纪初长篇小说中乡村文化的多重性》，《文艺研究》第 4 期。

莫光辉，2015，《农民创业与贫困治理：基于广西天等县的实证分析》，社会科学文献出版社。

农村公共事业发展课题组，2013，《农村公共事业发展调查——农户视角：现状、需求意愿与评价》，社会科学文献出版社。

欧阳军喜，2013，《文化自觉与理论自信：新启蒙运动中的中国共产党与马克思主义》，《马克思主义与现实》第 5 期。

彭澎，2013，《转型期乡村基层政治体制与政治观念的发展趋势》，《广东广播电视大学学报》第 5 期。

彭文刚，2010，《启蒙视域中的历史意识与历史逻辑》，《云南社会科学》第 5 期。

彭文刚，2015，《启蒙之后的"启蒙"：启蒙世界观的内在逻辑与当代反思》，中国社会科学出版社。

浦兴祖、洪涛主编，2004，《西方政治学说史》，复旦大学出版社。

秦晖，1994，《"离土不离乡"：中国现代化的独特模式？——也谈"乡土中国重建"问题》，《东方》第 1 期。

秦晖，1996，《传统与当代农民对市场信号的心理反应——也谈所谓"农民理性"问题》，《战略与管理》第 2 期。

秦晖，2003，《农民中国：历史反思与现实选择》，河南人民出版社。

秦晖，2012，《耕耘者言：一个农民学研究者的心路》，东方出版社。

秦晖，2012，《共同的底线》，江苏文艺出版社。

秦晖、金雁，2010，《田园诗与狂想曲：关中模式与前近代社会的再认识》，语文出版社。

邱高会，2010，《四川省农民生态文明意识现状调查与思考》，《西南民族大学学报》（人文社科版）第 2 期。

任剑涛，2005，《道德与中国传统政治的合法性》，《华中师范大学学报》（人文社会科学版）第 1 期。

任剑涛，2010，《启蒙的自我澄清》，《读书》第 11 期。

尚新建，2009，《自主与理性：与韩水法教授商榷》，《哲学研究》第 2 期。

沈澄如，1986，《中国农村的科学普及工作：8 亿农民学科学》，《科学对社会的影响》第 4 期。

释然，1996，《文化与乡村社会变迁》，《读书》第 10 期。

苏力，2011，《送法下乡：中国基层司法制度研究》（修订版），北京大学出版社。

孙德厚，2002，《村民制度外政治参与行为是我国农村政治、经济体制改革的重要课题》，《中国行政管理》第 6 期。

孙君，2014，《给我三个春天：生态文明新农村建设实践》，中国轻工业出版社。

孙美堂，2003，《耻感、罪感和底线伦理》，载陈新汉、冯溪屏主编《现代化与价值冲突》，上海人民出版社。

唐少杰，2006，《"启蒙的反思"学术座谈：从启蒙的反思到反思的启蒙》，《开放时代》第 3 期。

唐贤兴，1999，《农村基层民主与中国民主政治建设》，《中州学刊》第2期。

陶俊生、徐粉粉、李明华，2016，《农户生态行为的影响因素研究——基于杭州市农民有机肥施用的调查》，《江南论坛》第4期。

仝志辉，2004，《选举事件与村庄政治：村庄社会关联中的村民选举参与》，中国社会科学出版社。

佟辉，1995，《食艺调谐与政通人和——中国饮食文化政治与审美功能透析》，《寻根》第5期。

童世骏，2010，《中西对话中的现代性问题》，学林出版社。

童世骏等，2012，《当代中国的精神力量》，上海人民出版社。

万斌、吴坚，2011，《论自由、民主、法治的内在关系》，《浙江大学学报》（人文社会科学版）第5期。

万斌、张燕，2011，《中国传统政治文化视角下的政治参与》，《南京社会科学》第4期。

汪晖，2004，《现代中国思想的兴起》，生活·读书·新知三联书店。

汪晖，2008，《去政治化的政治：短20世纪的终结与90年代》，生活·读书·新知三联书店。

汪晖、陈燕谷主编，2005，《文化与公共性》，生活·读书·新知三联书店。

汪勇，2008，《从自发走向自觉：农民工政治参与的嬗变》，《中国青年研究》第7期。

王沪宁，1991，《当代中国村落家族文化——对中国社会现代化的一项探索》，上海人民出版社。

王纪孔，2012，《"三农"支援政策及其效果研究：韩国工业化过程中的农业政策及其评价》，中国社会科学出版社。

王家范，2000，《中国历史通论》，华东师范大学出版社。

王建疆，2014，《当代中国审美形态论》，《西北师大学报》（社会科学版）第4期。

王剑锋、邓宏图，2014，《家庭联产承包责任制：绩效、影响与变迁机制辨析》，《探索与争鸣》第1期。

王露璐，2011，《从乡土伦理到新乡土伦理——中国乡村伦理的传统特色与现代转型》，《光明日报》1月18日。

王绍光，1991，《建立一个强有力的民主国家》，《当代中国研究中心论文》第 4 期。

王颖，1996，《新集体主义：乡村社会的再组织》，经济管理出版社。

王有亮，2003，《徘徊于审美与启蒙、传统与现代之间——邓以蛰与朱光潜、宗白华比较》，《福建论坛》（人文社会科学版）第 1 期。

魏恩荣，1982，《农民技术教育有了新的进展》，《成人教育》第 3 期。

温铁军，2000，《中国农村基本经济制度研究："三农"问题的世纪反思》，中国经济出版社。

温铁军、郎晓娟、郑风田，2011，《中国农村社会稳定状况及其特征：基于 100 村 1765 户的调查分析》，《管理世界》第 3 期。

温铁军等，2012，《八次危机：中国的真实经验（1949～2009）》，东方出版社。

吴春梅、刘可，2016，《转型期农民的价值困惑、价值追求与价值提升》，《学习与实践》第 4 期。

吴冠中，2006，《文心独白》，山东画报出版社。

吴琦，2013，《农民工政治参与：制度化与非制度化方式的偏好和选择》，《广西社会科学》第 8 期。

项继权，2002，《集体经济背景下的乡村治理：河南南街、山东向高、甘肃方家泉村村治实证研究》，华中师范大学出版社。

熊明，2006，《从事实真理、价值真理到具体真理》，《青海社会科学》第 1 期。

熊培云，2012，《一个村庄里的中国》，新星出版社。

徐碧辉，2004，《美学与中国的现代性启蒙——20 世纪中国的审美现代性问题》，《文艺研究》第 2 期。

徐大同、高建，1987，《试论中国传统政治文化的基础与特征》，《天津社会科学》第 5 期。

徐利英、姜天红，2004，《事实真理、逻辑真理与价值真理》，《黑河学刊》第 2 期。

徐庆全，2011，《党史上"新时期"一词的由来》，《南方都市报》3 月 13 日。

徐万邦，2005，《中国饮食文化中的审美情趣》，《内蒙古大学艺术学院学报》第 3 期。

徐勇，1997，《中国农村村民自治》，华中师范大学出版社。

徐勇，2010，《序》，载彭正德《生存政治：国家整合中的农民认同》，中国社会科学出版社。

徐勇、邓大才、任路、白雪娇等，2014a，《中国农民状况发展报告2014（政治卷）》，北京大学出版社。

徐勇、邓大才、任路、胡雅琼等，2014b，《中国农民状况发展报告2013（社会文化卷）》，北京大学出版社。

徐勇、邓大才、熊彩云、佘纪园等，2013，《中国农民状况发展报告2012（经济卷）》，北京大学出版社。

徐勇等，2009，《中国农村与农民问题前沿研究》，经济科学出版社。

徐勇等，2012，《中国农民的政治认知与参与》，中国社会科学出版社。

徐友渔，2006，《"启蒙的反思"学术座谈：从启蒙的反思到反思的启蒙》，《开放时代》第3期。

徐增阳、黄辉祥，2002，《武汉市农民工政治参与状况调查》，《战略与管理》第6期。

许纪霖，2011，《当代中国的启蒙与反启蒙》，社会科学文献出版社。

许纪霖、罗岗等，2007，《启蒙的自我瓦解：1990年代以来中国思想文化界重大论争》，吉林出版集团有限责任公司。

许纪霖主编，2010，《启蒙的遗产与反思》，江苏人民出版社。

阎海军，2015，《崖边报告：乡土中国的裂变记录》，北京大学出版社。

阎云翔，2006，《私人生活的变革——一个中国村庄的爱情、家庭与亲密关系（1949~1999）》，龚小夏译，上海书店出版社。

晏阳初、〔美〕赛珍珠，2003，《告语人民》，宋恩荣编，广西师范大学出版社。

杨高强，2011，《想望城市：论新世纪文学中农民的城市审美想象》，《长江师范学院学报》第3期。

杨国荣，1993，《我的自觉与群体认同——明清之际儒家群己观的衍化》，《南京社会科学》第4期。

杨国荣，1994，《善的历程——儒家价值体系的历史衍化及其现代转换》，上海人民出版社。

杨国荣，2005，《存在之维——后形而上学时代的形上学》，人民出版社。

杨国荣，2011，《伦理与存在：道德哲学研究》，北京大学出版社。

杨国荣，2014，《价值观视域中的天人之辩》，《华东师范大学学报》（哲学社会科学版）第6期。

杨志永，1989，《"强行注入法"是启蒙山区农民科技意识的有效途径》，《农村经济》第11期。

殷泓、张哲浩，2017，《群众说、乡贤论、榜上亮——陕西省旬阳县以"三治融合"厚植新民风》，《光明日报》4月18日，第4版。

尹奇岭，2009，《启蒙与传统》，《学术界》第2期。

于建嵘，2001，《岳村政治：转型期中国乡村政治结构的变迁》，商务印书馆。

于建嵘，2010，《抗争性政治：中国政治社会学基本问题》，人民出版社。

于建嵘主编，2007，《中国农民问题研究资料汇编（第二卷）》（下册），中国农业出版社。

俞可平、李慎明、王伟光主编，2006，《农业农民问题与新农村建设》，复旦大学出版社。

俞吾金，2010，《启蒙的缺失与重建——对当代中国文化发展的思考》，《上海师范大学学报》（哲学社会科学版）第4期。

袁贵仁，1985，《论价值真理概念的科学性》，《哲学研究》第9期。

袁银传，2008，《中国农民传统价值观探析》，《哲学研究》第4期。

臧伯平，1982，《团结奋斗，办好农民教育》，《人民教育》第2期。

张爱凤，2009，《"泛娱乐化"批判的多维背景》，《前沿》第3期。

张宝明，2009，《启蒙与革命：五四"激进派"的两难》，江西教育出版社。

张乐天，1998，《告别理想：人民公社制度研究》，东方出版中心。

张丽军，2009，《乡土中国现代性的文学想象：现代作家的农民观与农民形象嬗变研究》，上海三联书店。

张丽军，2009，《想象农民：乡土中国现代化语境下对农民的思想认知与审美显现（1895～1949）》，山东人民出版社。

张鸣，1997，《乡土心路八十年：中国近代化过程中农民意识的变迁》，上海三联书店。

张柠，2005，《乡土社会的饮食和食物体系》，《花城》第5期。

张胜利、孙良，2008，《农民工政治参与的现状及对社会稳定的挑战》，《中国青年研究》第 7 期。

张旭光，2001，《财产权、经济自由决策权与村级民主——对村级民主发生学的学理分析》，《浙江社会科学》第 6 期。

张雪忠，2010，《警惕社会结构"板结化"》，《南风窗》第 1 期。

张一兵，2007，《启蒙的自反与幽灵式的在场》，黑龙江大学出版社。

张英洪，2005，《当代中国农民与经济、社会、文化权利》，《湖南公安高等专科学校学报》第 3 期。

张英洪，2013，《农民、公民权与国家：1949～2009 年的湘西农村》，中央编译出版社。

张运贵，1995，《试论中国饮食的审美特征》，《民族艺术研究》第 2 期。

张振海，1993，《当今农民的审美特性》，《戏剧文学》第 2 期。

张忠成，2011，《从温州教会的牧区现象看教会的牧养管理》，《金陵神学志》第 1 期。

章启群，2004，《新编西方美学史》，商务印书馆。

章秀英，2013，《城镇化对农民政治意识的影响研究》，《政治学研究》第 3 期。

赵红灿，2009，《理性与主体性的问题间性：现代性理论的核心论域》，《长白学刊》第 5 期。

赵林，2015，《启蒙与重建：全球化与"国学热"张力下的中国文化》，人民出版社。

赵林、邓守成主编，2008，《启蒙与世俗化：东西方现代化历程》，武汉大学出版社。

赵汀阳，2006，《"启蒙的反思"学术座谈：人民的理解才重要》，《开放时代》第 3 期。

郑风田、阮荣平、刘力，2010，《风险、社会保障与农村宗教信仰》，《经济学》（季刊）第 3 期。

郑风娇，2013，《湖南省农民生态意识现状调查分析》，《湖南人文科技学院学报》第 6 期。

钟枢，2013，《新生代农民工政治参与面临的主要问题及其对策》，《探索与争鸣》第 9 期。

周韬，2005，《树立现代政治意识，提高农民的政治素质》，《中国农学通报》第 8 期。

周霞，2005，《回乡，还是留城？——对影响农民工理性选择的因素分析》，《重庆工商大学学报》（社会科学版）第 4 期。

周作翰、张英洪，2005，《论当代中国农民的政治权利》，《湖南师范大学社会科学学报》第 1 期。

朱光潜，1987，《朱光潜全集》，安徽教育出版社。

朱光潜，2012，《美学中唯物主义与唯心主义之争》，载朱光潜《欣慨室西方文艺论集　欣慨室美学散论》，中华书局。

朱立元、刘阳，2008，《审美是个体性与社会性的生成论统一——对一个长期争议的美学问题的澄清》，《西北师大学报》（社会科学版）第 1 期。

朱明国，2013，《变迁与重构：农民社会责任义务体系》，《学术研究》第 12 期。

朱启臻、赵晨鸣主编，2011，《农民为什么离开土地》，人民日报出版社。

资中筠，2011，《启蒙与中国社会转型》，社会科学文献出版社。

宗白华，1994，《宗白华全集》，安徽教育出版社。

邹诗鹏，2005，《马克思主义中国化与中国现代性的建构》，《中国社会科学》第 1 期。

邹诗鹏，2008，《唯物史观对启蒙的超越与转化》，《哲学研究》第 6 期。

邹诗鹏，2011，《再论唯物史观与启蒙》，《哲学研究》第 3 期。

邹诗鹏，2016，《从启蒙到唯物史观》，上海人民出版社。

Albrecht Wellmer. 1974. *The Critical Theory of Society*. Translated by John Cumming. New York：Herder and Herder.

Bryce James. 1921. *Modern Democracies*. New York：The Macmillan Company.

后　记

本书是我 2012 年获批的国家社科基金青年项目"新时期中国农民启蒙研究"（项目编号：12CZX081）的最终成果。在本书即将付梓之际，回想一路走来所经历的兴奋与激情、艰难与辛酸、灰心与绝望、突破与喜悦……我的心中不免波涛起伏、久难平复。

走进中国传统文化并积极将其与当前中国社会现实问题相结合，一直以来是我学术研究的精神领地。2010 年出版的拙著《中国传统价值观的现代诠释：兼论大学生价值观塑造》，是对如何把中国传统文化融入大学生思想政治教育中的沉思结果。但正如我在该书《后记》中所提到的，我们只是勉强完成了预期的目标，这种"勉强"更添加了一种深沉的历史责任感和人生使命感，激励着我继续投身到博大精深的中国传统文化中。此后，受学界"三农"问题研究热点的吸引以及所在学校性质的影响，再加上身为农民之子，感念于农村的哺育之恩，我选取了农民问题作为研究的着力点，于 2012 年以"新时期中国农民启蒙研究"为题，申报了国家社科基金青年项目，荣幸获批。作为山西农业大学历史上第一个获批的国家社科基金项目，各种赞誉、欢呼、祝福蜂拥而来，兴奋与喜悦的陶醉，一时之间竟让我忘却了研究的困难。当一切浮华逐渐退去，独自面对项目研究的时候，我才真正意识到难度的不可想象。随着研究的展开，这种不可想象的难度开始疯长，有时甚至将我逼向绝望！从某种程度上来讲，这四年的研究是不断地从绝望走向希望，再从希望走向绝望，最后从绝望中突围的过程。

首先是概念的界定问题。最初提出"农民启蒙"的概念，完全是基于一种理想主义的热情。一方面，新时期以来，启蒙虽已经历了复兴、超越、分化等几个阶段，但始终存在着主体与客体的困惑、传统与现代之间的紧张、马克思主义与其他思想流派的争论等问题。尤其是在 21 世纪开启的"启蒙反思"中，"表达的都是非常狭小的知识分子或者学界里的幻想"（赵汀阳语），更暴露出其过于"书斋化"的问题。另一方面，"农民"这个当前中国最大的现实问题也处在瓶颈困境中难以挣脱。因此，将启蒙与农民相结合，我便理想主义地提出了"农民启蒙"的概念。但当学理的追问揭去理想主义的面纱之后，通过冷静的理性思考对其划定界限、确定前提将是不可避免的，当然也是不可或缺的。

围绕着主体与客体的困惑、传统与现代之间的紧张、马克思主义与其他思想流派的争论这三个问题的探讨，我们首先表明了关于启蒙的基本态度和立场：启蒙不是个体"蒙昧"而由他人"启之"，"他人"仅仅是启蒙过程中的个体所使用的"梯子"，启蒙之后的状态恰恰是抽掉"梯子"的状态。所以，在启蒙过程中，每个个体即是启蒙的主体，启蒙的目的是这些启蒙主体能够自己确立自主性，敢于运用自己的理智而无须依附他人；启蒙一方面应该批判性地继承现代性中的合理性因素，另一方面也应该从传统中汲取智慧与资源，进行基于现实的思想性创造，并逐渐使之成为思想文化建构活动的原创性动力源泉；启蒙不是自由主义的专利，所有能够将人们（包括农民）引导向敢于运用理性的自主状态的思想和举措，都是启蒙所涵盖的，包括马克思主义。在此基础上，我们对"农民启蒙"界定如下。

第一，农民启蒙不是"启蒙农民"，或者说不能简单地等同于启蒙农民。根据对启蒙主体与客体的探讨，农民即是启蒙的主体，农民启蒙应该跳出"你蒙我启"的思维窠臼。因农民蒙昧而启之，这是对农民启蒙的严重误读。农民启蒙绝不是"启蒙农民"，跳出"启蒙农民"的思维怪圈来研究农民启蒙才是我们的旨归。只有这样，农民启蒙才能着眼于农民自身，着眼于农民敢于运用理性进行批判的勇气的提升，着眼于农民运用理性的自由的扩展。

第二，农民启蒙是一个动态的概念，是农民从"不成熟"走向"成熟"、从"不自由"走向"自由"的一个过程。所以，新时期以来，农民生活在一个启蒙的时代，而不是一个启蒙了的时代，农民启蒙正处在进行式，而非完成式。质言之，农民启蒙是处在进行式中不断发展的变迁过程。

第三，农民启蒙不是一场运动，"毕其功于一役"的想法是简单而幼稚的。"启蒙"自近代以来常常被理解为有组织、有领导的"运"而"动"之的要达到某种预设目标的"启蒙运动"。这是中国式的误解。启蒙不是运动，而是自然、自发、日常进行的具有广泛社会影响和久远历史价值的精神和心智活动。因此，农民启蒙绝不是一场运动，不是有组织有领导的"运"而"动"之，而是润物细无声式的祛魅，应该围绕农民的主体性建设这个根本内容来进行。

第四，相较于市民启蒙，农民启蒙有其自身的特点。农民作为边缘、弱势、传统、保守的代言人，长期积淀而成的生活习惯、文化心理、社会习俗等会对其接受新事物、新思想、新观念形成一定的障碍，使其接受的速度比较缓慢。同时，社会体制加之于农民的、限制了其自由的各种"成见"甚或"枷锁"摆脱起来又十分困难，这就使得农民启蒙显得迟缓而滞后，困难而特殊。

综上所述，本书研究的农民启蒙，即指农民在各种思想观念、政策措施的引导下，不断突破既有"成见"的束缚，从蒙昧的认知模式、价值观念中走出来，敢于自由运用自己的理性进行思考和批判，逐渐确立起自己的主体地位，从而对现代化形成正确认识并努力投身其中享受现代文明成果的过程。这个过程是长期的、潜移默化的，是润物细无声的，不是通过几场运动就能够实现的。

对于"农民启蒙"概念的厘清，可以说是我在研究过程中从绝望中的第一次突围。然而，当我满心欢喜地投入到下一阶段的研究时，另一个悖论性的难题却又不期而至：从理论上而言，既然"理性就是人，人就是理性"，那么每个具有理性的人（包括农民在内）都是启蒙的主体，都能够实现自我启蒙；但是，在现实中，芸芸众生由于懒惰和怯懦，所能做的无非是"在极狭窄的沟渠上做了一次不可靠的跳跃而已"，只有极少数的人能够摆脱已然习惯的"脚桎"，然后将这种思想、精神传播给其他人。这样，一方面农民作为主体能够实现自我启蒙，另一方面农民在启蒙过程中又需要启蒙先觉者的引导，如何澄清、协调、处理这两者之间的矛盾？这个问题的长时间困扰再次将我逼向绝望，一度让我觉得农民启蒙是个伪命题，直到冯契先生"以得自现实之道还治现实"的思想光芒照进我的研究。

借鉴先生"以得自现实之道还治现实"的思想，我们提出了"以得自农民之道还之农民"的观点，用以解决上述的悖论性难题。我们首先承认农民能够实现自我启蒙，但要让农民成长为自启蒙者，还需要启蒙先觉者这个"缘"从外部进行"触发"，触发农民自学习、自反馈、自然生长的理性能力。因此，启蒙先觉者只是农民启蒙的"缘"（次要原因），而不是"因"（根本原因），"因"在于农民自身具有的理性潜能。就此而言，农民启蒙是一个从外部启发、扩展农民自身理性端倪，从而提升其勇于运用自身理性能力的过程。这个过程就是以得自农民之道（自身的理性端倪）还之农民（自身的理性能力）的过程，在这种自反馈的循环中，农民的理性能力得以不断提升。同时，为了防止启蒙先觉者"过度企图"启蒙农民，即企图代替农民进行理性的思考，则要求他们必须具有两重意义上的谦卑意识：其一，要有随时退出的姿态，否则，可能会变成农民理性能力自然生发的阻碍力量；其二，要消除那种理性代言人的心态，要有一种清醒的自我批判意识，一种向农民学习的谦卑姿态。只有具备了这种谦卑意识，启蒙先觉者在发挥引导作用的过程中才能深入农民、农村的生产、生活实际，才能真正实现"理性以得自自然过程之道还治自然过程，好比大禹行水，行其所无事而并不强加干预"的效果和目标，从而在农民启蒙中启蒙自己。这个悖论性难题的澄清，可以称得上是我在研究过程中第二次从绝望中的突围。

如果说前两次突围为研究的展开取得了强大的武器，但整个战斗如何组织呢？也就是说，如何搭建研究的基本框架，这一问题自一出现便像一盆凉水浇灭了我所有的兴致勃勃。虽然按照原来的设想从农民启蒙的主体、内容、对象、方法、途径等几个方面展开，也会四平八稳地做出一些东西，但达不到足够的深度和高度，总让我觉得不够解渴。由此，人作为哲学上的形而上的存在就成为本书首选的依托。

就人的存在而言，无论是在个体的层面，还是在类的视阈，都呈现为一个追求与走向自由的过程，这个过程从追求真开启，然后以真致善、以美储善，最终指向自由的存在。人在走向自由的过程中，首先诉诸理性精神，在理性的支撑下认识世界和认识自己，进而遵循社会的当然之则（政治秩序和道德规范）完成善的实现，最终在自身所创造的价值世界里获得审美的愉悦，通达自由的目标。在现实生活中，这个过程分别以理性、政治、道德、审美等几个维度得以真实具体的呈现。当人的存在问题具体落实到农民这一特殊群体时，农民的现实存在也同样沿着理性、政治、道德、审美的逻辑进路，实现启蒙的发展与变迁。由此，我从理性、政治、道德、审美四个维度，梳理新时期农民启蒙，搭建起了研究展开的基本框架。在方法论上，我以全景式的描述为志向，以重点式的研究为核心，希望通过选取比较有代表性的案例进行重点式的研究，力图呈现新时期农民启蒙面相的全貌。此外，本书以立足于新时期各个历史阶段的农民真实的生产生活、思想观念为宗旨，始终站在农民的立场上，将自身的研究视角尽可能地融入农民群体之中。应该说，确定研究框架、研究方法、研究主旨、研究立场等，是我在深入研究过程中进行的最后一次突围。

接下来，在无数个"早晨从中午开始"的日子里，在一台电脑、一堆书籍、一盏孤灯、一杯浓茶、一包香烟的陪伴下，经过两年半念兹在兹、心无旁骛地潜心研究与写作，我终于完成了这部书稿。回想起在电脑上敲下最后一个句号时泪流满面的情景，我至今仍不免唏嘘。在那一刻，我才真正明白了"洒泪泣血、一字一咽"的真正含义。若说本书有什么贡献，我希望是确立了一个概念、开拓了一个领域、提出了一些问题和论点、提供了一些假设，从而引起学界的批评和讨论。由于能力有限以及其他一些客观存在的原因，研究过程中虽然做了一些田野调查，但未能很好地对其加以分析和运用，导致行文显得材料缺乏而不充实，内容稍显空洞而理论深度不够，希望各位方家批评指正，以激励我围绕着农民启蒙继续深入地展开研究。

学术研究如蜗牛爬行，必须时时努力、不言放弃，方能有所进步。本书的出版可以说是我对任重而道远的农民启蒙研究的阶段性总结，也是我下一阶段研究的开始。而这次开始更添加了一种深沉的历史责任感和人生使命感。下一步我将围绕陈卫平老师在《序》中所提到的问题，继续对农民启蒙展开深入的探讨：第一，20世纪30年代梁漱溟、晏阳初等人进行的乡村建设运动到底有哪些经验教训？第二，农村城市化进程的展开使原有的宗族血缘性伦理关系日趋淡化，在这样的情况下，儒家伦理何以可能依然有效地规范人们的行为？第三，下了乡的儒学与进城的青壮年农民的精神世界能够协调吗？如何才能协调？带着这些问题，我将努力走进近代中国农民启蒙历史的深处，挖掘有益于构建农民精神家园的经验教训；积极致力于农村社会中传统与现代文化的碰撞、融合与超越研究，探究积极推进农民启蒙进程的有效途径；加强田野调查，及时掌握当前农民精神生活的现实状况，有针对性地探讨提高农民理性认知、政治参与、道德判断、审美体验等方面意识和能力的方式与方法，等等。这也可以说是我对业师所提出期望的积极回应。

在这本书的背后，包含着太多人的关心与支持，凝聚着太多人的心血与厚望，这份厚重是很难用苍白的只言片语来感恩的，唯望所有的人能感受到我真诚的谢意和感恩。感谢我的家人在这四年多时间里对我工作的默默支持，尤其要感谢我的爱人孟默涵女士，她不光为我的研究做好了后勤保障，并且还是我晦涩文字的第一个读者，谢谢她为本书提出的所有意见。感谢我的授业恩师陈卫平教授和顾红亮教授，一路走来正是有了他们的扶持，我才能走得如此坚定而踏实。感谢亦友亦师的蔡志栋同学，我永远不会忘记2014年夏天与他在上海畅谈的那三天，正是在那次长谈中我厘清了本书研究的基本思路，解决了理论上的难题，拟定了基本的研究框架，谢谢他帮助我一路突围。感谢老友李逢春，从项目申报材料的修改与完善到书稿"导论"和"道德面相"部分的修改与审定，他都付出了极大的辛苦，谢谢他这么多年来对我学术研究的一路帮扶。感谢郝炜教授对书稿"政治面相"部分的修改与审定，感谢庞桂甲博士对书稿"审美面相"部分的修改与审定，正是他们无私的付出才使得本书少了一些瑕疵、多了一份精彩。感谢研究生肖二英、宋永荣、杨倩、郝卿尧、张晶锦、王丹等同学，她们为书稿的校订工作付出了辛勤的劳动。感谢所有为本书写作默默付出的人们！谢谢，谢谢……

我还要特别感谢那些对本研究提出批评意见的人。本课题自立项以来，各种质疑、批评甚至嘲讽的声音一直不绝于耳：农民还需启蒙？农民何须启蒙？农民启蒙本是一个伪命题吧？……谢谢这些或含蓄或坦率的批评，正是这些批评激励我前行，让我有压力、有动力、更深入、更严谨地继续开展研究，从而更清晰地呈现我对农民启蒙的理解与研究所得，表达我作为农民之子关心中国农民问题的一片赤忱。

本书能够得以顺利出版，还要感谢我的表弟王维，他在百忙之中多方筹措，帮我联系到了社会科学文献出版社，并且在我赴美访学期间代劳了一切出版事宜，谢谢他的倾情帮助。社会科学文献出版社的谢蕊芬女士，热情而富有责任心，如果没有她的精心组织与策划，此书一定不会如此顺利地出版，在此，我深表谢忱。社会科学文献出版社的赵娜等老师为本书的编校付出了辛勤的劳动,密密麻麻的书稿校样给予我无限的感动,她们的认真负责使我对专著的出版有了新的认识。向她们致以诚挚的谢意和崇高的敬意!

李卫朝

2016 年 9 月 12 日初记于美国西弗吉尼亚查尔斯顿

2017 年 6 月 27 日定稿于山西农业大学韩氏楼 214 室

图书在版编目（CIP）数据

守望中国农民的精神田园：新时期中国农民启蒙研
究 / 李卫朝著. -- 北京：社会科学文献出版社，
2017.11

ISBN 978 - 7 - 5201 - 1517 - 9

Ⅰ.①守…　Ⅱ.①李…　Ⅲ.①三农问题 - 研究 - 中国
Ⅳ.①F32

中国版本图书馆 CIP 数据核字（2017）第 244511 号

守望中国农民的精神田园
——新时期中国农民启蒙研究

著　　者／李卫朝

出 版 人／谢寿光
项目统筹／谢蕊芬
责任编辑／佟英磊　赵　娜

出　　版／社会科学文献出版社·社会学编辑部（010）59367159
　　　　　地址：北京市北三环中路甲 29 号院华龙大厦　邮编：100029
　　　　　网址：www. ssap. com. cn
发　　行／市场营销中心（010）59367081　59367018
印　　装／三河市尚艺印装有限公司

规　　格／开本：787mm × 1092mm　1/16
　　　　　印张：18.5　字数：301 千字
版　　次／2017 年 11 月第 1 版　2017 年 11 月第 1 次印刷
书　　号／ISBN 978 - 7 - 5201 - 1517 - 9
定　　价／89.00 元

本书如有印装质量问题，请与读者服务中心（010 - 59367028）联系